走在前列

江苏开放型经济发展研究

王维 周睿 陈思萌 著 ◎

东南大学出版社
SOUTHEAST UNIVERSITY PRESS
·南京·

图书在版编目(CIP)数据

走在前列：江苏开放型经济发展研究 / 王维，周睿，陈思萌著. — 南京：东南大学出版社，2021.8
ISBN 978-7-5641-9623-3

Ⅰ. ①走… Ⅱ. ①王… ②周… ③陈… Ⅲ. ①区域经济发展-开放经济-研究-江苏 Ⅳ. ①F127.63

中国版本图书馆 CIP 数据核字(2021)第 161429 号

走在前列——江苏开放型经济发展研究
Zouzai Qianlie——Jiangsu Kaifangxing Jingji Fazhan Yanjiu

著　　者	王　维　周　睿　陈思萌
责任编辑	陈　淑
编辑邮箱	535407650@qq.com
出版发行	东南大学出版社
出 版 人	江建中
社　　址	南京市四牌楼 2 号(邮编：210096)
网　　址	http://www.seupress.com
电子邮箱	press@seupress.com
印　　刷	江苏凤凰数码印务有限公司
开　　本	700 mm×1000 mm　1/16
印　　张	14
字　　数	234 千字
版 印 次	2021 年 8 月第 1 版　2021 年 8 月第 1 次印刷
书　　号	ISBN 978-7-5641-9623-3
定　　价	68.00 元
经　　销	全国各地新华书店
发行热线	025-83790519　83791830

(本社图书若有印装质量问题，请直接与营销部联系，电话：025-83791830)

自 序

江苏地处长江中下游地区,东临黄海,地跨长江、淮河两大水系。江苏自古经济繁荣,教育发达,文化昌盛。然而,从鸦片战争到新中国成立之前百年时间内,由于时局动乱和战争频发,江苏生产力遭到严重破坏,以无锡荣氏兄弟、南通张謇等为代表的近代工业在帝国主义列强打压下艰难发展。新中国成立之后,江苏百废待兴,虽然"一五"时期苏联援建中国的156个重点项目几乎没有落户江苏,但是江苏通过兴修水利、恢复发展轻工业、努力争取发展重工业,在经济上取得了显著的成效。

尽管江苏的南通、连云港在1984年就被国务院列为全国首批对外开放城市,积极推进对外开放,但在当时,江苏经济最令人关注的是"苏南模式"。费孝通教授在其《小城镇·再探索》中提到:"到八十年代初江苏农村实行家庭联产承包责任制的时候,苏南的农民没有把社队企业分掉。在改制过程中,乡镇政府和村级自治组织替代先前的人民公社和生产队管理这份集体经济,通过工业保存下了集体经济实体,又借助上海经济技术的辐射和扩散,以乡镇企业为名而继续发展。苏、锡、常、通的乡镇企业发展模式是大体相同的,我称之为苏南模式。""苏南模式"的出现不仅极大地促进了江苏的工业化,也为后来江苏推进开放型经济打下了厚实的基础。

进入20世纪90年代,随着市场经济和对外开放的进一步推进,"苏南模式"下的乡镇企业走上了改制的道路,在这一过程中出现了不少中外合资企业、中外合作企业等。与此同时,1994年中国与新加坡两国在苏州设立了工业园区,昆山经济技术开发区在1992年被国务院批准为国家级开发区,初步开启了江苏开放型经济发展的格局。进入21世纪,江苏抢抓我国加入WTO带来的全球化红利,大力发展开放型经济,充分利用国内国外两种要素、两个市场,率先实现全面小康,踏上基本现代化的新征程。

回顾江苏开放型经济发展的历程,大致可以分为四个阶段:一是起飞准备阶段(1978—2000年),江苏打造多个开发区,引进外资企业,发展加工贸易,借助于FDI

的溢出效应,促进了本土企业技术和管理水平的提升;二是规模快速扩张阶段(2001—2008年),江苏各类开发区、保税区不仅数量增加,而且能级不断提升,贸易从以加工贸易为主转向以一般贸易为主,服务贸易逐步兴起,在江苏投资的世界500强外资企业持续增多,外资的技术含量亦不断提高;三是转型升级发展阶段(2009—2017年),多个工业园区实现产城融合发展,园区功能更加丰富,高新技术产品在出口中比重提升,本土企业开始"走出去";四是高质量发展阶段(2018年至今),充分利用国内外创新资源,推进传统产业绿色低碳转型,大力发展战略性新兴产业和现代服务业。

江苏开放型经济的发展能够走在全国前列,除了区位与历史因素外,还有几点值得关注的原因:一是有敢于"亮剑"的精神,在江苏开放型经济发展过程中涌现的"张家港精神""昆山之路""江阴模式"等,都是克服重重困难而取得的累累硕果;二是充分发挥政府的职能,政府除了负责经济发展的战略规划、园区功能提升、基础设施建设、招商引资和各类公共政策的供给外,还积极对企业实施跟踪服务,帮助企业解决问题,用好政策;三是重视各类人才的培养,江苏不仅重视中小学基础教育,而且在高等教育和职业教育等方面也走在全国前列,为江苏发展提供了源源不断的人力资源支持。

2020年11月,习近平总书记在江苏考察时强调:"要全面把握新发展阶段的新任务新要求,坚定不移贯彻新发展理念、构建新发展格局,坚持稳中求进工作总基调,统筹发展和安全,把保护生态环境摆在更加突出的位置,推动经济社会高质量发展、可持续发展,着力在改革创新、推动高质量发展上争当表率,在服务全国构建新发展格局上争做示范,在率先实现社会主义现代化上走在前列。"展望未来江苏开放型经济的发展,要牢记习近平总书记的殷切希望,持续奋斗,争先抢位,走在前列。

我们团队近二十年来,一直跟踪研究江苏开放型经济的发展,先后完成了30多个相关研究课题。团队的成员除本书作者外,还有蒋昭乙、曹晓蕾、李思慧和徐清。在这些课题的研究过程中,得到了大家的有力支持,在此致以诚挚的谢意!现将这些研究报告整理成书,一方面回顾和总结江苏开放型经济发展的历程和经验,另一方面为江苏开放型经济未来发展提出一些可供参考的思路与对策。由于我们水平有限,书中难免存在不当之处,欢迎批评指正。

目　录

第一章　绪论 ·· 001
　　第一节　研究背景与意义 ·· 001
　　第二节　主要概念的界定 ·· 002
　　第三节　研究的主要内容 ·· 003

第二章　开放型经济高质量发展的主要任务和重点举措 ············ 005
　　第一节　开放型经济高质量的必要性和迫切性 ······················· 005
　　第二节　开放型经济转型升级的主要任务 ······························ 009
　　第三节　开放型经济转型升级的重点举措 ······························ 014

第三章　开放型经济高质量发展战略、路径与对策 ···················· 019
　　第一节　开放型经济高质量发展的战略 ·································· 020
　　第二节　开放型经济高质量发展的路径 ·································· 024
　　第三节　开放型经济高质量发展的对策 ·································· 027

第四章　开放型经济发展的体制机制改革 ································· 034
　　第一节　开放型经济发展面临的主要体制机制问题 ················ 034
　　第二节　促进开放型经济发展的体制机制改革建议 ················ 040

第五章　开发区发展的体制机制创新研究 ································· 044
　　第一节　开发区发展的体制机制演进过程 ······························ 044
　　第二节　开发区发展的主要管理体制模式 ······························ 046
　　第三节　开发区发展的体制机制创新探索 ······························ 047
　　第四节　开发区发展的体制机制改革路径 ······························ 055
　　第五节　开发区发展的体制机制改革建议 ······························ 057

第六章　江苏省营商环境研究：指标、评价与对策 …… 066
第一节　优化营商环境的必要性 …… 066
第二节　国外主要机构关于营商环境的研究 …… 068
第三节　中国营商环境的评估研究 …… 070
第四节　江苏省优化营商环境的实践 …… 074
第五节　江苏营商环境的评估结果 …… 076
第六节　优化营商环境的对策 …… 080

第七章　江苏深度融入全球创新网络研究 …… 083
第一节　融入全球创新网络的现状 …… 083
第二节　融入全球创新网络面临的宏观环境 …… 084
第三节　融入全球创新网络的主要路径及对策建议 …… 085

第八章　江苏整合全球创新资源政策体系研究 …… 089
第一节　整合全球创新资源的背景和意义 …… 089
第二节　整合全球创新资源面临的挑战 …… 093
第三节　整合全球创新资源的国内外经验借鉴 …… 098
第四节　整合全球创新资源的主要路径 …… 104
第五节　整合全球创新资源政策体系 …… 106

第九章　新格局下江苏科技创新生态系统研究 …… 110
第一节　创新生态系统的内涵、构成要素与运行机理 …… 110
第二节　创新生态系统的发展现状 …… 112
第三节　创新生态系统存在的问题 …… 115
第四节　国内外区域创新生态系统建设经验 …… 117
第五节　创新生态系统构建面临的挑战 …… 122
第六节　积极构建科技创新生态系统的对策 …… 128

第十章　江苏产业"走出去"战略研究 …… 134
第一节　产业"走出去"的现状与优势 …… 134
第二节　国内外产业"走出去"的成功经验 …… 136
第三节　产业"走出去"的战略目标 …… 140

第四节 产业"走出去"的战略路径 …………………………………… 143
   第五节 "走出去"的重点产业与领域 ……………………………… 145
   第六节 加快优势产业"走出去"的对策 …………………………… 151

第十一章 培育江苏跨国经营企业的战略与对策 …………………………… 156
   第一节 培育跨国企业的必要性、紧迫性和可行性 ……………… 156
   第二节 发达国家培育跨国企业经验借鉴 ………………………… 160
   第三节 培育跨国经营企业的总体思路 …………………………… 161
   第四节 培育跨国经营企业的关键举措 …………………………… 162

第十二章 服务业国际化的战略研究 …………………………………………… 165
   第一节 服务业国际化对经济发展的战略意义 …………………… 166
   第二节 推进服务业国际化的战略与对策 ………………………… 168

第十三章 提高外事服务水平促进企业"走出去":以南京为例 …………… 177
   第一节 江苏企业"走出去"的背景 ………………………………… 177
   第二节 南京企业"走出去"的现状和问题 ………………………… 181
   第三节 推动企业"走出去"的经验借鉴 …………………………… 186
   第四节 企业"走出去"的风险与障碍 ……………………………… 188
   第五节 外事服务推动南京企业"走出去"的主要举措 …………… 190

参考文献 …………………………………………………………………………… 196

后记 ………………………………………………………………………………… 215

第一章 绪 论

第一节 研究背景与意义

改革开放以来,江苏积极实施开放型经济发展战略,充分利用人口红利、制度红利和全球化红利,实现了经济的腾飞。开放型经济已经成为江苏经济发展最主要的成功经验之一,并一直走在全国的前列。2020年受到新冠疫情叠加美国对华贸易摩擦的影响,江苏全省完成进出口总额4.45万亿元,约占全国进出口总额的13.8%,同比增长2.6%,高于全国平均0.7个百分点。江苏全年实际使用外资283.8亿美元,位居全国首位。江苏共建有200个开发区,其中省级开发区128个,国家级开发区26个,海关特殊监管区23个,国家级高新区17个,国家级自贸区1个,国家级新区1个,国家级自创区1个,无论是园区的数量还是发展质量都位列全国第一。此外,江苏还积极推进国际产能合作,建有中阿(联酋)产能合作示范园、柬埔寨西哈努克港经济特区以及上合组织连云港国际物流园等平台。

江苏开放型经济的发展在国家战略的引导下,积极实施自主创新,不断提升开放型经济发展的质量。其发展大致可以分为五个阶段:第一阶段是从1978年到1990年初。1984年江苏在国务院批准开放的南通和连云港两市建立了经济技术开发区,打开了江苏开放型经济早期的两个"窗口"。随后,中央逐步扩大了对外开放的区域,覆盖了苏州、无锡、常州、南京、镇江、扬州、盐城等市,省政府在此期间先后批准了1 260个乡镇为对外开放的重点工业卫星镇,批准筹建南京(浦口)高新技术开发区,还批准了徐州、淮阴两市自费对外开放,全省多层次开放型经济格局初步形成。第二阶段是从1990年到2001年,江苏积极呼应上海浦东开放开发和贯彻邓小平同志南方讲话精神,出台了《关于加快开发区建设的若干问题的通知》,就开发区的各项工作作出了明确的规定,一批国家级和省级开发区陆续出现,诸如张家港保税区、苏州高新技术产业开发区、无锡高新技术产业开发区、常州高新技术产业开发区以及全国首家中外合作共建的苏州工业园区等。第三阶段从2001年到2008年，由于我国成功地加入了WTO，借此契机，江苏开放型经济的规模不断壮大，江苏沿江地区成为国际资本投资的热土，江苏经济在快速融入国际分工体系的同时，通过"干中学"也快速提升自身在全球产业链上的配套能力。第四阶段是从2009年到2016年，由于开放型经济规模的快速扩展，劳动力、土地成本不断上升，生态环境问题突出，开放型经济迫切需要转型升级，江苏通过"招商选资""腾笼换鸟"等多种方式，极大地改变了传统的"高能耗、高污染、低附加值"的发展模式。第五阶段是从2017年至今，江苏开放型经济开始推进高质量发展，大力实施科技创新，发展新兴战略产业，不断向更高质量迈进。

江苏开放型经济取得成功的主要经验有三条：一是坚定实施开放型经济发展战略，抢抓国内外发展机遇，不断推进开放型经济体制机制改革，破除阻碍开放型经济发展的体制机制障碍，营造一流营商环境；二是坚定实施创新驱动战略，积极融入全球创新网络，整合全球创新资源，构建创新生态系统；三是坚定实施"走出去"战略，引导优势产业和企业在全球布局，推动服务业国际化，充分利用国际资源服务江苏经济。

面对经济发展"以国内大循环为主体，国内国际双循环相互促进的新发展格局"，贯彻习近平总书记江苏视察讲话的精神，江苏开放型经济要继续"走在前列"。通过研究江苏开放型经济发展过程中体制机制问题、创新驱动问题、以"走出去"为核心的国际化问题等，为后续江苏开放型经济高质量发展提供有益的启示。

第二节　主要概念的界定

走在前列：2020年底，习近平总书记在视察江苏南通、扬州两地时，要求江苏"着力改革创新、推动高质量发展上争当表率，在服务全国构建新发展格局上争做示范，在率先实现社会主义现代化上走在前列"。开放型经济作为江苏率先实现社会主义现代化的重要支撑，能否"走在前列"直接决定了率先实现社会主义现代化伟大目标能否实现。在新时代，开放型经济要"走在前列"除了发展规模的持续壮大外，还要强调以下三点：一是开放型经济要在绿色低碳方面走在前列。习近平总书记在第七十五届联合国大会一般性辩论上郑重宣布:"中国将提高国家自主贡献力度,采取更加有力的政策和措施,二氧化碳排放力争于2030年前达到峰值,努力争取2060年前实现碳中和。"按照环境库兹涅茨曲线所刻画的规律,环境污染和经济发展水平之间存在着倒"U"形关系,江苏作为全国的经济大省,具备率先"碳达峰、碳中和"的能力,依托开放型经济的绿色低碳转型,将会加快这"3060"目标在江苏的率先实现。二是开放型经济要在创新驱动方面走在前列。以美国为首的西方国家不断加强对我国的战略规锁,实施更加严格的技术管制,我国不少产业面临着"卡脖子"的风险,但是在高度全球化的今天,创新链也跨越了国界,需要依靠开放型经济来促进创新,探索新的发展的道路,这是作为开放型经济发展的领跑者应当承担的使命。三是开放型经济要在提升国际化水平上走在前列。过去,江苏开放型经济的发展一方面主要集中于工业领域"引进来"和进出口,服务业领域的"引进来"和消费品领域的进出口还比较薄弱,另一方面"走出去"虽然取得了一些成就,但是"走出去"的规模和层次还有待提高。江苏开放型经济需要对标找差,努力补足国际化水平的短板。

开放型经济:作为一种经济体制模式,其主要是相对于封闭型经济而言的。在开放型经济中,要素、商品与服务可以较自由地跨界流动,从而实现最有资源配置和最高的经济效率。开放型经济与外向型经济不同,外向型经济以出口导向为主,开放型经济是以降低要素跨境流动成本为主,在开放型经济中,既有出口,也有进口,既吸引外商投资,也对外投资。具体到某一个区域的开放型经济,主要是在国家既定的贸易投资政策下,通过打造各种开放型经济发展平台,整合国内外生产要素、创新要素,利用国内外两个市场,实现区域经济长期稳定增长的发展模式。

第三节　研究的主要内容

本书以研究江苏开放型经济发展为核心,主要分为四大部分:

第一部分探讨了开放型经济之高质量发展。该部分由第二章和第三章组成,着重介绍了江苏开放型经济高质量发展的主要任务和重点举措,以及战略、路径和对策。

第二部分探讨了开放型经济之体制机制改革。该部分由第四章、第五章和第六章组成,主要涉及开放型经济体制机制、开发区体制机制和江苏营商环境等。

第三部分探讨了开放型经济之创新驱动发展。该部分由第七章、第八章和第九章组成,主要研究了江苏如何融入全球创新网络,整合全球创新资源和构建创新生态系统等问题。

第四部分探讨了开放型经济之国际化道路。该部分由第十章、第十一章、第十二章和第十三章组成,主要涉及产业"走出去"、培育跨国企业、服务业国际化以及外事服务在"走出去"中的作用等。

第二章 开放型经济高质量发展的主要任务和重点举措

第一节 开放型经济高质量的必要性和迫切性

当前,整个世界处于百年未有之大变局,新产业革命正在孕育兴起,以前所未有之态势深刻地变革传统生产模式、商业模式、生活方式。同时,新冠疫情的全球蔓延叠加,以美国为首的欧美国家对华的遏制,极大地改变了我国经济传统的发展路径。在这种情况下,江苏需要在新理念的指导下,积极推动经济转型升级,着力在改革创新、推动高质量发展上争当表率,在服务全国构建新发展格局上争做示范,在率先实现社会主义现代化上走在前列。

(1)新产业革命喷薄欲出,以信息世界与物理世界的融合加速赋能传统产业。

从人类历史的发展来看,每一次工业革命都深刻地改变着人类的生产生活方式以及国际力量的对比。自从18世纪60年代以来,人类已经经历了三次工业革命,正在迎来第四次工业革命。第一次工业革命以蒸汽机的发展开启了人类的机械时代,第二次工业革命以电力的应用催生了大规模生产方式,第三次工业革命以计算机技术促进了生产自动化,而第四次工业革命则是以人工智能、物联网、大数据、机器人为代表的数字技术驱动人类社会走向智能化。

与前三次工业革命不同的是,新产业革命具有三大特征:一是万物互联,新工业革命将彻底打破人们传统的对世界和空间界限的认识,距离将不再是任何制约条件,信息流动、物流的流动都会极大加速;二是虚实互织,新工业革命打破人们过去的认知界限,虚拟世界和实体世界将会完全融合在一起;三是跨界融合,传统的行业界限将会被打破,以人工智能、大数据等为核心的智能技术、数字技术将会赋能传统行业,促进这些行业的相互融合和智能化、数字化发展。

新产业革命本质上促进了全球产业链供应链升级,加快数字化和智慧化。随着云计算、工业互联网等信息技术逐步成熟并投入商用,未来制造业将向智能化、分布式方向发展,在迎合了风险分散需求的同时,也使产业链变短变平,增强本土化、区域化趋势。全球供应链的组织形式从原来以跨国公司主导逐步向平台型企业主导延伸,通过跨行业、跨区域、跨国界的资源整合、优势互补,聚合供应链交易服务业态,突破时空限制链接全球资源,构建紧密合作的全球供应链网络,实现一体化供应链运作,辐射带动越来越多的上下游企业向规模化、集群化、专业化方向发展。

面对新产业革命,谁能抓住机遇,谁就能够在未来的发展中抢占先机,江苏需要根据新工业革命的特征及其对产业链、供应链的影响来合理地选择发展战略,在开放型经济发展中实现领跑。

(2) 世界经济深度重构,以出口导向型为目标的生产型发展模式遇到挑战。

纵观世界多个国家近年来的发展,低增长、低通胀、低利率和高债务、高收入差距、高龄化的"三低三高"有毒组合越来越多地出现。在全球化逆流叠加新冠疫情蔓延的情况下各种风险不断积累和暴露,世界经济可能会面临长期低迷,并导致世界经济深度重构,其主要表现如下:一是中美两足鼎立的世界经济态势更加明显。中国经济经过多年的快速增长,不仅缩小了与美国的差距,而且拉大了和其他国家之间的距离,新冠疫情冲击的非均衡分布,拉大了其他经济体与中美之间的距离。二是新兴科技领域将成为日益激烈的竞争焦点,主要竞争领域包括新一代信息通信技术,高速运算及其与其他技术的融合,人工智能及其与其他技术的融合,以外空探测为代表的航天科技,科技将继续加快向强国集聚。三是产业链或将出现断裂或者部分脱钩,产业链、供应链安全将成为各国经济发展过程中面临的重要问题。

世界经济的重构将会给我国带来三个方面的挑战:一是美国新政府会联合盟国与伙伴国加大对我国的制衡力度。与特朗普政府直接对华征收高额关税、制裁中国科技企业、强化高新技术对华出口管控不同的是,拜登政府将会更强调盟国和伙伴国对华的制衡,企图迫使我国接受美国主导的多重国际新规则或者打造将我国排除在外的新体系,达到迟滞我国发展的目的。二是外部需求增长的不确定性增加。我国作为全球制造业工厂,生产的产品销往世界各地,但是新冠疫情的蔓延使得各国意识到对外过度依赖的风险,以至于全球供应链"去中国化"成为长期趋势。三是被要求承担的国际责任和义务变大。美国将会联合西方国家进一步剥夺我国作为发展中国家在对外经贸和利用国际资源方面的合法权益,并要求我国在人均碳排放远低于发达国家的基础上实施碳总量减排。

世界经济的重构对江苏的影响主要有以下三个方面:一是对外贸易增长压力大,吸引外商投资的难度加大;二是创新发展将成为长期的重要战略任务,各级开放平台是国家科技自主自立、参与全球新兴技术竞争的重要载体,要承担抢抓新一轮工业革命机遇的历史使命;三是绿色发展的要求将进一步提高,我国已经就温室气体减排做出承诺,碳减排不仅会约束园区的能源消耗,而且能够促进节能减排的技术和产业发展。这些影响要求江苏必须转变现有的发展模式,探索新的发展路子。

(3)国内经济彰显巨大潜力,以国内大循环为主体构建国内国际双循环新格局。

为了缓解经济下行压力,增强经济发展的动能,推进经济高质量发展,党和国家审时度势,2020年5月14日,中央政治局常务委员会会议提出,要充分发挥我国超大规模市场优势和内需潜力,构建国内国际双循环相互促进的新发展格局。7月21日,习近平总书记在主持召开的企业家座谈会上强调,要逐步形成以国内大循环为主体、国内国际双循环相互促进的新发展格局。7月30日,中央政治局会议释放出"加快形成以国内大循环为主体、国内国际双循环相互促进的新发展格局"的信号。党的十九届五中全会公报及其审议通过的《中共中央关于制定国民经济和社会发展第十四个五年规划和二〇三五年远景目标的建议》,明确提出"畅通国内大循环,促进国内国际双循环"。2020年习近平总书记视察江苏提出了江苏发展要"两争一前列",并就长江经济带高质量发展进行了部署。

国内大循环为主体意味着我国的发展要强调做好自己的事,提升自身的竞争力。新阶段,一方面世界百年未有之大变局加速变化,国际经济出现了一些不利局面,如世界经济深度衰退、国际贸易和国际投资大幅度萎缩、国际金融市场动荡、国际交往受限、经济全球化遭遇逆流、一些国家保护主义和单边主义盛行、地缘政治风险上升等;另外一方面我国已进入高质量发展阶段,多方面优势和条件更加凸显,国内需求潜力巨大。习近平总书记分析指出,我国经济潜力足、韧性强、回旋空间大、政策工具多的基本特点没有变。我国具有全球最完整、规模最大的工业体系，强大的生产能力，完善的配套能力，拥有1亿多市场主体和1.7亿多受过高等教育或拥有各类专业技能的人才，还有包括4亿多中等收入群体在内的14亿人口所形成的超大规模内需市场，正处于新型工业化、信息化、城镇化、农业现代化快速发展阶段，投资需求潜力巨大。国际大循环动能明显减弱，国内大循环活力日益强劲，形成以国内大循环为主体，意味着要把满足国内需求作为发展的出发点和落脚点，生产、分配、流通、消费更多依托国内市场。

同时，"以国内大循环为主体"绝不等同于中国同世界经济脱钩，关起门来搞建设。尽管当前贸易保护主义抬头，全球化逆流出现，但是从长久趋势来看，全球化的趋势不可阻挡，任何国家的发展不可能独立于国际分工和国际市场而存在。畅通国内大循环就是要释放国内经济和消费潜力，不仅吸引跨国企业把产业链、工厂、店面继续留在中国，而且可以向世界提供一个庞大的消费市场，拉动世界经济的复苏。

未来相当长的时间内国家将会"以国内大循环为主体，国内国际双循环相互促进"来构建经济发展新格局。对于江苏而言，一是经济新格局将加快畅通国内国际市场，各类要素的配置效率提高，便于与产业链、供应链之间的联动；二是经济新格局下将加速国内产业链供应链重构，原来基于国际分工联动的产业链供应链将会逐步立足于国内产业链供应链，要求改变传统的开放型经济发展模式，在经济新格局下实现发展战略的新突破。

(4) 放大多重战略叠加效应，以积极推进新旧动能转换加快促进产业体系重构。

当前，"一带一路"倡议、长江经济带发展战略、长三角一体化发展战略的相互促进为江苏的发展注入了新机遇，提出了新要求。

长三角地区是我国经济最具活力、开放创新程度最高、创新能力最强的区域之一，是"一带一路"和长江经济带的重要交汇点。长三角一体化战略离不开长江经济带发展战略的指引，但是推进长三角一体化发展战略，有利于深入实施区域协调发展战略，探索区域一体化发展的制度体系和路径模式，引领长江经济带发展，为全国区域一体化发展提供示范，长三角一体化战略和长江经济带发展战略共同助力畅通国内大循环。"一带一路"倡议与长江经济带发展战略、长三角一体化战略相对接，发力国内国际双循环。

近些年来，江苏省积极围绕习近平总书记关于长江经济带发展战略的部署，坚持"共抓大保护、不搞大开发"的原则，狠抓从源头推进生态环境保护和修复，积极推进新旧产能转换，淘汰"高能耗、高污染、低附加值"的产业，瞄准产业发展前沿，构建自主可控的先进制造业体系，推进产业链高质量发展。着力打造软件和信息服务、新能源汽车、新医药与生命健康、集成电路、人工智能、智能电网、轨道交通、智能制造装备等新兴产业，力争在不久的将来，全面建成核心技术自主可控、产业链安全高效、产业生态循环畅通的先进制造业体系，打造若干全国有影响力的产业链条。

江苏作为进一步落实深化对外开放的主战场之一，肩负着放大多重战略叠加效应的重任，有义务为全国产业基础高级化、产业链现代化率先示范。

第二节　开放型经济转型升级的主要任务

一、保持规模，稳定增长

面对外需持续低迷、出口受到抑制，企业综合成本增高、出口竞争力削弱，国内经济下行压力加大、大宗商品价格大幅下跌，汇率波动、进出口风险增加等严峻复杂的内外部环境，保持江苏省外贸进出口规模，力争实现正增长，是江苏开放型经济转型升级的一项重要任务。

一是加大国际市场开拓力度。落实"一带一路"倡议任务，推进新亚欧大陆桥经济走廊节点城市建设，建立健全对外交流合作综合服务体系平台。狠抓重点地区、重点市场和重点企业，积极培育新兴市场，加大国际市场开拓力度。二是稳定重点产品出口。着力解决电子信息、光伏、船舶等重点产业出口面临的困难，稳定优势产业出口规模。引导高端装备制造、新能源、新材料、节能环保、生物医药等战略性新兴产业开拓国际市场，培育外贸新增长点。三是强化外资对外贸的带动作用。引导外资稳存量、扩增量，推动外资企业增资扩股。落实我省外资总部经济支持政策，加大力度吸引跨国公司地区总部和营销中心、采购中心、物流中心等功能性机构。积极帮助外资企业向总部争取订单。四是发挥"走出去"对进出口的带动作用。依托"一带一路"倡议实施，鼓励企业开展对外投资，积极参与境外重大基础设施建设,并购境外品牌、技术和营销网络等创新资源,带动装备、材料、产品、标准和服务出口。五是切实扩大进口。认真落实国家鼓励进口的政策,优化进口商品结构,扩大先进技术设备、关键零部件、重要能源原材料进口,适当扩大消费品进口。

二、提质增效,提升动能

创新是产业升级的基础和必要条件。纵观世界各国产业升级的历程,无一不是产业政策支撑科技创新与技术扩散的结果。在工业化初中期阶段,经济发展和产业升级主要依靠要素投入和投资拉动;当发展到工业化中后期阶段,创新驱动逐渐成为推动经济发展和产业升级的主要动力。随着经济发展的深入,我省低成本的劳动力、资源、土地等生产要素的红利正在逐渐消失,经济增长的动力亟须向创新驱动转换,通过基于完整产业链的多环节系统的技术创新,掌握整个产业链中的各个环节的关键技术,突破国外产业链高端产业的封锁,提升国际竞争力。

一是发挥企业在创新中的主导作用,培育有全球竞争力的领军企业。壮大以高新技术企业为骨干的创新型企业集群,加快创新型城市和园区建设,推动区域内创新组织的集成联动,构建深度融合的开放创新机制,提高创新国际化水平,提升本土企业的国际竞争力。二是积极融入全球创新链,有效弥补创新资源短缺。在全球价值链向创新链拓展变化的大背景下,江苏要利用国内国外两种资源和两个市场,在全球范围内优化组合资源,集成全球优势要素,加快由中低端向中高端转型发展的进程。三是高水平"引进来",整合全球创新要素。以"引资"带动先进技术、管理经验、管理人才、研发结构等创新要素的引入,实现由引资向引进全面优质生产要素的转变。提升江苏在发展开放型经济中提升整合各类先进要素进行创新活动的能力。四是健全创新成果转化及产权保护机制。发挥高校和科研院所的创新源头作用,着力推进基础研究和应用技术研发,重视颠覆性技术创新,加快科技成果产业化步伐,赋予创新领军人才更大的人财物支配权、技术路线决策权。健全知识产权运用和保护机制,强化"走出去"企业的自主知识产权保护意识,创造平等竞争的市场环境。

三、优化结构,激发活力

2015年11月初召开的中央财经领导小组第十一次会议上,习近平总书记指出,要在适度扩大总需求的同时,着力加强"供给侧结构性改革",着力提高供给体系质量和效率,增强经济持续增长动力,推动我国社会生产力水平实现整体跃升。随后的"十三五规划纲要"及2016年政府工作报告中均强调"要着力加强供给侧结构性改革,去产能、去库存、去杠杆、降成本、补短板,加快培育新的发展动能,改造提升传统比较优势,夯实实体经济根基"。江苏作为制造业大省、外向型经济强省,更加需要着眼于全球经济,进行供给侧结构性改革,优化开放型经济结构,激发发展活力。

一是推进"智能制造"创新发展。智能制造是信息化与工业化深度融合的重要体现,是工业转型升级的重要方向。以跨界融合为着力点全面提高互联网经济发展水平,实施"互联网+"行动计划,推进"智慧江苏"建设。重点推进集成电路及专用设备、云计算大数据和物联网、智能制造装备、节能环保装备、新能源、新材料、生物医药等产业智能化改造及发展,实现增强自主创新能力、加强质量品牌建设、加快产业结构调整、推进绿色生产制造等目标。二是大力发展服务贸易。以生产性服务业为重点,积极打造生产性服务业集聚区。提高现代高端服务业利用外资的比重,争取使我省成为国家扩大服务业开放领域的试验地。大力发展与货物贸易相关的服务出口,实现货物贸易和服务贸易的相互促进。三是降低企业的交易成本。相关费用包括各种税费、融资成本、社会保障成本等,增强企业创新能力、提高供给质量与效率、改善供给结构,最终提高全要素生产率。

四、完善布局,拓展空间

"一带一路"倡议的实施,为促进中国经济转型升级及地区协调性均衡发展,拓展对外发展空间,形成全方位开放新格局等创造了难得的历史机遇。江苏处于"一带一路"和长江经济带的交汇点,区位优势明显,交通网络发达,产业优势明显,在促进中国东西双向开放中具有重要的战略地位。因此,江苏要抢抓"一带一路"倡议机遇,扩大开放优势,坚定不移推进企业、人才国际化,形成更高水平、更宽领域开放新格局。

一是以国内国际双循环来构建开放新格局。依托与"一带一路"沿线国家或地区多年的经贸合作基础,结合江苏的产业发展优势,深化与"一带一路"沿线国家或地区的经贸合作。坚持以"共抓大保护、不搞大开发"为原则,优化产业布局,推进与中上游省、区、市合作,协同推进长江经济带建设。二是完善区域布局,促进协调发展。一方面,加快苏南、苏中、苏北布局调整,构建更加科学合理的生产力布局。推进苏南现代化建设示范区、苏南国家自主创新示范区建设,国家级南京江北新区开发建设;推动江苏沿海发展战略、徐州都市圈战略等的实施。另一方面,创新区域发展联动机制。推动城际基础设施互联互通等,加强江苏核心城市的辐射与带动作用,形成以城镇带动农村、以发达城市带动落后城市的区域之间相互联系的发展模式。三是优化产业机构和布局,促进开发区转型升级。多年来,开发区一直是江苏经济发展的强大引擎、对外开放的重要载体和体制机制创新的先行区,开发区的转型升级直接关系到江苏开放型经济的可持续发展。重点建设好一批集知识创造、技术创新和新兴产业培育为一体的创新核心区,推进苏州工业园区开展开放创新综合试验。大力开展特色产业园区建设,围绕特色积极引进相关联和配套项目,提升开发区专业化程度和集聚化水平。大力开展生态型园区建设,加快循环经济试点园区建设,构建绿色产业链和资源循环利用链。加强区域合作共建,提升开发区品牌效应,推动共建园区形成产业特色。

五、突出重点,双向发展

2016年中央经济工作会议提出,扩大对外开放,要更加注重推进高水平双向开放。在过去相当长的时间内,我国为了解决社会主义建设过程中资金和技术的短缺,更多地强调通过"以市场换技术",积极吸引外资。然而,随着我国全球竞争力的提升和世界经济格局的变化,统筹国内外两个市场、两种要素成为推动经济高质量发展的客观需求,因此,江苏开放型经济要转变过去强调"引进来"的局面,实现"引进来"和"走出去"并重,全面参与全球经济合作和竞争,向更高水平的开放迈进。

进出口方面,提高对进口重要性的认识度,充分发挥进口综合效应,通过引入竞争、推动技术进步与创新来影响资源配置及使用效率,按照统筹国内发展和对外开放的要求,促进进出口平衡发展。引资方面,严格把关引入外资项目的质量及效益,重点考虑有利于实现江苏产业升级的规模跨国公司项目、科技研发项目以及生产服务性项目;创建诸如智能家电、电子信息、石油化工、生物与医疗技术、造船、汽车制造等新兴主导产业群,对于能源消耗高、环境破坏大的项目逐步淘汰。"走出去"方面,加强国际产能合作,培育本土跨国企业,加快企业"走出去"步伐。一方面,"一带一路"沿线国家多为发展中国家和新兴经济体,要素禀赋差异较大,基础设施、资源开发、产业发展水平普遍较低,资金、技术和人力资源等要素供给能力存在较大差距,为国际产能合作创造了难得的历史机遇。江苏拥有良好的产业优势和充足的产业资本,以及开发大规模基础设施的经验和能力,应充分发挥"一带一路"交汇点的作用,通过扩大对外投资,在更广阔的空间进行产业布局,使优势产能"走出去",使产能合作能够"各得其所、互利共赢",在国际经济合作中进一步树立江苏良好的国际形象。另一方面,培育一批具有行业领军水平的本土跨国企业,突破由发达国家跨国公司所主导的传统国际分工体系,提升企业在全球价值链中的地位,增强有效利用全球资源的能力,构建经济竞争新优势。

六、特色创新,谋划突破

江苏一直走在开放前沿,新一轮开放型经济的发展,必须适应新常态,引领新常态,全面深化改革,谋划突破,实现开放型经济发展的新突破。

一是建立完善公共服务型外贸综合服务平台。全力打造政府、中介机构和企业"三位一体"的外资综合服务体系,构建政府主导的公共服务型外经贸综合服务平台,为企业提供政府管理、政策咨询、市场开拓、品牌推广、融资支持、投资信息、资信管理、风险预警、贸易摩擦应对、国际商事仲裁等公益性服务。为中小外贸企业提供包括报关、报检、物流、银行、保险、退税等在内的外贸全供应链服务。二是推进跨境电子商务发展。建设跨境电子商务公共服务平台,实现电子数据共享共用、互认互通、通关便利。加快培育跨境电子商务市场主体,扶持一批跨境电子商务平台及企业做大做强。三是创新对外投资合作方式。允许企业和个人发挥自身优势到境外开展投资合作,允许自担风险到各国各地区承揽工程和劳务合作项目,允许创新方式走出去开展绿地投资、并购投资、证券投资、联合投资等。鼓励有实力的企业采取多种方式开展境外基础设施投资和能源资源合作,促进优势行业走出去。四是推动各类海关特殊监管区域整合为综合保税区。发挥海关特殊监管区密集的优势,争取先行试点"保税集团"监管模式等开放政策。发挥苏州工业园区综合保税区贸易多元化试点示范作用,积极试点境内外检测维修、保税展示交易等保税物流和保税服务新业务,推动贸易多元化、功能多样化、产业链高端化。加强

智慧园区、创新型园区、金融创新园区、生态工业园区、特色产业园区、知识产权园区、共建园区、海关特殊监管区等功能型开放园区建设。

第三节　开放型经济转型升级的重点举措

（1）积极推进外贸供给侧结构性改革，提升"江苏制造"品牌，催生服务贸易新增长点。

结合江苏"一中心""一基地"建设，从供给侧入手，实施创新驱动战略，营造"大众创业、万众创新"的良好氛围，同时广泛集聚国际创新资源，构建开放型协同创新体系，深度融入全球研发创新网络，进一步释放产业创新活力。以智能化和绿色化加快生产制造环节转型升级，以研发设计、运营维护、营销管理等多种方式向全球价值链高端攀升，推动制造业由生产型向生产服务型转变，培育外贸企业竞争新优势。大力倡导精益求精、耐心专注、严谨细致、从容务实的工匠精神，鼓励企业开展个性化定制、柔性化生产，提高外贸产品和服务供给的质量和效率，赋予"江苏制造"新的精神内涵和品质特征。

以制定标准增强江苏对外贸易的国际话语权，以品牌建设提高江苏产品的国际影响力。加快关键技术标准的研制，实施江苏制造标准化战略，用先进标准倒逼制造业升级，促进各行业生产和产品标准的提升，积极争创国际技术标准。实施出口品牌战略，支持品牌企业参加国际展会，鼓励企业开展境外商标注册、专利申请，进行质量标准体系、环保体系等相关认证，加大出口品牌知识产权保护力度，打造一批具有国际市场竞争力和知名度的江苏本土品牌，发挥品牌辐射带动效应和品牌的增值效应，提升一般贸易出口产品的附加值。

以苏州市和南京江北新区开展服务贸易创新发展试点为契机，大力推动服务贸易发展，完善服务贸易的政策支持，扩大服务贸易规模，优化结构，提高质量和水平。发挥江苏制造业大省的优势，重点扶植生产性服务业，实现服务业和制造业互动发展。积极利用"营改增"给服务贸易带来的促进作用，全面实施出口服务零税率或免税政策，减轻企业负担，提升江苏服务贸易的国际竞争力，推动服务贸易成为新的出口增长点。

（2）顺应"互联网＋"发展趋势，加速电子商务贸易模式、商业模式创新，强化制度保障。

充分利用互联网、大数据、云计算等新一代信息技术加速贸易方式和商业模式的创新,开展跨境电子商务,促进外贸稳定增长,助推开放型经济转型升级。建设好中国(苏州)跨境电子商务综合试验区,着力在跨境电子商务 B2B 方式相关环节的技术标准、业务流程、信息化建设等方面先行先试,尽快形成可复制、可推广的经验。鉴于跨境电子商务具有交易形态碎片化、货物运输小批量化、经营主体虚拟化的特点,苏州在试点过程中应努力探索在消费者权益保护、数据信息保护和争端解决机制等方面的跨境电子商务贸易规则和监管模式的制度试验与创新。鼓励南京、无锡等市争创试点。

积极培育和认定一批省级跨境电子商务产业园区和跨境电子商务重点企业,支持和引导企业建设一批出口产品海外仓,在选址、资金、法律规范等方面提供服务,帮助企业完善境外营销售后服务网络和更好地融入境外物流体系。鼓励企业建设公共海外仓,同时防止企业一哄而上盲目自建海外仓。开展建设省级公共海外仓,搭建起以海外仓为支点的配送辐射网点,为我省跨境电子商务企业提供一站式的仓储配送服务,从而降低企业的物流成本,缩短订单周期,增强我省跨境电子商务企业的竞争力。

市场采购贸易方式是在江苏试点的另一种新型的外贸交易方式。应进一步支持叠石桥市场采购贸易方式改革试点工作,探索制度改革和监管创新,做大市场采购贸易规模,适当扩大商品种类。争取常熟服装城、吴江东方丝绸市场等专业大市场也列入市场采购贸易方式试点。

(3)明确外资利用重点区域,提升外资层次,借鉴有益经验,破除体制机制障碍。

稳定利用外资规模。根据外资集聚发展的特点,在盐城重点吸引韩资,按照第四代中外合作园区的要求建设好中韩盐城产业园,从单体项目向产业链延伸拓展。在昆山和淮安继续重点引进台资,打造苏南苏北两大台资高地,并推动台资企业转型升级发展。在太仓继续重点引进德资,巩固和发展"中国德企之乡"。进一步创新利用外资方式,加快苏北利用外资步伐,增强江苏引进外资的后劲。

提升利用外资水平。促进招商路径从政策、要素招商向产业链、总部和高端增资招商转变。抢抓创新要素和资源出现国际梯度转移的趋势,一方面推动现有外资企业进一步加大研发投入和科技创新,另一方面,应利用跨国公司上一轮投资制造业的基础开展二次招商,进一步完善我省吸引外资总部和功能性机构的鼓励政策,重点引进跨国公司的区域总部和研发设计中心,鼓励外资研发机构与国内高校、科研院所和企业开展合作交流,支持国际知名学府在江苏设立分校,加大吸引国际高端要素向江苏集聚。

扩大服务业利用外资。清除"玻璃门""弹簧门"等不合理的体制机制障碍,引进高成长型生产服务业和高水平生活服务业,重点加大在教育培训、医疗、养老、电子商务、科技服务等领域利用外资的力度。积极鼓励苏州工业园区、昆山深化两岸产业合作试验区等载体争取能够参照上海自贸区政策在某些服务业领域对外开放上在我省率先取得突破。

(4) 加强国际产能合作,加快建设境外经贸合作区,为培育本土跨国公司提供政策支持。

积极对接和融入"一带一路"倡议,拓展开放型经济发展的新空间,推进供给侧结构性改革中的"去产能"与产业"走出去"战略有机衔接,鼓励和支持江苏相对先进的富余产能与"一带一路"沿线国家基础设施建设、工业化和城市化进程的需要结合起来,促进江苏省钢铁、有色、建材、石化、风电设备、多晶硅、光伏等产业"走出去",充分利用好亚洲基础设施投资银行、丝路基金等新的融资渠道,努力构建互利共赢的国际经济合作新模式。

进一步加强柬埔寨西哈努克港经济特区和埃塞俄比亚东方工业园的建设,并积极支持在"一带一路"沿线重点国家创建并申报新的国家级境外经贸合作区。摒弃"大而全",突出"专而精",准确合理定位园区主导产业,以主导产业带动配套产业发展,造就园区产业的规模效应。将生态环保理念始终贯穿于园区建设中,打造既凸显当地主流文化特点,又兼有江苏文化特色的园区文化,增强园区发展的综合实力。

培育一批具有国际竞争力的江苏本土跨国企业,同等重视国企和民营企业的发展,对拥有人才、资本、自主知识产权、自主品牌和已有海外发展基础的企业给予重点扶持,拓宽企业境外融资渠道,创新融资方式。帮助企业构建完善的海外生产、研发和营销网络体系,鼓励企业从市场开拓转向主动实现全球价值链的控制力,努力将本土企业打造成全球价值链的链主,增强企业国际化经营能力,在更高层次上提升在国际市场上的主动权和话语权。

（5）积极对接国际贸易投资新规则，鼓励开发区特色发展，加快开放载体转型升级。

大力推动开发区从规模扩张转向功能提升，向特色化、集约化、高端化、绿色化发展转型，充分利用国家在江苏省一些开发区开展的改革试点工作和江苏建设"一中心""一基地"的重大机遇，全面推进供给侧结构性改革，发挥好开发区作为开放型经济转型升级的主阵地作用。引导各类开发区突出特色，错位发展，避免恶性竞争。每个开发区进一步明确优势主导产业，促进产业集聚，加快形成在国际上有较强竞争力的产业集群，提升在全球价值链的地位。发挥中外合作园区改革创新的示范带动作用，突出与国际贸易投资新规则的对接，在有条件和基础的开发区探索金融产品、跨境人民币业务等创新举措。

发挥海关特殊监管区的重要作用，进一步整合保税港区、综合保税区、出口加工区的优势，拓展在保税、通关、物流等方面的功能，加快海关特殊监管区向研发设计、交易结算、维修服务等功能中心转型，推进开发区与各类海关特殊监管区的资源共享和优势互补，实现江苏对外开放载体的联动发展。

（6）转变政府职能，提升服务和监管水平，营造法治化国际化营商环境，促进贸易和投资便利化。

简政放权、放管结合，积极学习借鉴自贸区改革经验，探索准入前国民待遇和负面清单的管理模式，完善事中事后监管体系，创造公平的竞争环境和法治化的营商环境，提升投资者的信心。提高贸易便利化水平，加快电子口岸建设，探索建立国际贸易"单一窗口"管理制度，深化"属地申报、口岸验放"通关改革，最大限度降低企业商务成本。积极推动海关、检验检疫、税务和外汇管理等部门的信息协同，顺应跨境电子商务的发展趋势，建立新型贸易监管模式。

综合运用金融和财税手段，特别是注重利用互联网金融、众筹等新的融资模式，降低中小外贸企业融资成本，重点解决融资难、融资贵的问题。整合完善融资和担保体系，深化推进银企合作，注重发挥好政策性银行的独特优势，同时创新财政资金的扶持和补助方式，鼓励企业"走出去"。

加强贸易与投资的各类综合服务平台建设，注重动态信息的搜集和甄别，及时发布国别地区的项目信息、投资政策以及风险预警提示，增强企业抗风险能力和应急处置能力,加快建立贸易摩擦应对机制和争端解决机制。完善领事保护工作机制,为"走出去"的企业和公民提供境外安全保障。

完善和加强服务业和服务贸易统计,改变多头统计且数据不能共享的局面,创新统计方式,健全统计指标体系,与国际规范相衔接,增强统计数据服务决策的功能。

(7) 加大力度,创新机制,引进、培育、使用好国际化人才。

通过人才引进、培育,人才流动便利化,人才评价和激励的体制机制创新,大力吸引国际化高端人才,提升本土人才国际化素质,统筹国际与国内两种人才资源开发,坚持本土人才国际化与国际人才本土化并重。培养通晓国际规则,具备世界眼光、国际理念,具有国际化的知识结构,有外语应用和跨文化沟通等国际交往能力,精通法律和专业知识,心理素质好的人才。加强人才国际化的信息库和"一带一路"人才专题信息库建设,宏观把握国际化人才流动的总体趋势,对各行业的学术、技术、管理方面的国内外顶级人才进行动态跟踪。通过海外华侨华人社团建立海外国际人才网和数据库,保持与海外华侨华人、留学生的联系,定期宣传江苏省的国际人才政策和发布需求信息。充分发挥江苏的产业优势,以项目聚人才,以人才带项目,实现国际化人才开发与产业发展的高度融合。重点引进具有世界水平的、对新兴产业发展有重大推动力并能带来重大经济社会效益的科研创新团队,引进首席科学家、首席工程技术专家和管理专家,在条件具备的大型企业、高等院校、科研院所推行外国专家工作室制度。发展各类国际化人才服务的中介机构,完善海外人才引进的绿色通道,打造生态良好、环境优美、开放包容的工作环境,给予国际化人才更多的人文关怀,提高对国际化人才的吸引力和凝聚力。

鼓励"走出去"的企业大胆使用国际化人才和本土人才,提高管理和研发人员的本土化比例,使企业拥有来自不同国家的各种人才及其所带来的不同经验和新的思路,充分发挥其在当地市场管理和发展业务的能力,避免因法律和文化差异而可能导致的损失,增强企业在海外投资的社会认可度,为企业创造独特的竞争优势。

第三章 开放型经济高质量发展战略、路径与对策

改革开放以来,我国经济发达的东部沿海省份,在实践中走出两种不同的开放型经济发展模式,一种是以江苏、广东为代表的外源型发展模式,更多地依赖国外资本和国外市场,以"外资+出口"的模式发展开放型经济,拥有较高的出口依存度及外资依存度。另一种是以浙江为代表的内源型发展模式,更多地依赖本土资本积累和企业培育,以"内资+海外投资"的模式发展开放型经济,拥有大批实力雄厚的本土跨国公司及对外投资额。在开放型经济结构提升的发展阶段,我国应将外源型与内源型发展模式有效结合,开创内外联动型的开放经济发展模式,开拓、利用国内市场的潜力,更高效率地获取国外高级要素,推动其与本土高级要素相互融合、相互促进,促进本土高级要素成长壮大。具体而言,在扩大内需条件下,积极调动本土资本、壮大本土企业、拓展本土市场、开发本土技术,以内生能力的增强打造开放型经济发展新优势,以此加大吸引优质外资、对外投资及进口力度,获取更多的全球高级要素,提升国内要素禀赋,从而推动开放型经济转型升级,形成内生增长能力增强与开放型经济提升的良性互动。

在新的发展模式下,开放型经济深化发展的总体思路如下:顺应以扩大内需为特征的新一轮全球化趋势,以增加本土资本、技术及品牌等高级要素存量,提升内生增长能力,在新阶段构建开放型经济竞争优势为目标,充分发挥智能制造、电子信息、生物医药等先进制造业以及电子商务、现代物流等现代服务业的基础优势,全面放大自贸区、开发区、产业园区、保税区等各类园区的开放平台的功能,积极利用国内资本、技术、人才等要素,充分发挥国内市场潜力,构建更高层次的"引进来"与"走出去",实现国外产业链与国内的有效融合,提升要素效率,加快产业升级,推动"中国制造"向"中国创造""中国服务"迈进。

第一节 开放型经济高质量发展的战略

一、内外融合战略

在国内需求不断扩大、内生增长能力逐步增强的基础上,以要素运营的思维,积极整合国内外发展要素,提升本土要素的利用效率,实现产业结构的优化升级。

首先,充分利用国内制造业和开放型经济发展基础,营造更为优良的综合发展环境,形成巨大的"虹吸效应"。重点引进新能源、新材料、新一代信息技术、生物医药、高端装备制造等战略性新兴产业及金融保险、科技服务、信息服务、商务服务等现代服务业的优质外资,以产业为依托,鼓励外资企业在设立区域性技术研发中心、地区总部等总部性机构,大力吸引国外人才、技术、品牌、管理等高级要素集聚。围绕战略新兴产业,强化创新驱动,着力打造先进制造业集群,提升产业国际竞争力。推进园区功能创新,实现自贸区、开发区、保税区等联动发展局面。大力推动传统商贸流通转型发展,打造线上线下相结合的消费新体验,挖掘消费市场的潜力。提升政府治理体系和治理能力现代化水平,注重知识产权的保护与运营,不断提高贸易便利化和投资自由化程度,持续优化营商环境。

其次,依托龙头企业,选取重点产业集群,整合国内外各类发展要素,打造本土跨国企业。利用我国企业多年来积累的市场竞争能力,抢抓欧美发达国家产业链深度调整、资产价值重新估值的契机,扩大"走出去"的规模,最大限度地融入全球产业链。在先进制造业、现代服务业等行业,重点支持一批拥有核心技术和营销网络的本土企业,逐步将其发展成为有竞争力的跨国经营企业。综合运用进口贴息、进口信贷等方式,扩大节能环保、新能源、新材料、新一代信息技术、高端制造装备等新兴产业发展所需技术和产品进口。鼓励生物医药、电子信息、新能源等高科技领域优势企业通过并购或合作的形式,在全球范围内建立研发中心;充分利用现有的各大电商平台,发展跨境电商;鼓励资源性企业以参股、控股或者委托开采加工等形式积极参与境外资源项目合作开发。

最后,在聚合国内外发展要素的基础上,需要积极探索外部要素与本土要素有效结合的途径,实现"1+1>2"的经济效应。推进集成创新,以壮大产业链的全球竞争力为目标,融合国内外相关产业链环节。注重技术模仿与本土化创新,对购买的海外相关技术和工艺进行进一步的包装、功能优化。通过招商选资和腾笼换鸟来提升吸引外资的质量,结合扩大本地配套,实现产业转型升级。积极引进跨国公司研发中心,鼓励本土企业建立海外研发中心,构建国际化的创新链。

二、关键技术突破战略

以新能源、新材料、生物医药、5G 技术、人工智能等重点领域关键技术为突破口,加大研发投入,突出集成创新及模仿创新,鼓励企业引进关键技术、基础技术和成套技术设备,加强对引进技术、装备的技术方案、工艺流程、质量控制、检测方法、安全环保等方面的消化吸收,增强科技自主的能力。在此基础上进行改进、集成和提升的再创新,形成新技术、新工艺、新产品。

首先,充分利用自贸区和各类开发区的平台优势,依托现有优势产业和战略产业,设立研发中心、设计中心、重点实验室等各类科技创新载体。放大自贸区、开发区的政策优势,重点围绕战略性新兴产业,建设一批专业特色鲜明的科技园区。创新园区产学研合作模式,鼓励和吸引全国知名高校带项目入园投资发展,推动高校、企业携手入园对接。

其次,通过"引进来""走出去"等形式,引导、鼓励企业积极融入跨国公司技术联盟。重点引进外资研发项目,积极吸引跨国公司来华设立研发机构,在此基础上,以人才、财税、融资等政策优惠,鼓励本土企业为外资研发机构提供服务配套,加快跨国公司研发本地化进程。鼓励生物医药、电子信息、新能源等行业优势企业加大对外研发投资,通过入股、并购等方式,建立海外研发中心,加大与跨国公司合作力度,推动企业融入跨国公司创新价值链。

最后,通过重点倾斜的政策措施,支持高新技术成果转化,推进科技成果产业化步伐。建立健全科技成果转化服务机构,为高新技术成果转化项目认定、立项、工商税务登记和优惠政策落实等提供"一站式"服务。加大技术市场整合力度,加快科技创新信息网络体系建设,利用网络技术发展网上交易市场,畅通科技创新信息渠道。鼓励各地与上海、深圳等技术产权交易市场建立密切合作关系,设立知识产权交易中心分市场。支持社会力量创办科技中介服务机构,发展一批自律规范的行业协会,加强培训和交流,扩大技术经纪人队伍。

三、制造业高端先发战略

与传统制造业的后发追随战略不同的是,高端先发战略在产业链分工中占据"设计"和"创造"环节,而不是"制造"环节,直接切入全球创新价值链的高端区域;在要素投入上要依靠物质资本和人力资本的先发驱动;在竞争优势上主要依靠技术创新和品牌竞争,而不是依靠低成本的价格竞争。当前,应紧抓世界经济格局深刻变化带来的新机遇,立足自身产业基础和发展条件,以新能源、新材料、生物医药、智能制造、人工智能等高端产业为重点,采取先发战略,通过掌控关键技术占领产业发展制高点,构建具有全球竞争力的产业链,实现开放型经济的跨越式发展。

虽然改革开放后我国制造业技术水平取得了极大的进步,但是在关键零部件、工艺装备和材料等方面还需要依赖进口,容易被欧美发达国家"卡脖子"。应充分发挥我国多年开放经济积累的资本优势,发挥新型举国体制的优势,同时通过进口和"走出去"等方式实现要素配置的市场化、国际化,突破技术瓶颈制约。对于共性关键技术,以政府为主导,整合产、学、研力量,打造关键技术研发战略联盟,重点突破共性关键技术;对于细分行业的关键技术,以企业为主,通过自主研发或海外并购,形成技术领先和市场垄断,实现由技术跟进向技术领先的创新模式转变。通过国家政策倾斜与地方政府政策引导,以技术的融合推动产业间的融合,以各地园区优势产业为基础,加快建设一批关联度大、知名度高、竞争力强的优势产业链和特色产业集群,提升高端产业发展的集约化水平。

四、服务业重点提升战略

在制造业和开放型经济发展基础上,围绕市场牵引、模式创新、技术推动、核心驱动,大力发展具有高融合度的研发设计、物流、金融、服务外包、信息服务等的生产性服务业,建立以高端技术产业为先导、生产性服务业为纽带、现代工业为支撑的生产性服务业全面发展体系。

首先,切实推进垄断行业市场化改革,进一步放宽对生产性服务业的管制;充分利用市场机制以及我国扩大内需及加快"走出去"带来的巨大市场需求,大力发展生产性服务业,依托信息网络等相关平台,通过数字化服务过程,为产业链及产业间相关方提供服务,同时要考虑各地区域发展状况和市场需求的匹配,发展各具特色的生产性服务业。结合发达国家和地区的经验以及国内相关政策现状,在推进垄断型生产性服务市场化改革时,要特别注重完善相应的监管体制。利用各地不同的优势要素,积极吸引国外创新要素,扶持培育并认定一批培育基础好、规模大、竞争力强的龙头流通型"链头"企业。在区域发展上,在沿海发达地区要大力发展技术密集型、资金密集型的信息咨询服务、金融保险等生产性服务业;而中西部地区应大力发展资金密集型、劳动密集型的生产性服务业。

其次,支持与发展生产性服务产业,必须以创新的服务模式为重要条件,以规模和特色拓宽制造业产业链,调整结构,使生产性服务业积极向研发、设计、广告、包装、品牌设计以及信息、物流、咨询、金融等行业拓展,提升服务业附加值,形成制造业和生产性服务业的有机融合、互动发展,实现生产性服务业的总量扩张。支持国有和地方商业银行、保险业等金融机构进行金融创新,同时,加强生产性服务业"载体"建设。发展一批生产性服务业创业孵化服务机构,促进科技成果转化,培育生产性服务企业,培养创新创业人才。依据区域优势和空间布局特点,建设一批生产性服务业特色产业基地,形成以骨干企业带动、产业链上下游联动的产业发展模式,为打造区域服务集群奠定重要基础。

再次,以信息技术为核心,融合领域服务技术,实现技术融合和集成创新,有效支撑服务模式实施。充分利用国内高校的"智力"资源,建立一批集技术、经济、管理等方面力量的综合研究机构,明确生产性服务业前瞻性、战略性、全局性发展方向与重点,持续开展生产性服务业相关发展战略和政策研究。加强"产(生产性服务企业)学(高校)政(各级政府)研(各级科研机构)"合作,建设一批国家重点实验室、国家工程技术研究中心和企业技术中心,形成产学研相结合的良性发展机制,积极开展共性关键技术攻关、成果转化、咨询培训、人才培养以及国际交流与合作,支撑生产性服务业创新发展。

最后,以基础、共性、支柱性的核心服务为重点,解决支持高端制造业过程中的应用模式创新、服务产品研究开发、关键标准规范制定、人才培养等关键驱动因素,形成生产性服务业发展的动力源,掌握一批具有战略意义的核心技术,增强对产业链中最具附加价值和影响力环节的控制力。面向高端制造业领域,结合承接国际服务外包和发展国际服务逆向外包,在培育和引进服务外包领军企业基础上,鼓励企业开展各类国际资质认证,提升企业的国际化、标准化、规范化水平,加快形成一批服务外包品牌企业。重点支持生产性服务企业发展研究开发及产品设计服务、电子商务服务。

第二节 开放型经济高质量发展的路径

在我国经济迈入新常态的背景下,通过强化地区竞争优势关键要素,充分利用辅助要素,能够加快形成地区开放型经济新优势,帮助国内经济度过产业转型升级的关键阶段,在新常态背景下促进经济更好更快发展。从具体情况来看,应当从创新驱动、本土跨国公司发展、协调区域发展、把握战略机遇、政策复制推广五大方面入手,加快四大关键要素自身发展及相互作用,强化与两大辅助要素的互动,拓展开放型经济发展新环境和新空间。

第一,加快国内外生产要素融合,实现经济创新驱动。目前我国经济发展正处在第三次转型的关键阶段,就是推动经济发展由主要依靠物质资源消耗向创新驱动转变的阶段。以提高经济增长质量和效益为中心,把创新发展、改革开放作为经济社会发展的强大动力,深化产业结构调整,积极稳妥推进城镇化和扎实推进生态文明建设。深入推进行政体制改革,抓好财税体制改革,促进地方金融创新发展,激发各类市场主体活力,深化社会领域改革,努力为经济社会发展增动力添活力。要素分工理论也提到,在经济体的资本输出阶段,策略上应以制造优势参与国际分工,积极对外投资及扩大进口,获取技术、管理、品牌、营销网络等稀缺资源,提升要素禀赋结构。按照优化增量、调整存量、提高质量的要求,坚持进退并举,加快形成战略性新兴产业规模优势,提高现代服务业集聚发展效应,加大传统产业改造提升力度,主动有序化解过剩产能,促进产业结构调整优化。紧紧把握创新要素跟着人才走的趋势,加大创新型人才引进力度,重点引进一批高水平的海外人才和高质量创新团队。创新驱动战略将加大人才和知识储备,为企业技术竞争创造有益的市场环境,刺激并带动相关产业的技术提升,改善供给质量扩大消费需求,通过对各关键要素的影响创造我省开放型经济新优势。

第二,营造良好竞争氛围,培育本土跨国公司。企业的目标、战略、组织结构和竞争形式往往随着产业和区域环境的差异而不同,因此在开放型经济发展环境发生变化的情况下,应当使得企业等关键要素积极适应变化,带动整体开放型经济良性互动。当前,经济全球化趋势向纵深发展,国际资本流动和产业结构调整步伐加快,产业竞争日趋激烈,无论从开拓市场空间,优化产业结构,获取经济资源,争取技术来源,还是突破贸易保护壁垒,培育具有国际竞争力的大型跨国公司,"走出去"都是一种必然选择,也是对外开放提高到一个新水平的重要标志。在这种环境下,本地企业的国际化发展已然成为未来经济高质量发展的新优势,可以通过政策支持,促进其成为未来的本土型跨国企业。国际生产折中理论也认为,对外直接投资的发展初期,企业对国外环境不很熟悉,缺乏必要的境外投资经验积累,从理论上说,为更好地配置有限的资源,帮助企业在境外投资中增强抗风险能力,有必要为企业对外直接投资提供必要的促进、支持和服务。简政放权要到位,为民营经济松绑手脚,凡能由市场调节、企业决定、中介机构和社会组织提供服务的事项,政府坚决退出不再审批。行政审批再优化,尽快公布行政审批事项目录清单、政府行政权力清单、投资审批"负面清单"、政府部门专项资金管理清单、行政事业性收费目录清单。完善国内"走出去"企业风险保障机制,完善民营经济海外投资的税收政策,构建合理有效的税收体系。通过组织"以民引外"专场活动、组织民营企业敲门招商等多种形式,积极为本地民营企业搭建招商引资平台。支持民营企业发挥主业优势,加强与国外大公司产业链上下游合作,提升我国整体产业档次。加强资本合作,创新引资模式,积极引入国外投资基金,还可鼓励境外投资者以股权投资、并购重组等多种方式来江苏投资,尤其注重加快生产性服务业发展,满足多元化、差异化配套服务需求。

第三,协调区域发展,积聚开放型经济新动能。通过将企业竞争拓展至国际市场、产业链延伸和产业协同发展等方式对开放型经济优势中的企业竞争和产业因素两大关键因素产生影响,协同推进沿海和内陆地区的对外开放,形成区域间的优势互补、分工协作以及均衡协调的区域开放格局,形成发展滞后地区开放型经济发展的新优势。一方面,把经济国际化战略和区域协调发展战略更加紧密地结合起来,既要着力提升发展较快地区的国际竞争力,抢占新一轮开放型经济发展制高点;又要挖掘潜力,充分发挥发展滞后地区的比较优势、后发优势和潜在优势,加大开放步伐,壮大发展规模,提升发展质量,进一步增强对国际资本和产业的吸纳和承载能力,加快经济国际化进程。另一方面,发展滞后地区要进一步深化改革,完善体制机制,加快职能转变,提高行政效能,增强发展动力,通过加快与沿海地区的

融合发展,主动接受其辐射和溢出,重塑区域经济地理,在融合中分享机遇,在互动中借力发展,在扩大开放中实现区域协调发展。

第四,把握战略叠加机遇,扩展区域发展空间。近年来,中央制定实施沿长江经济带、新丝绸之路经济带、21世纪海上丝绸之路"两带一路"的经济开发建设战略,连同已实施的长三角一体化战略、西部大开发战略,五大国家经济开发建设战略叠加的历史机遇,成为创造开放型经济竞争优势的重要辅助要素,必将对内部需求条件、企业竞争等关键要素产生一系列重大而深刻久远的影响,加速和强化开放型经济的其他优势,形成持续的动力来源。借助于多重国家战略,各地可以实现"拥近济远""扬长补短""陆洋结合",加入国际经济大循环,利用新丝绸之路经济带战略和21世纪海上丝绸之路发展战略实现新的对内对外开放,特别是资本的开放和走出去。

第五,推进政策复制推广,营造创新制度环境。上海自由贸易试验区是我国开放与改革的最高层次和最新形态,同时也是我国新时期推进改革开放的试验田。自贸区在成立以来,在投资贸易便利化、金融创新、海关监管等多领域推出了一系列的改革创新。作为近年来开放型经济发展里程碑式的政策,上海自贸区开创了一个更高水平的开放平台,全国其他地区的开放型经济竞争优势必然受到政策影响。各地应当积极利用空间和环境优势、低商务成本优势、产业配套可选优势等,积极推动企业和金融机构进驻上海自贸区,鼓励有条件的企业到上海自贸区设立企业总部、营销中心、结算中心,主动接受自贸区开放和试验功能的辐射带动,支持"走出去"企业与自贸区内银行业金融机构主动对接,发展跨境投融资业务。另一方面,利用上海自贸区贸易便利化的优势,加强产融结合。上海自贸区的制度创新,为各地提升以政府体制创新为突破口提升对外放水平提供了可借鉴的新思路与新路径。可以利用上海自贸区政府管理制度创新的示范带动效应,进行政府监管服务领域的借鉴性对接,提高各地开放型经济制度创新水平,为打造开放型经济新优势营造先进的制度环境。

第三节　开放型经济高质量发展的对策

1. 以发挥市场决定性作用为重点,营造利于公平竞争的市场环境,培育开放型经济体制机制新优势

第一,创造一个稳定、透明、可预期的营商环境。构建开放型经济新体制,要围绕"营造竞争有序的市场环境"的要求,深度推进对内对外的合作发展,最大限度减少和规范行政审批,约束政府行为,为国内外企业创造一个稳定、透明、可预期的营商环境。同时推进对外投资体制的改革,加快对外投资。率先以GNP(国民生产总值)而不是仅仅以GDP(国内生产总值)来定义发展实力,要在金融、担保、外汇和出入境管理等体制上进行改革,进一步放宽各种经济主体对外投资的限制。

第二,要改革外商投资管理体制。逐步在全国推行"准入前国民待遇"和"负面清单"的管理模式,降低外资准入门槛和扩大开放领域。外商投资管理体制改革的方向,是全面朝自由化方向发展,积极批准设立自由贸易区。

第三,为国内外企业和个人等市场主体营造公平正义的法制环境。要加快知识产权保护和专利权益保障;以竞争中立为导向加快国有企业的市场化改革,防止国企垄断和过度占用资源;加快产业标准创新,加快促进名牌企业积极参与国际、国内和行业标准的制定;加快构建碳排放权交易系统;加快建立劳资薪酬协商机制和制定劳工福利新标准,尤其是加快建立外来务工人员子女教育权利维护机制等。

2. 以调整和优化进出口结构、促进加工贸易转型升级和大力发展服务贸易为重点,培育对外贸易新优势

第一,加大对外贸易转型升级的政策支持力度,不断增强政策的针对性、灵活性、连续性和前瞻性。在财税政策方面,对提供公共服务、外贸结构优化、发展品牌、转型升级、质量安全、中小企业促进、贸易摩擦应对等方面给予支持。在出口退税政策方面,要保持出口退税政策的相对稳定性,从长远看,应还原出口退税政策的中性定位,要改革和完善出口退税地方分担机制。在金融政策方面,支持和鼓励金融机构积极开展进出口信贷业务,拓宽进出口企业融资渠道;要支持融资性担保机构扩大中小企业进出口融资担保业务,切实解决中小企业融资难问题;要加大进出口信用保险的支持力度,支持重要原材料和关键技术设备的进口;要推动跨境贸

易人民币结算工作。

第二,加快加工贸易转型升级和承接转移,不断提升加工贸易水平。在大力发展一般贸易的基础上,鼓励加工贸易企业延伸产业链、增值链,提高本地增值、本地配套的比例,加快建设培育加工贸易梯度转移重点承接地,促进传统产业由一般加工向高端制造转变,由加工制造为主向研发、设计、营销延伸,由产品竞争向品牌竞争转变,增强创新能力、品牌效应和发展后劲,逐步实现传统产品出口高端化、品牌化,构筑江苏传统产业和加工贸易的竞争新优势。

第三,引导服务出口升级,不断促进服务贸易快速发展。大力发展服务贸易是调整外贸结构、实现外贸转型升级的有效途径。要大力发展与货物贸易相关的服务出口,提高服务贸易在对外贸易中的比重,实现货物贸易和服务贸易的良性互动。要加快高新技术与服务业之间的相互融合,共同推进服务贸易创新与变革。要做大做强服务外包,尤其是重点突破文化创意、制造业、商务、物流等关键领域,积极拓展医疗、教育、公共服务及批发零售等外包领域,进而有效提升服务外包的附加值水平。大力推动建设国际商务中心。要在全国统筹规划的基础上进行各地区合作,打造一批有影响力的区域性的会展、货运代理、工业设计、质量检测、电子商务、现代物流等服务贸易公共平台。

第四,重点推进以开发性进口为主的进口政策,积极调整进口结构,扶持大型进口企业,支撑国内企业"走出去"。开发性进口以开发为前提,通过它可以实现走出去与进口的联动推动,企业走出海外组织国内市场稀缺产品生产,既可以以稳定的价格保证国内市场的需要,又可以为海外投资提供产品稳定的出路,起一石二鸟的效果。

第五,大力推进贸易便利化,不断提高服务水平。应全面推行"5+2"、24小时通关报关服务,全面推行电子联网通关报关,不断优化通关环境,逐步提高通关效率。要加强部门间合作,推行进出口货物电子监管、直通放行、绿色通道等便利化措施。要加强贸易平台功能建设,为进出口企业提供更加优质、便捷的公共信息服务,保障国际贸易供应链安全。要加大出口加工区、综合保税区建设的推进力度,为区内企业争取更优惠的贸易政策和便利条件。

第六,积极创新贸易方式。推进市场采购贸易方式试点。进一步完善检验检疫监管、简化税收管理、市场采购外汇管理,深入推进海关"属地申报、口岸验放"等便利化通关模式。加快发展跨境电子商务,鼓励国内企业和外资企业设立独立法人资格的网上交易平台,支持各类企业运用电子商务开拓国内外市场,积极培育一批跨境电子商务平台。

3. 以延伸产业链、攀升价值链为重点,加快产业优势网络建设,培育利用外资新优势

第一,进一步扩大开放领域,促进服务业转型升级。实行更加开放的市场准入政策,加快外资向服务业流动,尤其是要促使外资向现代服务业流动。加快引进能为先进制造业配套服务的外资企业,促进先进制造业与现代服务业的深度融合。加快以产业链招商和完善产业链为依托,大力发展总部经济,努力引进跨国公司区域性总部和功能性总部。加快引进服务外包企业,尤其要以国家级服务外包示范城市为基地,大力引进业务流程外包企业和知识流程外包企业。通过利用外资加快传统服务业的转型升级。

第二,积极引导外资延伸产业链,助推制造业向高端攀升。从全球价值链理论来看,为了保持全球产业竞争优势,关键是掌握该产业全球价值链上的战略环节。我国发展产业升级阶段属于产业功能升级,即通过重新组合价值链中的环节来获取竞争优势的一种升级方式,这就需要企业在全球价值链中寻觅合适的环节,进行整合升级,因而鼓励企业加大走出去是完全必要的。要鼓励外资投向战略性新兴产业,促进新兴产业特色基地的发展。鼓励外资投向高端产业,着力引进生物医药、纳米、生态环保等领域更高层次的制造业,不断延伸新兴产业的产业链。提高传统产业突破关键核心技术的能力,培育一批旗舰式高端制造业企业,实现传统产业与新兴产业互动发展。

第三,大力优化外资技术结构,增强外资技术溢出效应。鼓励跨国公司与国内企业、科研机构共同投资建立研发机构或中心。鼓励国内企业更加注重引进美欧日等发达国家和地区的高科技项目。推动国内企业的技术引进、吸收与再创新,努力缩小与外资企业的技术差距。促进内外资互动融合,增强跨国公司在国内的前后向关联,增强其根植性,提高外资的技术溢出效应,并通过利用外资来增强企业自主创新的能力。

4. 创新利用外资方式,推动利用外资方式多样化

鼓励外资企业通过参股、并购等方式整合产业链;大力引进各类投资基金,着

力吸引跨国公司在国内设立功能性机构;鼓励企业境内外上市,并允许符合条件的外资企业在境内公开发行股票、企业债和中期票据等;支持环境保护、节能减排、医疗卫生等领域利用国外优惠贷款,加大间接利用外资的力度。引导外资由成本取向转为市场和高科技取向,进入产业链高端环节、研发和营销环节。鼓励国内企业与跨国公司构建战略联盟。

5. 以调整优化中长期区位及产业选择、创建"集群式"走出去新模式为重点,培育企业"走出去"的新优势

第一,不断优化和调整国内企业"走出去"的中长期区位和产业选择。从区位选择来讲,既要巩固欧美等传统市场,也要开拓亚洲、非洲、拉丁美洲等新兴市场,还要鼓励企业将新兴产业投到欧美等发达国家并建立研发中心。从产业选择来讲,应重点鼓励并引导交通及基础设施、制造业、现代服务业、高新技术产业、新能源、新材料、新医药和软件等产业的对外投资合作;应鼓励企业境外合作开发矿产、农林资源,缓解资源对国内经济发展的制约。要进一步鼓励国内制造业企业在境外建立生产基地,完善营销网络,打造品牌,推动企业产品结构优化和升级。

第二,创新和完善企业"走出去"的政策支撑体系。政府应加强政策咨询服务,制定全面的企业"走出去"的政策措施。应创新财政支撑手段,设立对外投资和经济合作发展基金,提高对国内企业"走出去"的扶持力度。应制定、贯彻和认真落实与"走出去"相关的海关、商检、金融、税务等便利政策,为企业搭建各类投资与交流合作平台。要推进境外经贸合作区和产业聚集区的建设,把企业产品的加工组装、销售网络、售后服务以及产品设计开发等工序和环节延伸扩展到目标市场区,形成规模产出效应。

第三,建立和强化企业"走出去"的服务支撑体系。要加快培育有实力的、专业的、国际化程度高的投资咨询机构以及财务、法律等中介机构,为江苏企业"走出去"提供强力支撑;要建立对外投资和经济合作门户网站及项目信息库,为企业提供准确、及时的投资环境和市场信息服务;应加快建立以政策性银行为主、商业性银行分工协作的对外投资和经济合作融资支撑体系,可尝试让各地方银行等金融企业"走出去",为本省企业"走出去"提供融资、咨询等服务,从而降低企业的投资风险;建立服务于企业"走出去"的合作商会,致力于在"宣传政策、提供服务、反映诉求、维护权益、规范自律"等方面发挥独特和实质性的作用。建立对外投资保险

制度,鼓励政策性保险机构为企业在对外投资和经济合作中遇到政治风险提供保险服务。

第四,创建和创新企业"走出去"的模式。鼓励国内企业通过参股、并购、契约等方式构建战略联盟,将境外单打独斗转变为抱团出海这种"集群式"走出去的新模式,通过抱团合作,结伴而行,打造走出去的"旗舰",形成规模效应,增强国内企业在海外的抗风险能力和市场竞争力。大力发挥"走出去"企业之间的关联、配套和协调效应,从而提高企业"走出去"的成功率。

6. 以体制创新、坚持精细化和特色化发展路径为重点,培育开发区新优势

第一,坚持精细化和特色化发展路径,加快开发区发展形态创新。重点支持三类园区加快发展:一是支持科技创新型园区发展,提升开发区创新能力。研究制定加快发展科技产业园、科技创业园等科技创新型园区的政策措施,重点扶持发展一批以"专业性"研发、孵化为主的科技创新型园区。二是支持特色产业园区发展,提升开发区集聚能力。积极培育和建设先进制造业类、高新技术产业类、现代服务业类、区域特色类的特色产业园区。制定加快特色产业园区发展的政策措施,对产业集聚度高、带动力强的园区给予扶持奖励。三是支持生态工业园区发展,提升开发区可持续发展能力。大力推进开发区发展绿色经济和循环经济,推动产业与生态和谐发展,引导更多的开发区创建国家级生态工业示范园区,促进经济持续发展。

第二,搭建多重服务平台,为开发区创新提供新动力。重点支持开发区建设四个平台:一是建设科教研发平台。鼓励国内开发区与中科院、国家重点大学、重点实验室等各类科研院所加强联合,开放式创建更多的科教研发平台,建立产学研一体化的技术支撑体系。二是建设投融资平台。鼓励开发区建立创投广场等投融资服务平台,有效集聚国内外创投企业和各类金融机构。同时发挥财政资金杠杆作用,引导境内外投资者参与开发区内各类公益性、准公益性基础设施项目建设,构建市场化多元化的投资格局。三是建设国际科技合作平台。支持开发区与世界先进科技园区之间的交流与合作,通过共建研发平台、联合攻关、引进海外的成熟技术等方式,加快推进多种形式的国际科技合作和"走出去"步伐,提升开发区引进消化吸收再创新的能力。四是建设科技商务平台。建设一批为科技型企业拓展商机的商务平台,引进各类国际经贸机构,为科技型企业开拓国际国内市场提供中介服务。

第三,推进体制创新,为开发区创新发展提供制度保障。一是在制度层面上,

积极推动立法工作,促进在法律框架内明确开发区的法律地位。进一步理顺省、市、县政府与开发区管委会之间的事权关系。二是深化开发区行政管理体制的改革,探索与社会转型相适应的行政职能定位。充分发挥市场与社会组织的作用,弱化开发区的政府职能,带动企业和社会组织在招商引资、投资环境建设、资产运营、公共服务代理、公共工程代建等方面的积极性。三是建立体制外投诉、体制内监察、有效的问责和评估制度,推动网上办公、政务处理和政务公开,提高开发区管委会协调有关部门的能力,提高开发区的工作效率。

第四,实施人才战略,支持引进高层次人才和创新团队。实施新兴产业领军人才、高端人才引进工程,把引进战略性新兴产业所需高端人才作为开发区工作重点,通过企业主导、政府资助等方式,面向海内外引进领军人才、紧缺人才和创新人才。完善激励机制和配套政策,系统解决高层次人才和创新团队创业生活的后顾之忧。各省高层次创新创业人才引进计划和高层次人才创新创业基金对开发区引进高层次管理人才和研发人才要给予重点倾斜,要为创新型人才的创业和生活建立"绿色通道"。鼓励开发区设立专门服务"千人计划"的领航公司,专注于服务创业人才和创新团队。

7. 以内外贸一体化战略为契机,积极构建开放型经济有效动力机制新优势

第一,统筹内外贸政策,将内贸工作延伸到国际市场,外贸工作深入到国内产业和国内市场;从市场准入、标准设定、信息引导等方面破题,强化公共服务职能;加快构建内外互动的平台,方便内外贸两个市场互促、互动和互通,使国内市场更好更快地与国际市场接轨;打造内外贸一体化网上销售平台,全面推进内外贸体制转型,分阶段实现企业经营内外贸的便利化和自由化;加紧培育竞争力强的大流通集团,支持发展中小流通企业;加强全国社会信用体系建设,营造诚信的商务发展环境;着力培育新型业态,推动连锁经营、物流配送、电子商务等现代流通方式的大发展;培育一批掌握国情、了解市场规律、通晓国际运营规则的企业精英和高层次的商务管理人才。

第二,推进区域分工与合作,不断提升一体化的水平。要明确区域分工和发展定位,通过优势互补,形成合理的产业转移次序,避免区域资源错配,防止重复建设和过度竞争。目前,区域结构同质化倾向比较突出,竞争面在扩大,增加了未来发展的结构性成本。为此,积极响应和充分利用国家"两带一路"战略和沿海开发战

略,制定区域产业发展规划,进行适当的引导。

第三,加强区域深度合作,促进一体化发展。按一体化发展要求整合资源、优化结构,逐步推动产业一体化、市场一体化、基础设施一体化、交通一体化、物流一体化、金融一体化、社会建设一体化,加快体制对接和机制衔接。可选择在一些重点合作区域或功能区率先推进一体化。

第四,促进区域平衡发展。一要更大力度地推进一般加工制造业有序向发展滞后地区转移,采取定向、定点、定位转移方式进行产业空间置换,实现低成本结构调整。二是发展滞后地区要更加主动地承接沿海先进产业转移,尤其是服务外包转移,以增量优化存量。

第四章　开放型经济发展的体制机制改革

第一节　开放型经济发展面临的主要体制机制问题

开放型经济是我国的发展优势所在。改革开放尤其是"入世"以来,抓住国际产业转移的黄金机遇,通过产业政策引导及其配套政策支持,集中资源,重点投入,积极引进外资,大力发展出口导向型经济,取得了令人瞩目的成就。然而随着市场发育程度的提高,体制扭曲的弊端逐步放大,在一定程度上产生了产能过剩、贸易摩擦增加、对外投资困难、企业创新动力不足及环境污染等问题。而政府服务在帮助企业应对贸易摩擦、汇兑风险等方面又存在着明显的制度性缺失。

一、产业同构问题及其制度因素

通过发展开放型经济,引进大量高级要素,加快推动了工业化进程,建立起以高新技术产业及现代服务业为主导的产业结构,但同时也出现了产业结构趋同现象。譬如,从无锡与常州的产业结构来看,两地产业占比前两位均为黑色金属冶炼及压延加工业和电气机械及器材制造业;占比前五位产业有三个相同;占比前十位的产业有九个相同。产业同构的结果必然是产能严重过剩和区域激烈竞争。导致这一现象的主要体制机制因素有两个方面:

第一,千篇一律的产业政策。以江苏地级市的"十二五"规划为例,从苏南到苏北,从苏州到宿迁,每个地方都把新能源、新材料及装备制造作为"十二五"期间的重点发展产业,而在新能源领域,又都是集中在风力、光伏发电材料及设备方面,缺乏区域分工,同时又都设定超过两位数的年均发展速度,结果必然是产业趋同,竞相发展什么产业哪些产品,这些产业的产品就出现产能严重过剩。以光伏产业为例,中国生产了全球94%的光伏产品,光伏出口占全球供应量的80%~90%。

第二,利益相争的财税制度。在现行分税制体系下,地方政府财税增收的压力很大。以地级市苏州为例,苏州市征收的增值税中,75%需上交中央财政。征收的所得税额中,60%上交中央财政,27.5%上交省财政,地方留成仅12.5%,而县一级政府的留成比例则更低。地方政府不仅承担经济发展、基础设施建设还要保障民生,为扩大税源,增进创收,必然偏好规模大的税源型产业及项目,于是高单位产值的产业如装备制造、生物医疗、新能源等便成为地方政府招商引资的重点,地方政府竞相以优惠政策争夺外资落户本地。

二、创新能力问题及其制度因素

外资在开放型经济发展过程中扮演重要角色,对经济规模扩张、经济结构提升、科技进步、就业增加及收入改善贡献显著,但同时也难免出现外资对内资的挤出现象,主要体现在要素挤出和市场挤出两个方面:

一是要素挤出。为了吸引更多的外资,我国一度对外资实行超国民待遇,外资企业享受了相对廉价的土地、能源、资金等要素供给,并在运营管理方面享受政策优势,在资源有限的条件下,对内资企业的要素投入和运营形成一定的挤出效应。在投资管理方面,外资企业不受国家固定资产规模限制的约束,并实行单独的、更宽松、更快捷的审批程序;在金融管理方面,外资企业可自行从国际市场筹措资金,开立外汇账户,实行意愿结汇等;在外贸管理方面,享有普遍的进出口经营权,对部分进出口配额实行单独渠道管理;在税收方面,内资企业的实际税负要比外资企业高出一倍以上,外资企业在职工工资的税收抵扣方面也享受了特殊的优惠,内资企业则要同时缴纳个人所得税和企业所得税,并且对外资企业投资总额内的设备进口实行关税和增值税减免。总体来看,外资企业享有更优惠的要素价格以及更宽松、更开放的经营管理环境。与外资企业相比,内资企业,尤其是中小企业,在要素使用和企业运营过程中受到更多制约,在与外资企业竞争中处于下风。

二是市场挤出。外资企业凭借自身的市场优势和技术实力,在国际市场上确立竞争优势地位,使得内资企业开拓国外市场的难度进一步加大;同时,在国内市场上垄断特定产业市场,一批优质内资企业被外资企业兼并收购,自有品牌和自主技术严重流失。以德国博世并购无锡威孚为例,在并购之前,无锡威孚占据国内油泵油嘴市场40%以上的份额,是国家在该领域进行公共技术研发创新的主要依托者和参与者,而并购之后,外资公司占据控股地位,威孚丧失了核心技术和产品开发的主导权,导致我国在该领域的自主创新平台受到严重削弱,整个行业前景堪忧。

三、贸易摩擦问题及其制度因素

近年来,我国遭遇的贸易摩擦案件持续增多、涉案金额也屡创新高,贸易摩擦成为阻碍我国贸易正常发展的重要影响因素。从多个贸易摩擦的案例来看,呈现出如下趋势:

一是贸易摩擦商品由劳动密集型向资金、技术密集型发展。随着我国经济转型升级成果日益凸显,与欧美等发达经济体在较高附加值产品领域的竞争越来越激烈。发达经济体为了保持原有的竞争优势,综合运用各种贸易救济手段对我国的正常贸易进行遏制,涉及的贸易摩擦案件已开始从产业链的低端向中高端转移。从入世以来我国遭遇的贸易摩擦情况来看,初期涉案产品基本以纺织品、轻工产品等劳动密集型产品为主,而近年来涉案产品中附加值和技术含量较高的产品增多,一些国内具有产业优势的新兴产业也开始涉及其中,如太阳能电池板、风能发电风塔等。

二是贸易摩擦对象由发达国家扩展到多个发展中国家。前些年,我国遭遇的贸易摩擦主要是由美欧发达国家发起。近年来,随着我国与巴西、印度、土耳其、墨西哥等发展中国家贸易规模的扩大,贸易摩擦增势明显。由于这些发展中国家与我国产业结构、贸易结构相近且比较优势趋同,所以相互间的贸易摩擦将更为激烈。

三是贸易摩擦由企业层面向宏观制度延伸。欧美对我们的责难越来越多地集中于知识产权保护、汇率制度、产业政策等问题。如贸易反补贴主要针对我们的出口信贷政策;同时他们认为贸易汇率、反倾销等救济手段不能平衡我国的汇率政策,所以认为人民币应该升值。

四是摩擦手段由显性救济措施向隐形技术壁垒延伸。在全球经济艰难复苏的情况下,如果一国明显地实施贸易保护措施,很容易导致其他国家会采取反制措施,造成两败俱伤。因此,近年来,以产品质量标准为核心的技术贸易壁垒有愈演愈烈的趋势。各种贸易标准壁垒对出口的影响远甚于反倾销、反补贴等传统贸易救济手段。技术贸易壁垒、绿色贸易壁垒、社会责任标准、知识产权保护等类型的新型贸易摩擦手段由于具有一定的合理性,更具隐蔽性,与商品对于人类健康、安全以及环境的影响密切相关,所以可以占据道德的制高点,发展中国家若反对这些贸易措施则可能陷入国际舆论的被动。

贸易摩擦加剧的制度因素有以下三个方面:

一是产业政策的过度干预。由于地方政府过于干预产业发展,对于产品的进出口给予过多的土地政策、产业政策、电力政策的优惠,从而引起外方的反补贴调查。同时引发银行等金融部门跟风,企业自身则忽视经营风险,使其在规模和产能上盲目扩张,最终导致产能过剩,进而向国外市场倾销,从而很有可能引起贸易摩擦。

二是政绩考核的片面要求。在出口政绩考核的指引下,政府出台各种优惠政策鼓励出口,同时又只考虑到出口产品数量的增加,没有考虑外贸收支的均衡和目标市场的饱和。

三是财政补贴的错位。在财政补贴环节,政府应更多地补贴产业链的终端,尤其是技术研发和终端利用环节,但实际上却直接补贴了设备制造和生产者,因此容易引发贸易摩擦。

四、对外投资问题及其制度因素

近年来,我国对外投资在规模上取得了突破性的发展。但在对外投资规模扩大的同时,仍存在一些难题,主要体现在:一是对外投资审批缺乏效率。企业在对外投资过程中,要经过包括外汇管理局、商务部、发改委等多个部门的审批,而且除了商务部明确规定了行政审批的期限(3~40个工作日)之外,其他部门的审批时间并不确定。二是民营企业对外投资缺乏融资支持。民营企业正在成为我国经济全球化中的一支重要力量,但融资难题却仍然是民营企业对外投资挥之不去的困扰之一,一方面民营企业在境外很难融到资金,另一方面国内金融机构及其境外分支机构对民企的支持尚不够充分。三是对外投资服务功能不完善。企业海外信息获得渠道不畅通,在没有合作伙伴的市场收集信息比较难,且无法判断信息的准确性。部分出口基地依托当地骨干企业建立公共服务平台,建立的平台主要为本企业服务,很难发挥公共服务作用;资源共享在实际操作中存在问题;部分公共服务平台依托第三方中介机构完成,但针对性不强、深度不够,无法满足企业的实际需求,真正能够为基地内企业提供的公共服务有限。

对外投资问题的制度根源主要有以下三个方面:

一是对外直接投资管理体制方面。现行对外直接投资管理体制是伴随着我国改革开放的步伐逐步形成和发展起来的,虽然经过了30多年的发展,但从体制根本上来看,仍有许多计划经济体制的残余,多头审批与管理、手续烦琐、程序复杂等弊端制约着企业"走出去"的步伐。

二是政府服务体制方面。一方面,目前提供OFDI(对外直接投资)信息服务的主要是商务部派驻国外归口管理对外经济贸易工作的代表机构,该机构在企业驻外联络方面起着非常重要的作用,也为驻外企业提供了大量信息服务。但是,各地经济商务处(室)的行政职能主要是贯彻执行我国对外经济贸易的方针政策和发展战略,微观服务与协调功能不强,地方政府基本上不提供信息服务。另一方面,由于融资体系不发达,缺乏直接融资渠道,企业对外投资要么完全依靠自有资金,要么依靠银行信贷,而商业银行在提供信贷时,也要考虑企业自有资金状况,给企业对外投资造成了很大的阻碍。

三是法律保障机制方面。一方面,我国调整境外直接投资的国内政策法规还显得十分零乱,多数体现为"暂行规定""办法",有的仅是"意见"或"通知",还没有形成一部系统化的境外直接投资法。另一方面,境外投资的法律保障问题是一个比较困难的问题。政府用行政审批的办法和政府部门直接涉足跨境法律纠纷的办法,不仅成本高、效率低,而且政府对企业投资活动的直接干预会弱化投资企业的责任和风险意识,甚至引发国际纠纷。

五、金融服务问题及其制度因素

开放型经济的发展需要相应的金融支持,但由于在这方面政府功能存在一定程度的缺位,导致在对外贸易、对外直接投资等领域的经济活动中不能得到有力的金融支持,金融服务产品短缺。

一是存在外汇结算障碍。跨境贸易人民币结算没有类似SWIFT(环球银行金融电信协会)、CHIPS(纽约清算所银行同业支付)、CHAPS(英国清算所自动支付)的资金清算系统,海外商业银行无法进行跨境贸易人民币结算的具体操作,人民银行也没有为其提供政策性支持,跨境贸易人民币结算的规模和范围受到很大的限制。当前的跨境贸易人民币结算是在资本项目下人民币没有完全可兑换的情况下开展的,虽然目前香港人民币离岸市场已初见雏形,但其规模、数量以及交易品种远不能满足跨境贸易人民币结算的需求。

二是缺乏服务中小外贸企业、境外投资企业的金融产品。面对出口收汇风险不断增高,很多金融机构由于中小企业出口数额小、提供服务成本较高而放弃提供金融产品或者提价。利润空间微薄、出口商品价格被提高,再加上汇兑风险的持续增高,这对以欧元为结算单位的我省劳动密集型出口企业产生了重大影响,导致其在欧洲市场上的竞争力明显削减。我国大量出口企业为外贸中小企业,由于中小企业识别产品风险能力有限,更多的时候是以选择放弃订单的方式来保全自身的。

导致金融服务缺乏的制度根源主要有以下三个方面:

一是外汇管理体制方面。国际收支顺差意味着国内外汇供大于求,顺差国收购外汇进入国家外汇储备,增加外汇占款渠道的基础货币投放,扩张货币供应。虽然人民银行可以通过对冲操作来平抑这种扩张效用,但受制于对冲工具的有效性及日益增加的对冲成本,对冲操作并非没有限度。国际收支持续较大顺差,导致货币供应过快增长,国内金融体系流动性充裕,资金向利润较高地区积聚,尤其表现为沿海地区的大量资金通过银行信贷渠道进行配置,加之政府的产业政策导向,使得产能过剩,向国外出口增多,容易引发与其他国家和地区的贸易摩擦。

二是人民币清算机制方面。目前国际货币体系动荡多变,使得在与中国的贸易合作中使用人民币结算的优势更为显著,人民币结算由双边领域上升为多边结算范畴,加之人民币的购买力坚挺,多数出口企业出于财务便利和规避外汇风险而选择人民币作为结算货币。但是当前的跨境贸易人民币结算是在资本项目下人民币没有完全可兑换的情况下开展的,尚缺乏成熟的人民币境外交易市场。

三是金融服务机制方面。外贸中小企业寻求金融服务较难,其根本原因就在于我国现行金融体系的主体架构并非针对中小企业而设计,很多商业银行的信贷风险评估和成本收益模式并不适应我国中小企业目前的特点,仅仅依靠现有金融体系内的大中型商业银行来解决中小企业的融资问题存在着很多局限性。另外,银行在放贷之前,需要花费大量的时间、人力和财力对中小企业的资信情况和还款能力进行调查,与对大企业的贷款相比,银行不仅担负着更高的成本,还面临着更大的风险。

六、环境污染问题及其制度因素

近年来,环境治理问题受到了各级政府的重视,环境治理投入逐年加大,治理成果显著。但由于工业体量大,历史欠账也较多,加上沿海开发的负面影响等,我国空气、水环境质量水平仍不容乐观。

环境污染威胁着食品安全和居民健康,也影响着经济的可持续发展。环境污染的制度因素主要有两方面:

一是产业政策加剧了环境污染。当前我国调控经济发展的一个重要手段就是继续制订和执行"五年计划",中央围绕"五年计划"和宏观经济发展状况出台一系列的产业规划,地方随之制定相对接的产业规划。在政绩考核的压力下,可能产生两方面的问题:一是为了对接而对接,好高骛远;二是由于技术积累和产业配套等方面的缺乏,快速上马的项目在产业规划允许范围的低端环节重复建设,难以形成在产业链上的梯度分工。在经济发展的起飞阶段,产业政策实际侧重点在于推进工业化进程、提升制造业规模,发展中国家为了吸引外商投资一再突破环境底线,国内很多重化工业就是在这种思路下建立起来的。目前,尽管强调新兴产业的发展,但由于技术水平限制,地方政府只能积极发展新兴产业领域中污染较高的低端产业,而低端的新兴产业往往存在较高的污染;同时,为了追求地区生产总值增长,地方政府不得不容忍污染大但税收贡献大的企业扩大规模。

二是产权界定模糊使得环境监管乏力。我国的土地和河流等资源属于国有或者集体所有,居民由于不拥有被污染土地和河流的产权,也就缺乏足够的理由对污染企业进行追责;而出于政绩考核的需要,环境往往为经济增长让路,导致环境监管大打折扣。

第二节 促进开放型经济发展的体制机制改革建议

促进开放型经济转型升级、深化发展的关键突破口在于改革。为寻求突破,应该在体制机制改革方面进行探索,一方面在权限范围内进行体制创新,另一方面要先行先试,开展全国开放型经济体制改革试点。

总体改革方向:进一步理顺地方各级政府权力责任关系,完善行政管理体制,既继续保持下级政府地方发展的积极性,又能够通过政绩考核、行政监督等机制的完善,使得下级政府的追求目标符合全省整体目标和利益,行为模式在上级政府的宏观控制之内。进一步加快政府职能转变,明确政府与市场的边界,不断完善以市场为基础的资源配置机制,逐步退出不利于资源有效配置的要素管制和体制,实施结构性放权。同时在市场机制不能发挥作用的领域,如基础设施、公共关键技术创新、生态环境保护、公共物品的供给、收入分配调整、市场的监管等领域不断加强政府的管理和引导。

对体制机制的具体改革建议有以下四个方面:

一、产业政策的改革建议

首先,日本和韩国的发展经验表明,产业政策是后发国家在实现经济赶超战略过程中广泛使用的一种政策工具,有效的产业政策有助于经济快速增长,而当经济发展到一定的程度后,产业政策的目标及重点应适当调整。我国人均GDP已经突破1万美元,接近高收入国家,而产业政策仍沿袭通过市场扭曲推动某类产业飞速发展的传统手段,对完善市场经济体制及宏观经济调控的负面效应凸显。为此,要充分认识到产业发展本身的规律,尊重市场在产业选择中的作用,将产业规划转变为产业发展指导意见,更多地突出产业引导而不是市场干预的特征,实现产业政策与财政政策、土地政策、政绩考核体制脱钩。

其次,在产业投向上,政府不应代替企业家做决策,而应大幅度减少以产业发展为导向的投资审批,突出资源要素在行业配置中的市场作用;应减少资质审批,避免行业垄断,为新兴产业中创新型中小企业的成长营造优良环境;与此同时,引进国内外权威的第三方认证机构,以市场化的认证来取代相关的行政化审批。

二、财政政策的改革建议

首先,进一步明确各级政府之间的财权与事权关系,加快省管县财政体制改革。在财政收支划分、专项拨款、预算资金调度、财政年终结算等方面,由省直接分配下达到县级政府,在理顺省级以下财政管理体制基础上进一步实施行政性分权,合理划分省级政府与县级政府之间的事权。同时,进一步深入推进强镇扩权试点,赋予地方各级政府与其事权相对应的财权及编制。

其次,以效率最大化原则来安排补贴。需要明确调控经济的目标,如果将目标定位于增加社会就业,那么就应该补贴于能够促进就业的企业,而且建议采取直接补贴工人的形式;如果政府将目标定位于经济增长,那么就应该将补贴用于固定资产折旧、居民消费和社会保障。在财政补贴方面应当注重直接补贴的形式运用,减少以执行产业政策为目标的补贴,加强对补贴的监督和考核。

三、政绩考核机制的改革建议

尽管在对政绩考核上出现了一些多元化的趋势,近年来我国逐步构建了全面建设小康及基本现代化指标体系涵盖了经济效益及民生保障等指标内容,但所占权重仍相对偏小,其核心"GDP主义"没有变化,仍以规模化指标为导向。地方政府将大量人力、物力、财力集中于通过产业政策进行的市场干预,而对于市场失灵的如环境保护、公共管理等领域关注较少,不能在考核指标中得以展示。

因此,首先应改革目前以GDP增长和税收增长为核心的政绩考核体系,促使地方政府逐步退出对经济的直接干预,减少政府官员因政绩考核机制压力而出台的干扰市场机制运行的政策,同时,完善政府对于宏观管理、市场监督等方面的考核体制;其次,建议在全国范围内制定突出发展效益分配及社会民生保障的地方官员政绩考核机制,加强政府在市场机制之外领域的主导功能,如在基础设施、公共关键技术创新、生态环境保护、社会公共管理等领域,建立完善相关政绩考核制度,并分解到具体职能部门,确保真正实施;最后,建议在全省率先建立由上而下的发展指标审核机制,建立由财政、统计、审计等职能部门,包括相关领域专家、民众代表组成的审核小组,负责对各级地方政府上报的月度、季度及年度经济社会发展指标数据的审核。

四、完善政府缺失的职能

政府的职能应该包括:政策制定、市场管理和公共服务。政策制定包括研究制定开放型经济的发展战略、地方法规政策,推进相关配套体制改革。促进上下级政府间、各职能部门间及与相关国外政府间政策及管理的协调等。市场管理包括适当的市场准入管理,维护公平交易的市场秩序管理,应对贸易纠纷、贸易摩擦的管理与仲裁的市场纠纷管理等。公共服务包括开放型经济发展所需的相关公共服务设施建设,以及为企业加快发展提供信息、咨询、检测等各种配套服务等。为推动开放型经济健康发展,建议从以下四个方面完善政府缺失的职能:

(1) 完善涉外公共服务。首先,依托出口服务中介机构搭建公共服务平台,密切跟踪国外主要新兴产业市场、政策及技术标准法规等各类信息,注重平台成果的发布和推广,有效实现资源共享;鼓励和支持行业中介机构(行业标准化机构)及有条件的企业进入国际技术联盟和国际标准论坛,推动有实力的国内企业积极申报其技术标准成为国际标准。其次,充分发挥商务部与驻外经商机构的联系作用,帮助国内出口企业了解国外市场的商情和需求,把握国际市场商机,同时帮助国外企业了解中国市场情况,积极推进多双边经贸合作。对于已达成的大宗交易,建立客户动态信息跟踪机制,为企业开拓国际市场提供指导和服务。

(2) 完善外汇管理体制。积极进行国家有关汇改的试点。建议相关部门对欧元等货币实行直接交易的试点(目前除美元外,人民币对日元已实现直接交易);扩大新台币双向兑换,有利于推动对台贸易(目前上海、福建已经在试点);推广地级市实行跨境贸易结算试点(目前已经在温州试点)。鼓励开办跨境贸易人民币结算。跨境贸易人民币结算有利于规避主要出口产品的汇兑风险,应鼓励银行开办跨境贸易人民币结算等有效规避汇率风险,降低汇兑成本的金融业务,并给予开办此类业务的金融企业相应的汇兑补贴。

(3) 完善信用保险机制。鼓励信保等保险部门扶持进出口企业。一方面鼓励信保单位出台更多有利于进出口的保险措施,如目前信保出台的专门针对中小出口企业的"信用保险E计划",就是针对中小出口企业面临的单笔金额较小、出口产品零散、收汇风险较大的特点而专门设计;另一方面鼓励保险业公司大力开展对重点企业的进出口保险支持。对投保于新兴市场、高新技术产品的保险公司,政府应给予适当的保费补贴。

(4) 完善贸易摩擦应对机制。建立和完善贸易摩擦应对机制。建立贸易摩擦应对协调机制,统筹做好贸易摩擦大案要案的预警与应对;进一步加强政府、商会、协会、企业和高校的合作,完善贸易摩擦应对机制,通过政治交涉、学界抗辩、业界合作,全方位、多途径应对贸易摩擦;组织专家学者对遭遇贸易摩擦的企业进行指导,联合学术界对相关贸易理论、规则的跟踪和研究,对搜集到的数据进行定性分析、管理诊断,为企业提供应对跨文化商务思维和贸易摩擦的具体指导。

第五章　开发区发展的体制机制创新研究

开发区是我国实行改革开放的产物。经过30多年发展，开发区作为先进制造业聚集区和区域经济增长极，已经成为我国经济发展的强大引擎，对外开放的重要载体和体制机制改革创新的试验区，是深入实施经济国际化战略的主阵地，在经济社会发展全局中具有重要地位。

第一节　开发区发展的体制机制演进过程

一、初步建立

1984年9月，国务院批准成立大连经济技术开发区，这是我国第一个国家级经济技术开发区，被誉为"神州第一开发区"，揭开了我国建设开发区的序幕。同年12月，国务院批准在南通、连云港兴办经济技术开发区，随后，各地纷纷设立不同级别的开发区。1985年，江苏昆山在全国率先"自费"建设开发区。1986年，江苏省人大常委会通过了《江苏省经济技术开发区管理条例》，这是全国最早制定的有关开发区建设和管理的地方法规。总的来说，1984年到1992年是开发区在行政管理体制的建设中摸索前进的阶段。开发区成立党工委和管理委员会，作为所在市县的政府派出机构，负责开发区的基础设施建设、招商引资等纯经济功能，其管理体制具有一人多岗、事权集中、运转效率较高的特点，对促进开发区起步阶段的建设和运营具有重要作用。

二、改革分化

各地为了贯彻1992年邓小平同志南方讲话精神，开发区建设开始蓬勃兴起，不仅开发区的数量迅速增加，而且规模和功能都明显提高。1992年，江苏张家港敢为人先,创办了国内唯一的内河"保税区"。同时,一批省级开发区也先后建立。

党的十四届三中全会通过了《关于建立社会主义市场经济的若干重大决定》,在这之后,原来赋予开发区的各种优惠政策开始向普惠转变。各开发区为了获得新的竞争优势,将行政管理体制改革作为办好开发区的重要手段,积极探索行政体制改革的新模式。各级开发区逐渐建立起比较规范、与一般行政区相区别的管理体制,进入体制规范阶段。开发区普遍设立党的工作委员会、管理委员会,作为当地党委、政府或上级党委、政府的派出机构,并实行"一套班子,两块牌子",全面负责开发区的规划、建设和管理。具体权限则大小不一。初期,管委会仅下设经济贸易发展局等7个局,不求与上级政府对口,真正形成了"小政府、大社会"的管理机制。比如,江苏昆山开发区党工委、管委会下设9个机构,与昆山市委、市政府的54个部门对口衔接,同样形成了比较完善又精简高效的管理体制。

21世纪初,随着我国城镇化的快速推进,开发区也从原来的工业集聚区转向新城区,城市功能不断增加,使得开发区原有的管理职能难以满足新的发展需要,导致开发区管理模式出现分化。不少开发区出现了职能增多、机构增多,甚至向旧体制回归的趋势。以2002年苏州高新区为例,其与周边地区所在的行政区——苏州市虎丘区实施政区合并,高新区管委会与虎丘区人民政府实行"一套班子,两块牌子"的管理模式。

三、平稳发展

为了促进开发区工作平稳发展,2004年国家召开了全国国家级经济技术开发区工作会议,着重就开发区未来发展的思路进行了讨论。国家有关部门2005年发布的《关于促进国家级经济技术开发区进一步提高发展水平的若干意见》强调开发区要坚持和完善精简高效的管理体制。按照这次会议的精神指示,各个开发区就发展问题基本形成了共识,开发区的发展要依靠科技进步和自主创新,行政管理体制改革要服从这一发展思路。

第二节 开发区发展的主要管理体制模式

目前,我国开发区行政管理体制按管理主体的性质分类,分为公司型、单一管委会型、开发区与行政区合一型。多数开发区采取单一管委会模式,少数为两区合一型和公司型。

(1) 公司型。公司型是指利用公司的形式组建开发区的管理机构,该公司由政府授权进行开发区的基础设施建设规划、开发区管理等活动。公司型管理模式是国外开发区运营管理常用的形式,最典型的代表就是新加坡工业园和爱尔兰香农开发区,这种管理模式便于开发区管理工作集中化和专业化,运作效率较高。

按照管理公司的所有制类型不同,这种模式又可以分为三类:

① 国企型。地方政府将开发区的管理运营权赋予国有企业,由国有企业按照自身的业务或者发展战略来运营开发区,如招商局蛇口工业区,由招商局设立开发区管理公司,进行园区的建设和招商。

② 外商型。由外商设立管理公司对开发区进行管理,开发区外的主要管理部门负责协调,如上海漕河泾新兴高技术开发区,完全由港商投资和管理。

③ 联合型。以国有企业为主,由中外企业参股组建联合公司对开发区进行经营管理。上海的开发区采用这种管理模式的比较多,其中闵行经济技术开发区、金桥出口加工区最具有代表性。

(2) 单一管委会型,这种体制的开发区管理主体是作为辖区政府派出机构的开发区管委会,主要行使园区内的经济管理职能,不设人大和政协,这种行政管理体制为国家所推广,为多家国家级和省级开发区所采用。单一管委会型一方面保持了开发区具有权威性,能够特事特办,另外一方面机构设置精简,减少了行政层级,提高了管理效率,不过,由于政府授权不够充分,单一管委会型的开发区行政管理模式不能够满足城镇化的需要,亟须扩展新的管理职能。

(3) 开发区与行政区合一型是为了适应开发区向新城区转变的需要而出现的,在原有负责处理经济发展事务的基础上赋予开发区处理社会事务的职能。"两区合一"的管理模式使得开发区的职权得到充分行使,进一步提高了行政效率,便于行政管理体制机制的创新。

第三节 开发区发展的体制机制创新探索

一、苏州工业园区开展开放创新综合试验

2015年9月,国务院决定在苏州工业园区开展开放创新综合试验,这是全国首个开展的开放创新综合试验。经过5年多的探索实践,园区已经取得了一系列的试验成果,部分改革经验已经在全省进行复制推广。

1. 积极建设开放创新发展平台

主动深化重点领域开放,建设更高水平的开放合作示范平台。一是境外投资服务管理创新。2015年10月,园区设立全国首个国家级境外投资服务示范平台,成立境外投资并购基金以及境外投资促进委员会,推行境外投资企业备案和项目备案"单一窗口"模式,企业可在3个工作日完成全部流程。二是金融领域开放创新。中新跨境人民币创新业务试点进展顺利,目前试点已扩大至苏州市范围。此外,跨国公司资金集中运营、外商投资企业资本金结汇管理方式改革等金融创新业务试点加快推进,有效促进了企业降本增利。三是国内外开放合作不断拓展。园区积极借鉴新加坡经验,不断拓展向西开放通道,相继建成霍尔果斯经济开发区、苏通科技产业园、苏滁现代产业园等国内合作平台,并不断深化在"一带一路"沿线的国际合作。四是国际化营商环境持续优化。园区率先复制推广自贸区成功经验50余项,商事登记制度改革、先照后证、一照三证并联审批制度等改革试点全面推进,激发了市场活力。园区在全国率先实施"通报、通检、通放""出口直放""进口直通"为特征的"三通两直"检验检疫通关一体化新模式,海关、检验检疫一体化、无纸化改革,提升了物流通关效率。

加快转方式与调结构,建设产业优化升级示范平台。一是开放型经济新体制综合试点试验获批开展,制定区域推进供给侧结构性改革培育发展新动能行动方案,研究出台鼓励企业加大研发投入、提升创新能力的实施意见。二是对接"中国制造2025"与"两化"融合(信息化和工业化的高层次的深度结合)不断推进。出台鼓励发展智能制造工作意见,探索建立高标准的评价标准体系,提升园区智能制造水平。三是现代服务综合试点获批开展。有限合伙制创业投资企业法人合伙人所

得税税收优惠政策开始试点,生物材料国际物流平台设立,此外,贸易多元化、跨境电子商务、全球维修保税业务、商业保理业务、金融租赁业务等多项试点工作全面开展,收效显著。

自主创新与开放创新相结合,建设国际化创新驱动示范平台。一是初步建成开放创新体系。培育纳米技术应用等若干具有全球影响力的特色产业技术创新中心和产业集群。园区建设了微纳机电制造(MEMS)中试平台、国科大数据中心等一批公共服务平台,联合院省市共建中科纳米所等一批重大创新平台,深化与美国冷泉港、芬兰国家纳米所等国际科技合作。二是融合创新科技金融模式。深入推进科技金融融合创新示范工程,设立东沙湖股权投资中心、国家千人计划创投中心挂牌,通过产业基金、跟投基金、担保基金等多种形式,鼓励社会资本向创新型经济集聚。三是发展专利导航新兴产业,逐步完善专利超市商业模式和专利池建设。四是放宽高层外籍人才出入境政策。2016年4月,公安部、省公安厅等授予园区公安分局签发签证证件等权限,园区成为江苏省首个获得此项授权的开发区,来园区创业就业的外国人签证办理时间进一步缩短,有利于引进更多的外国高层次人才。

加快推进简政放权改革,建设行政体制改革示范平台。一是推进大部门机构改革。2016年初,园区实施了大部门制机构改革,构建了大经济发展、大规划建设、大文化管理、大行政执法、大市场监管等大部门制工作格局,基本形成了"集中高效审批—分类监管与服务—综合行政执法"的政府治理架构。二是落实国家相对集中行政许可权改革试点。园区将原分属13个部门的行政审批职责分批划转至行政审批局,真正实现"一个部门管审批"。三是创建"互联网+政务服务"的基层治理模式。构建基于不同服务对象的分类服务模式,对企业提供一站式集中服务,将居民服务网络下沉到社区,方便居民就近办理。

完善开发区城市化转型,建设城市综合治理示范平台。一是智慧城市试点全面推进。建设以下沉社区、一口受理、线上线下融合为特色的智慧社区,集电子监测、交通诱导、自动调节于一体的智慧交通等一批智慧城市项目陆续开展。二是中新社会治理合作试点不断深化,获评第四届"中国管理科学奖"。此外,在建设全国和谐劳动关系综合试验区以及全国社区治理和创新服务实验区方面取得明显成效。

2. 积极探索行政审批制度改革

2015年,苏州工业园区成为全国首批相对集中行政许可改革试点地区,成立行政审批局,推行行政审批事项集中审批,大力推进"不见面审批",一般项目网上办理,实现企业"3个工作日内注册开业、5个工作日内获得不动产证、50个工作日内取得工业生产建设项目施工许可证"的"3550"目标。

2017年1月,江苏省政府出台文件,在南京江北新区、南京生态科技岛经济开发区、昆山花桥经济开发区、南通崇川经济开发区、苏州宿迁工业园区试点以"区域能评、环评+区块能耗、环境标准"取代项目能评、环评。建立我省开发区进区项目准入标准,实行政策性条件引导、企业信用承诺、监管有效约束的管理模式,逐步实现区域评价取代每个项目的独立重复评价。建立完善开发区区域环评机制,深化建设项目环境影响评价审批制度改革,以规划环评为抓手,简化环评审批,强化事中事后环保监管。探索建立开发区区域节能审查机制,简化优化节能审查环节,最终实现一般行业项目实施节能承诺备案制和定期报告制。

3. 完善全省开发区考核评价制度

2016年6月,江苏省政府制定出台《江苏省经济开发区科学发展综合考核评价办法》,这是江苏省省级层面首次制定实施的经济开发区综合考评办法。考评指标体系设有经济发展、科技创新、开放水平、生态文明、集约水平、社会贡献、管理水平7大类一级指标、56项二级指标。考评每年一次,结果与经开区发展和干部实绩考核挂钩。连续两年居最后2名的省级经开区,经省政府批准后将退出省级经开区队伍。江苏由此建立起有进有出的开发区管理机制和动态考核评价机制。同时,江苏还出台了《江苏省高新技术产业开发区创新驱动发展综合评价办法(试行)》,高新区将不再套用经济技术开发区、保税区的评价办法,而专门为高新区量身打造评价标准,从而引导高新区建设成为自主创新的战略高地。新的评价办法也对高新区实施动态管理,成绩靠前的将优先推荐升级为国家高新区。与经开区类似,高新区连续两年综合评价结果位列最后的将停止享受省级高新区相关政策。

二、中关村国家自主创新示范区——六大核心要素三大环境构建创新生态系统

中关村是我国科技体制改革和政策先行先试的试验田,产生了多个全国第一,诸如全国第一个高科技园区、第一个国家自主创新示范区、第一个国家级人才特区、第一个国家科技金融创新中心等等。经过多年的努力,中关村形成了独特的创

新创业生态系统,这个生态系统包括行业领军企业、高校院所、高端人才、天使投资和创业金融、创业服务、创业文化六大核心要素,以及市场、法治和政策三大环境。

在中关村成长起来了一大批拥有自主知识产权的高新技术企业,这些企业自身就有较强的创新能力,还带动了上下游企业和整个产业的发展。科研实力雄厚是中关村创新的基础,仅中关村示范区核心区就有高等院校32所、科研院所206个,作为第一个国家级人才特区,中关村积极拓展高层次人才引进渠道,集聚了很多海内外高端智力资源,高校院所和高端人才是推动创新的主体。同时,科技金融机构和科技中介机构也在中关村形成集聚,打造科技金融一条龙服务体系解决企业资金瓶颈,成为创新创业的加速器。各类创新型孵化器为早期项目和初创企业提供开放办公、早期投资、产业链孵化等各具特色的服务。此外,中关村还培育了"勇于创新,不惧风险,志在领先"的精神和"鼓励创业,宽容失败"的风气。

多年来,中关村通过市场、法治和政策环境建设,形成了以政府引导、市场发挥决定性作用的创新创业促进体系。中关村的发展模式突破了园区依靠圈地、优惠和招商等传统发展模式,转变为构建良好的创业生态系统,转变到推动环境的营造、对平台的搭建、创新基础设施的完善上来,通过不断地促进各种发展要素相互作用,相互催化,形成创新创业的生态系统,使得政府促进创新的举措与市场机制结合起来。

三、张江高科技园区——打造全球科创中心的体制机制

张江是上海打造全球科创中心的核心区域,建设上海张江综合性国家科学中心是最重要的制度创新之一。张江正探索建立国家科学中心运行管理新机制,成立国家有关部委、上海市市政府,以及高校、科研院所和企业等组成的上海张江综合性国家科学中心理事会,下设管理中心,探索实施科研组织新体制,研究设立全国性科学基金会,募集社会资金用于科学研究和技术开发活动。建立和完善重大科技基础设施建设协调推进机制和运行保障机制。

张江聚焦政府管理体制不适应创新发展需要的重点环节,建立符合科学规律、自由开放的科学研究制度环境。最大限度地减少政府对企业创新创业活动的干预,消除行政审批中部门互为前置的认可程序和条件。改革政府扶持创新活动的机制,建立健全符合国际规则的支持采购创新产品和服务的政策体系,完善政府采

购促进中小企业创新发展的相关措施,加大对创新产品和服务的采购力度,促进创新产品研发和规模化应用。构建市场导向的科技成果转移转化机制,由高校和科研院所自主实施科技成果转移转化,主管部门和财政部门不再审批或备案,成果转化收益全部留归单位,不再上缴国库。探索建立符合科技成果转化规律的市场定价机制,收益分配向发明人和转移转化人员倾斜,充分调动高校、科研院所及科技人员积极性。实施激发市场创新动力的收益分配制度,鼓励符合条件的转制科研院所、高新技术企业和科技服务机构等按照国有科技型企业股权和分红激励相关规定,采取股权出售、股权奖励、股权期权、项目收益分红和岗位分红等多种方式开展股权和分红激励。健全企业为主体的创新投入制度,强化多层次资本市场的支持作用,鼓励创业投资基金和天使投资人群发展,创新和健全科技型中小企业融资服务体系。

四、杭州高新区(滨江)——构建支持创新创业的体制机制

杭州高新区(滨江)是由杭州高新开发区、滨江区管理体制整合而成。其中,该高新区始建于1990年,是首批国家级高新区。二十多年来,杭州高新区(滨江)一直坚持"发展高科技,实现产业化",形成了特有的产业生态体系:以政府为主导进行资源要素的组织,以企业为主体进行创新和生产,由市场去赢得技术和价值,从而实现园区的发展。

杭州高新区(滨江)积淀"求新、求变、求发展,以群体力量追求共同愿景"的高新精神,凝聚尊重人才、崇尚创新、服务科技、支持创业、引领发展五大"高新元素",坚持"有了人才,就有了技术;有了技术,就有了项目;有了项目,就有了企业,自然就不愁产业的发展"这一理念。在许多地方纷纷争抢大企业和吸引外资的时候,杭州高新区(滨江)独辟蹊径,始终把人才资源开发放在科技创新最优先的位置,不去招强引大,而是招才引智。在杭州高新区(滨江),有许多单枪匹马来创业的优秀人才,正是他们带动了一批批民营企业如雨后春笋般破土而出。"创新型企业家"群体的形成是杭州高新区(滨江)发展的源泉。

培育一批一流创新型企业是杭州高新区(滨江)政策扶持的主要目标。杭州高新区(滨江)引进来的企业很少,大部分都是内生企业。孵化器是高新区持续激发内生动力的最主要平台。高新区鼓励中介机构、创投机构、上市领军企业等优势力

量做专业孵化器和众创空间,整合各类资源支持孵化器建设,把政府的资源更多地向孵化器倾斜。高新区采取差异化政策,对领军企业、成长型企业、科技型初创企业分别出台了扶持举措,积极实施领军企业扩张工程、"瞪羚企业"提升工程和初创型科技企业成长工程,针对不同类别产业和不同发展阶段企业,采取不同的支持政策,予以精准支持。

对于杭州高新区(滨江)来讲,创业重要,创新更重要。高新区的第一使命是创新,创新的目的是为了创业。如果高新区首先强化创业而不是创新,就偏离了高新区的方向。但是,如果高新区首先注重于创新,然后在创新的基础上水到渠成地去创业,这才是真正的高新区。

五、西安高新区——完善的投融资体系

作为国家自主创新示范区,以及拥有众多科技金融创新试点头衔的西安高新区,一直在科技金融体系搭建,特别是科技金融创新上不遗余力。通过引进聚集金融机构、创新金融信贷产品、鼓励企业利用多层次资本市场、完善科技金融服务体系等渠道,切实为科技与金融结合创造有益环境。科技金融已经成为西安高新区发展的加速器,西安高新区的科技金融示范也为陕西省的科技金融结合提供了新的样本。高新区把引进投融资机构作为管委会重要的招商工作指标,精简行政管理对投融资服务机构的审批内容和流程,建立了西安高新区投融资服务网站,建设市场化、社会化投融资服务组织和信息网络,形成投资平台、贷款平台、担保平台、保险平台、技术和产权交易平台等多种类型的投融资服务平台等。早在2013年,西安高新区就提出建设信用园区,并开始打造西安高新区信用与金融服务平台。2014年1月,西安高新区信用与金融服务平台完成验收并正式上线运行。目前,该平台已成为西安高新区中小科技企业信用体系建设的主要承载体。信用平台的搭建,标志着西安高新区的平台建设,已经从技术成果转让时期,进入信用、科技、金融互动时期,西安高新区向建设世界一流科技园区迈进了一大步。"高新区信用与金融服务平台"是高新区管委会为区内企业和金融机构搭建的信用信息征集和共享平台。该平台以企业公共信用数据库、企业申报信用数据库和金融机构信息数据库为基础,依托资讯服务、信用服务和金融服务三大板块,为政府、企业和金融机构,提供及时的金融资讯服务、权威的信用服务和全面的投融资服务。

六、漕河泾新兴技术开发区——企业主导型管理体制

企业主导型的管理体制也被称为无管委会管理体制,这种治理体制并不是让独立自主的企业统管开发区内的所有事务,而是设立独立行事的开发区经济贸易总公司来全权组织开发区内的经济活动。开发区的经济贸易总公司分担政府的经济管理的职能,是独立的经济法人。而人事、税收、工商、环保、文化等职能仍然由政府职能部门行使。这种管理体制最早出现于深圳蛇口,因此也叫"蛇口模式"。

上海的漕河泾新兴技术开发区就是企业主导型治理模式的典型。该开发区没有建立管委会,而是由开发区发展总公司负责开发、建设、经营、管理和服务。1990年,上海市人大批准上海市漕河泾新兴技术开发区发展总公司统筹开发区的经济事务,包括开发区的基础设施建设、资金筹集和运用、土地开发和土地使用权转让、房产经营,创造良好的投资环境,吸引国内外资金和先进技术,兴办各类企业及技术和产品贸易等综合服务,并行使市政府授予的部分管理事权,主要包括外资项目初审权、入区项目规划方案预审权、入区项目环保预审权、高新技术企业认定的初审、在地化统计及人才引进等工作。2002 年,漕河泾开发区与徐汇区人民政府共同成立了"徐汇区和漕河泾开发区合作综合协调办公室",协调区政府有关部门在漕河泾开发区内开展日常行政工作。办公室实行双主任制,由区政府和开发区总公司各派一名干部担任,该办公室虽具有一定的政府职能,但并没有纳入政府机构序列管理,不拥有行政执法权。

七、前海深港合作区——法定机构主导型的行政管理体制

法定机构主导型管理体制是一种为了适应扩大对外开放而创新的管理模式,其中法定机构是由国家法律赋予其在经济开发区内享有行政执法、经济管理和社会治理等职能的公共管理机构,充分体现了全面推进依法治国、以法治建设经济开发区。深圳市前海深港现代服务业合作区管理局就采取了这种模式,实行企业化管理但不以营利为目的的履行相应行政管理和公共服务职责的法定机构,具体负责前海合作区的开发建设、运营管理、招商引资、制度创新、综合协调等工作。为了实现对管理局权力的有效制约,前海管理局设立了理事会,实行双层管理体制,理事会主要负责合作区的规划设计、重大事项决策和对管理局实行有效监管,而管理局则主要负责合作

区内日常的运营管理;在组织架构上,理事会一把手由深圳市政府任命,并从社会上公开招聘专业人才组成理事会班子,管理局一把手由深圳市政府任命并对理事会负责,有任期年限规定,全面负责管理局工作,并以成员身份参与理事会工作。

八、陆家嘴金融贸易区——多元社会主体共同参与的治理模式

陆家嘴金融贸易区是1990年被国务院批准为国家级开发区中唯一以"金融贸易"命名的开发区。2016年6月,浦东新区五届人大常委会第三十四次会议审议通过了《浦东新区人民代表大会常务委员会关于促进和保障陆家嘴金融城体制改革的决定》,提出浦东新区探索金融城体制改革,构建"业界共治+法定机构"的公共治理架构。浦东新区人民政府联合业界发起设立了陆家嘴金融城理事会,作为金融城业界共治和社会参与的公共平台,通过区域内业界共治的模式集聚各方力量,共同推进金融城的发展。同时,浦东新区人民政府按照企业化组织、市场化运作、专业化服务发起设立上海陆家嘴金融城发展局,作为金融城法定的管理服务机构。这一变化使得发展局不再是政府部门,不会直接对企业、市场、社会进行管理,而是由企业、市场、社会通过某种程度上的自治来进行管理。

九、典型开发区管理机制改革的启示

开发区转型升级创新发展的核心是要解决体制机制问题。从创新管理体制上看,一些地方开始探索政府领导下多种开发区管理模式,但是不论是管委会体制还是企业化运作,其核心都是要理顺政府和市场的关系,应按市场规律和依靠市场力量解决的问题都要由市场发挥作用,政府更多地把精力放在环境和制度体系建设上。当前,开发区面临转型升级的重要任务,以创新促进开发区产业升级,向全球价值链攀升,需要开发区着力解决在创新要素的吸引、集聚和使用上的体制机制障碍,特别是人才、科技体制和金融支持等方面,是开发区进行体制机制改革创新的主要领域。长期以来,开发区主要是发展第二产业,随着我国经济逐步进入服务经济时代,开发区如何有效吸引第三产业成为一个迫切面临的问题。不论对于生产性服务业还是生活性服务业,产城融合都是促进开发区在未来继续保持竞争优势和发展动力的主要途径。开发区不能只是城市的一个"孤岛",而要与城市化紧密结合,才能使开发区对服务业同样具有吸引力。

第四节　开发区发展的体制机制改革路径

以开发区转型升级为目标,以提高发展质量和效益为中心,以供给侧结构性改革为主线,积极融入"一带一路"、长江经济带、"西部大开发"等国家战略,聚力创新,聚焦富民,全面推进简政放权、放管结合、优化服务改革,通过创新和优化体制机制激发开发区发展的内生动力,加速集聚高端人才、高端技术、高端产业,积极构建原始创新、集成创新和引进消化吸收再创新有机统一、协同并进的创新体系,培育鼓励大胆探索实践、有利于创新创业的生态环境,实现开发区比较优势和发展动能的转换,促进产业向价值链中高端攀升。着力打造特色创新集群,着力提升土地产出率、资源循环利用率、智能制造普及率,加快向现代产业园区转型,进一步巩固开发区在地区经济发展和开放型经济中的重要地位,使之成为创新驱动、构建开放型经济新体制、培育开放型经济新优势的排头兵。

1. 推进开发区建设由政府主导向政府引导、市场主导转变

以特色化、差异化发展为导向,结合开发区现有发展基础和优势,精准定位,打造各具特色、错位竞争的开发区发展格局。坚持市场化取向,理顺开发区政府部门与市场的关系,发挥市场竞争机制对企业和开发区资源的动态调整和优化配置作用,更多地由企业参与和承担开发功能,同时完善政府监管方式,建立公平、开放、透明的市场规则。

2. 开发区管理机构从优惠政策供给向制度供给和环境营造转变

在优惠政策淡化、政策趋同的背景下,依靠体制机制改革和综合投资环境打造发展新优势是经济技术开发区继续保持生机和活力的根本。要加大行政管理体制改革力度,积极探索行政审批权改革,加快简政放权步伐,保持制度创新的动力,完善现有的税收环境、法律法规环境、金融监管环境,加强知识产权保护,适应跨国直接投资在开发区布局的需要,为企业参与市场竞争提供充分的制度保证。不断改善和优化综合投资环境,为企业提供公开、透明、稳定、可预期的投资环境和公平竞争的市场秩序。

3. 促进开发区从要素驱动转向创新驱动，构建有利于激发创新活力的体制机制

推动开发区摆脱依靠传统要素发展的路径依赖，尽快打造以创新、人才、科技为核心竞争力的新优势。构建有利于全球高端创新要素整合的创新体系，让全球创新资源有需求、有市场、有收益，营造"以集聚促整合、以整合推集聚"的全球创新资源整合良性循环。夯实有利于高端产业关联配套的产业基础，更加注重使用知识、技术、管理、品牌等高级要素参与全球价值链分工。搭建有利于高端技术培育孵化的服务平台，建成开发区核心高端技术的培育机制，形成一批具有制造、研发、设计、营销能力的核心技术企业。

4. 推进开发区与城市化紧密融合，构建符合服务业发展特点的体制机制

适应服务经济时代的新形势，根据开发区的产业特点和经济组织的演化需求，改革与创新管理体制和运行模式，实现开发区与城市发展的一体化深度融合，促进开发区由原来单一的工业加工区向综合型的城区功能区转变。不断补充完善居住、金融、商贸、文化、教育、科研等其他城市功能，摆脱单纯的工业生产区的局限，增强自我持续发展能力，实现产城融合发展。构建符合服务业发展特点的政策体系和体制机制，增强服务业对开发区转方式、调结构的引领作用。

5. 从招商引资的体制机制更多地转向孵化创业的内生发展模式

过去，开发区的主要任务是招商引资，通过引进大企业大项目来实现规模化发展，对小企业、小项目重视程度不高，反映了开发区 GDP 导向下追逐短期回报的引资机制。未来，开发区应更加注重对企业和项目的培育，建立和完善激励孵化创业的内生增长模式的体制机制和保障支持体系，通过创业创新激发开发区的新一轮增长动力，实现开发区的可持续发展。

6. 从经济发展高地向聚焦富民的"强磁场"迈进

开发区作为经济发展的先行者、排头兵和前沿阵地，同时也要在聚焦富民的工作中做出更大的贡献，要通过率先实现产业转型升级和做大做强企业为富民增收奠定坚实的物质基础。要把充实居民口袋作为改善民生的核心任务，促进企业提高职工的收入水平，进一步推动开发区在富民的成效、水平和可持续性等各个方面走在全省前列。

第五节　开发区发展的体制机制改革建议

一、修订和完善法律法规，依法推进开发区改革和创新发展

1. 加快修订完善开发区条例，进一步明确开发区的法律地位、管理体制、运行机制和管理权限

根据新形势要求，要立足立法，着力解决开发区管理机构法律地位不明，在区域经济社会管理中法定职责边界不清的问题。通过修订开发区管理条例，进一步明确开发区的法律地位、管理体制、运行机制和管理权限。在保障国家级开发区和有条件的省级开发区根据授权行使行政审批、经济协调与管理等职能的同时，赋予它们必要的公共服务及行政执法等社会事务管理权限。进一步简政放权，将能够下放的经济管理权限，依照法定程序下放给开发区，充分发挥开发区决策的机动性和灵活性。

2. 探索建立以开发区管理体制为主导、开发区与行政区管理体制优势叠加的新体制

推动开发区与所在或邻近的行政区融合，或者成为独立的行政区，建立一级政府，由具有法定地位的一级政府行使社会管理职能，使原先由管委会行使的社会管理职能合法化。这样，开发区政府只需要设置社会管理机构，而不重复设置由管委会承担经济发展方面管理职能的机构，同时又可以保留开发区管委会，延续"两块牌子一套班子"的体制。管委会仍然作为上一级政府的派出机构，利用其高规格授权的优势，行使经济开发的规划和调控职能，即开发区的经济开发职能和社会管理职能由名义上的两个组织分担，从而获得效率和合法性的平衡。由于一般地方政府所具有的经济建设职能在开发区由管委会承担，开发区的管理机构就成为真正意义上的公共服务型和社会管理型政府。

二、完善开发区管理体制，推进行政审批制度改革，提高管理效能

1. 完善开发区管理体制

加强对开发区与行政区的统筹协调，完善开发区财政预算管理和独立核算机制，充分依托所在地政府开展社会管理、公共服务和市场监管，减少向开发区派驻的部门，逐步理顺开发区与代管乡镇、街道的关系，依据行政区划管理有关规定确定开发区管理机构管辖范围。对于开发区管理机构与行政区政府合并的开发区，应完善政府职能设置，体现开发区精简高效的管理特点。对于区域合作共建的开发区，共建双方应理顺管理、投入、分配机制。各类开发区要积极推行政企分开、政资分开，实行管理机构与开发运营企业分离。服务业的进一步扩大开放更是需要加快构建与国际规则相适应的服务业促进体系和管理手段。

2. 推进行政审批制度改革

进一步下放审批权限，支持开发区进行外商投资管理体制改革试点，对国家级高新技术产业开发区实行外资单列管理，赋予省级外资审批权限。大力推进工商登记制度改革，试行推进并联审批，实行工商营业执照、组织机构代码证、国地税税务登记证"三证合一"等模式。加快建成国际贸易"单一窗口"，尽早实现贸易便利化。推行网上审批，实行审批要素、审批流程全过程标准化，主动向社会公开。鼓励在符合条件的国家级开发区开展人民币资本项目可兑换、人民币跨境使用、外汇管理改革等方面的试点。

3. 提高开发区行政管理效能

对于开发区内企业投资经营过程中需要由所在地政府有关部门逐级转报的审批事项，探索取消预审环节，简化申报程序，可由开发区管理机构直接向审批部门转报。对于具有公共属性的审批事项，探索由开发区内企业分别申报调整为以开发区为单位进行整体申报或转报。科学制定开发区权责清单，优化开发区行政管理流程，积极推进并联审批、网上办理等模式创新，提高审批效率。

三、探索建立开发区统一协调机制，促进开发区整合优化发展

积极探索建立开发区统一协调机制，避免开发区同质化和低水平恶性竞争，形

成各具特色、差异化的开发区发展格局。鼓励以国家级开发区和发展水平高的省级开发区为主体,整合区位相邻、相近的开发区,对小而散的各类开发区进行清理、整合、撤销,建立统一的管理机构,实行统一管理。被整合的开发区的地区生产总值、财政收入等经济统计数据,可按属地原则进行分成。对于位于中心城区、工业比重低的开发区,积极推动向城市综合功能区转型。

以产城融合为重点的开发区,积极探索产业和城镇融合发展新路子,以产兴城、以城带产、产城融合,重视环境保护和资源集约利用,提高开发区发展品质,大力发展生产空间集约高效、生产过程绿色低碳的生产性服务业、新兴产业等,鼓励发展循环经济。

以特殊功能区为重点的开发区,围绕产业集聚大力开展专项招商,借鉴上海自贸区市场化监管模式及外资管理制度,重点做好政策完善和服务流程提速,积极制定优惠政策及政策先行先试,引发和拓展新商机。

以高端产业发展为重点的开发区,结合既有产业优势,以开发区产业结构转型升级为契机,以发展高新技术产业和战略性新兴产业为重点,积极推动生物技术与新医药、新材料、新能源与高效节能、现代交通、光机电一体化、环境与资源利用等领域产业培育和发展,加快形成与现有产业良性互动、共同提升的新格局,提高产业核心竞争力。

以特色产业发展为重点的开发区,因地制宜确定发展重点,充分发挥当地特色产业优势,加快传统技术改造升级,提升开发区产业层次和水平,夯实高端要素集聚基础,重点加快关联性企业集聚发展。

积极引导发展滞后地区的开发区发展,坚持走高起点、高定位之路。完善产业发展联动机制,推进跨区域资源整合,采取"一区多园""联动开发"的方式,提升共建园区建设水平,推动共建园区形成产业特色。

四、创新开发区建设和运营模式,增强发展活力

1. 引导社会资本参与开发区建设,探索多元化的开发区运营模式

由管委会主导向管委会协调、公司运作、委托管理等多方面探索,增强发展活力。支持以各种所有制企业为主体,按照国家有关规定投资建设、运营开发区,或者托管现有的开发区,享受开发区相关政策。推动开发区投资主体多元化,鼓励以

政府和社会资本合作(PPP)模式进行开发区公共服务、基础设施类项目建设,鼓励社会资本在现有的开发区中投资建设、运营特色产业园,积极探索合作办园区的发展模式。支持符合条件的开发区开发、运营企业在境内外上市、发行债券融资。充分发挥开发区相关协会组织作用,制定开发区服务规范,促进开发区自律发展。

2. 创新招商引资方式,提升资源引进的效率和质量

进一步强化招商引资的激励机制,制定科学的外资评价和干部考核体系,调动和激发各开发区引进外资的积极性。提高招商引资的"软实力、软环境",以健全的法律法规、廉洁高效的政务环境、细致周到的服务和良好的文化氛围打造招商引资新优势。更加注重产业链招商,围绕主导产业完善和扩充配套企业,形成上下游完整的产业链,发挥集聚和倍增效应,增强招商引资的精准度。

鼓励开发区设立综合服务平台,为投资者提供行政审批一站式服务,营造国际化营商环境。开发区要积极主动开展招商引资活动,创新招商引资方式,从政府主导向政府招商与市场化招商相结合转变,加强招商引资人员培训,提升招商引资工作专业化水平。开发区可结合产业发展方向,在政策允许和权限范围内制定相应的招商引资优惠政策。

3. 创新投融资体制和制度安排

继续鼓励政策性银行和开发性金融机构对符合条件的开发区基础设施项目、公用事业项目及产业转型升级发展给予信贷支持。允许符合条件的开发区开发、运营企业依照国家有关规定申请上市和发行中期票据、短期融资券等债券产品募集资金。支持有条件的开发区发展技术市场,健全技术转移机制,改善中小企业融资条件,完善风险投资机制,促进科技成果资本化、产业化。支持开发区同投资机构、保险公司、担保机构和商业银行合作,探索建立投保贷序时融资安排模式。建立规范合理的开发区债务管理及风险预警机制,坚持量力而行,严格控制开发区负债规模。

五、创新资源要素投入机制,加速高端要素集聚,推动开发区提质增效

1. 着力提升土地产出率

土地是开发区吸收投资、承载项目的重要支撑。要适应开发区转型升级需要,

加强开发区公共配套服务、基础设施建设等用地保障,提高生产性服务业用地比例,适当增加生活性服务业用地供给。推动开发区集约利用土地、提高土地利用效率,从建设用地开发强度、土地投资强度、人均用地指标的管控和综合效益等方面加强开发区土地集约利用评价。要挖掘存量做增量,利用现有企业扩大投资,提高土地投资强度和产出率。全面梳理现有项目,对将要出让的地块按项目投入、产值、税收贡献度进行论证,因企施策,努力实现土地利用效率最大化。

2. 完善高端人才引进机制

从重引进到重持续,持续加大对掌握关键技术、拥有自主知识产权或高端管理水平的海内外领军人才、高层次管理和技术人才的引进支持力度,积极解决高端人才、团队在创新中遇到的各种问题,做好高层次创新人才所需配套政策,完善和落实医疗、子女教育等相关人才引进制度,重点支持海外高层次人才(团队)和外国专家享受关于居留与出入境、落户与国籍变更、税收和股权奖励等各项特殊政策,保持和激发创新活力。

3. 创新人才使用、评价和激励机制

拓宽科技创新人才的流动渠道,建立"不唯学历、不唯职称、不唯资历、不唯身份"的公平公正的人才评价和激励机制,强化专业化人才培养。建立人才流动的市场机制,完善科研人才双向流动制度,允许科研人员在职或离岗创业。注重物质激励,使人才的能力、贡献与报酬相匹配,建立以人才资本价值实现为导向的分配激励机制。

4. 畅通高端要素流动渠道,开展全方位国际合作

第一,深化外商投资管理体制改革,推行负面清单管理制度,鼓励和引导更多的境外创新资本引入江苏创新创业领域。鼓励境外资本对国内高成长性科技企业通过并购、技术入股等方式进行投资。根据2015年3月新修订的《外商投资产业指导目录》,进一步放宽境外创新资本投资领域,鼓励外商投资高新技术、先进制造、节能环保、新能源、药物研发等领域。鼓励和支持跨国公司在江苏设立研发中心、研发机构、实验室、企业研究院等,实现引资、引智、引技相结合。

第二,根据国家科技计划对外开放的管理办法,扩大科技合作计划支持范围,鼓励和引导外资企业、研发机构参与承担国家和省级科技计划项目,开展高附加值

原创性研发活动,实施外籍科学家参与承担国家科技计划项目实施的试点。推动有条件的企业与麻省理工学院等国际知名高校以及劳伦斯伯克利国家实验室等境外知名研究机构建立研发合作关系,在若干优势领域形成一批具有鲜明特色的世界级科学研究中心。巩固提升与以色列、芬兰、英国、美国、德国等创新型国家的政府间产业研发合作交流机制,依托各类国际产学研合作论坛暨跨国技术转移大会等国际展会,建立产业技术创新国际平台。

第三,积极融入"一带一路"倡议,加快优势产业"走出去"步伐,合理利用国内国外两个市场、两种资源。充分利用现有开发区发展成果,加强优势资源整合,加快高端产业集聚,紧跟国际产业技术发展前沿,积极寻求与世界一流科技园区、研发机构等的交流合作空间,尝试通过共享经济、悬赏外包等模式促进国际创新创业者与本地产业的开放式创新合作。

5. 以投资者满意为中心,加强软环境的塑造

加快建设与现代制造业相配套、与城市化进程相协调的现代生活服务体系,营造良好的文化和生活氛围。加快社会事业发展,加强环保、教育、医疗、文化、体育等功能建设,将开发区建设成为宜业宜居的新城区。

六、探索社会治理的有效途径,促进开发区社会管理体制创新,推动经济发展和民生改善协调并进

在开发区教育、卫生、文化、体育、养老等社会公共服务领域试行政企分开、政事分开和管办分离,建立健全政府购买公共服务制度,构建政府、社会组织、中介机构和企业共同参与、相互促进的公共服务体系。完善综合治理工作体制机制,构建社会治安防控体系,深入开展矛盾纠纷排查调处活动,推进开发区和谐稳定发展。探索推进大型公共设施"市场化运作""集中化经营"等多种模式的管理运行机制,提高开发区社会公共服务供给效益。贯彻共享发展理念,实施富民工程,坚持将改善民生作为各项工作的出发点,不断完善社会保障体系,丰富开发区的精神文化生活,切实提升居民生活幸福感。

七、完善开发区考核评价和动态管理制度

1. 完善开发区评价考核制度

建立健全开发区综合评价考核体系,通过建立健全开发区统计体系,全面反映开发区的开发程度、产业集聚度、技术创新能力、创新创业环境、单位土地投资强度、产出率、带动就业能力、经济效益、环境保护、循环经济发展水平、能源利用效率、低碳发展、社会效益、债务风险等情况。

2. 完善开发区动态管理制度

将开发区考核结果与奖惩措施挂钩,对于土地等资源利用效率低、环保不达标、发展长期滞后的开发区予以降级、撤销,做到有进有出、有升有降的动态管理。

八、优化产业布局,加快开发区产业智能化、低碳化发展

1. 优化开发区产业布局

发展较快地区要率先转变经济发展方式。坚持高端发展的战略取向,加快区域创新体系建设,打造科技创新高地,培育一批具有国际竞争力的世界级企业和品牌。发展滞后地区要突出特色发展。发挥各自竞争优势,推进产业集聚,积极调整产业结构,加快建设在国内外具有较强竞争力的产业基地,进一步提升发展层次和水平。贫困地区要突出提速发展。加快对外开放步伐,增强对国内外资本、产业的吸纳能力、承载能力。加大区域合作力度,创新合作机制,高水平地共建合作园区。

2. 提升开发区智能制造普及率

大力推进制造业智能化改造,鼓励企业加快建设"智能工厂",形成联网协同、智能管控、大数据服务的制造模式,全面提升企业的资源配置优化、实时在线优化、生产管理精细化和智能决策科学化的水平。鼓励企业加快建设"数字化车间",在关键环节和关键工序推进智能制造单元、装备智能化升级、工艺流程改造、基础数据共享。推进以智能制造为主攻方向的"机器换人",全面实现研发、生产、销售和管理全过程的互联网化。有条件的开发区要抢抓新一轮信息技术快速发展机遇,积极探索智慧园区建设,提升园区建设的信息化水平。

3. 推进开发区低碳化发展，着力提升资源循环利用率

2020年12月12日，习近平总书记在气候雄心峰会上发表了《继往开来，开启全球应对气候变化新征程》的讲话指出：要大力倡导绿色低碳的生产生活方式，从绿色发展中寻找发展的机遇和动力。绿色低碳的生产方式，是对以牺牲环境换取一时一地经济增长做法的坚决摒弃，实现生产从源头到末端的全过程"绿化"，构建绿色低碳循环发展的现代产业体系。近些年来，江苏各开发区努力推进生产方式的绿色低碳转型。综合运用环保政策、能源政策、产业政策等来淘汰落后产能和过剩产能，积极发展新经济和新产业，在经济发展提质增效的同时兼顾了生产方式的绿色低碳转型，但是要实现2030年"碳达峰"的目标，各开发区仍然需要继续推进生产方式绿色低碳转型。一方面要大力推动开发区产业生态化、绿色化、循环化改造，创建生态型园区，加快循环经济、低碳经济园区建设，构建绿色产业链和资源循环利用链，另一方面推动前端的清洁生产、后端的废弃物资源化，真正实现能源梯级利用和物质循环利用。

九、拓展功能，提高水平，促进开发区转型升级和"二次创业"

1. 加快开发区产业转型升级的步伐

在加快提升各个开发区主导产业及传统产业的层次水平、推动产品结构优化升级、提高新产品和高新技术产品比重的基础上，积极推进战略性新兴产业发展，提高产业核心竞争力，把战略性新兴产业作为带动开发区产业转型升级的重要引擎，加快形成新兴产业与现有产业良性互动、共同提升的新格局。同时，大力发展金融商贸、现代物流业、科技服务、电子商务、法律咨询、会计审计、信用评估、文化信息等现代服务业。

2. 进一步创新和拓展开发区的功能

充分利用综合保税区、保税港区、出口加工区等海关特殊监管区域的功能，加大海关特殊监管区与其他开发区的联动。拓展各类海关特殊功能区在保税、通关、物流、商品展示、贸易服务等方面的功能，实现通关区域一体化建设。进一步完善开发区产业新城功能。通过科学规划、集中开发，促进开发区从单一的出口加工型或工业制造型园区向多功能产业区和现代化国际化新城区转型，促进产业发展、商贸服务、社区建设合理布局,推动开发区逐步完善城市功能。突出与国际贸易投资新规则的对接,在有条件和基础的开发区探索金融产品、跨境人民币业务等创新举措。

3. 进一步提升区域合作共建开发区的质量和水平

完善联动机制,推动发展较快地区的开发区科技、人才、资本等要素向发展滞后地区开发区转移,实现开发区跨区域资源整合。加强共建园区产业配套环境建设,提升共建园区的承载能力,推动共建园区形成产业特色。巩固和深化与重点国家、重点区域的合作。进一步发挥广州开发区、北京经济技术开发、苏州工业园区和天津经济技术开发区等的示范、辐射和带动作用。充分利用与国外友好省、州的关系,推进在开发区开展专题、专项领域合作,积极探索各开发区与国外相关区域合作开发的新模式。

第六章　江苏省营商环境研究：指标、评价与对策

第一节　优化营商环境的必要性

随着经济全球化、贸易自由化的快速发展，各国在发展要素尤其是市场、资源、人才等方面的竞争日趋激烈。良好的营商环境如同干净的水、清洁的空气、肥沃的土壤，能够培植一个国家或地区经济软实力与竞争力。因此，要在当今世界更加激烈的竞争中取得主动权和主导权，关键因素之一是营造良好的综合营商环境。综合营商环境直接体现了国家、地区或城市在吸引和集聚关键经济要素、支撑产业经济发展上的吸引力和竞争力，同时也是衡量国家、地区或城市综合竞争力的一个重要标准。

党和国家领导人对优化我国的营商环境工作非常重视，在多个场合做出了重要指示。2016年9月3日，在G20工商峰会开幕式上，习近平总书记强调"加大放宽外商投资准入，提高便利化程度，促进公平开放竞争，全力营造优良营商环境"；2017年7月17日，在中央财经领导小组第十六次会议上，习近平总书记指出"营造稳定公平透明、可预期的营商环境，加快建设开放型经济新体制，推动我国经济持续健康发展"，所谓"稳定公平透明、可预期"，是针对企业家的"用户体验"来说的。"稳定"指当政者执政理念要稳定、政策要稳定，不能朝令夕改，政府给企业的承诺都要兑现。"公平"指对内外资大中小各类市场主体都要一视同仁，尤其拿地、融资、资源支持等都要一视同仁、公平对待。"透明"指各种行政规章、商业法规都要向社会披露，对企业透明可知的，这样企业办事就有章可循，在什么时间、找什么部门、能办什么事，多久能办好都有指导，透明能带来高效便利。"可预期"是基于前面三个前提，对企业家来说都能有这样的心理感受和印象，就是在中国投资兴业，

只要照章办事、满足法定的审批监管条件,就能获得预期结果,让企业很有"安全感"和投资信心。

2018年首次国务院常务会议的首个议题就是部署进一步优化营商环境,李克强总理指出:"按照党的十九大和中央经济工作会议精神,改革创新体制机制,进一步优化营商环境,是建设现代化经济体系、促进高质量发展的重要基础,也是政府提供公共服务的重要内容。"强调"必须认识到,优化营商环境就是解放生产力,就是提高综合竞争力"。2018年"两会"期间,李克强总理在政府工作报告中进一步强调"优化营商环境"的重要性,要求深化"放管服"改革,达到"解放生产力、提高竞争力,破障碍、去烦苛、筑坦途,为市场主体添活力,为人民群众增便利"的高度。

江苏省委、省政府对打造良好的营商环境也做出了具体的工作部署。2018年12月,江苏省正式启动全省营商环境评价工作,对13个设区市、96个县(市、区),以及国家级开发区、高新区,省级开发区、高新区的营商环境做出评价,在此基础上推出江苏版《营商环境报告》。

为深入贯彻习近平总书记重要讲话精神,认真落实李克强总理在全国深化"放管服"改革优化营商环境电视电话会议上的重要讲话要求,持续深化江苏"放管服"改革,加快打造市场化法治化国际化营商环境,2019年1月,江苏省政府推出"1+10"文件,重点围绕加快推进"不见面审批进一步优化营商环境",提出了11大项25小项改革任务和10大行动方案,力争将开办企业、不动产登记、办理施工许可、纳税、跨境贸易、获得信贷、获得用水、获得电力、获得用气等指标达到国际先进水平,进一步优化营商环境。

2019年5月,江苏省人民政府出台《聚焦企业关切大力优化营商环境行动方案》,该方案由18个一级指标和87个二级指标组成,参照世界银行营商环境评价指标体系,结合江苏省优化营商环境的政策措施和实践经验,形成7类30条共计150项任务清单。

江苏省委书记娄勤俭也高度重视营商环境优化工作,他指出,要从推动高质量发展的角度加深理解,着力营造法治化的市场环境和营商环境,充分激发各类主体的发展动力和活力。2018年11月,娄勤俭在省委和省政府召开全省民营企业座谈会上,提出了要构建"公平竞争的市场环境、亲清和谐的营商环境、简明有效的政策环境、公正透明的法治环境"等"四个环境"。2019年1月,娄勤俭在全省对外开

放大会上,提出"深化办税缴费便利化改革,打造税收营商环境最佳体验区",充分释放减税降费政策效应,让"更大规模减税降费春风"吹进千企万户。

第二节 国外主要机构关于营商环境的研究

目前,国际上评价各国营商环境影响比较大的报告主要是世界经济论坛发布的《全球竞争力报告》和世界银行发布的《营商环境报告》。

从1979年开始,世界经济论坛(World Economic Forum,WEF)每年在对各个国家竞争力进行综合考评的基础上,推出年度《全球竞争力报告》(*The Global Competitiveness Report*)。目前,全球竞争力评价指标体系主要涵盖了98个具体指标,从12个方面衡量各个国家和地区生产力和竞争力的发展水平,具体包括:机构、基础设施、信息和通信技术、宏观经济稳定、健康、技能、产品市场、劳动力市场、金融体系、市场规模、商业活力和创新能力等,为世界各地的政策制定者、商业领袖及其他利益相关者提供决策辅助。《全球竞争力报告》每项指标均采用0到100的区间评分值,其中100分表示每项指标的最高得分,也称为"竞争力前沿",实际得分则表明目前所取得的进展。总之,《全球竞争力报告》能够较好地反映参评国家每项指标与前沿水平的差距,为其提升竞争力指明了方向。尽管如此,《全球竞争力报告》从宏观层面对营商环境进行评价,但与直接影响企业经营活动的因素存在一定的脱离。

与此同时,世界银行(World Bank)从2003年起每年都发布《营商环境报告》。从这期间,世界银行不断地调整和完善营商环境评价指标,增加评价对象、覆盖范围和指标集。《2004年营商环境报告》只包含133个经济体和5个指标集(开办企业、雇佣工人、执行合同、获得信贷、办理破产),而《2020年营商环境报告》扩大到190个经济体和10个指标集,具体衡量了影响企业经营的10个领域的相关规制,具体来说,创业、办理建筑许可证、获得电力、登记财产、获得信贷、保护少数投资者、缴税、跨境交易、执行合同以及解决破产问题等10个领域被纳入营商便利度的指标体系(具体指标体系见表6.1)。世界银行的《营商环境报告》主要基于企业在开办、运营和退出等全生命周期过程中影响因素的测量,评价结果也受到全球多个国家的重视,成为各国和各地区发现与改善营商环境不足,增强企业投资吸引力的重要参考依据。

表 6.1 世界银行营商环境评估体系指标

一级指标	二级指标
1. 开办企业	1.1 办理程序(项) 1.2 办理时间(天) 1.3 费用(占人均收入百分比) 1.4 开办有限责任公司所需最低注册资本金(占人均收入百分比)
2. 办理施工许可	2.1 房屋建筑开工前所有手续办理程序(项) 2.2 房屋建筑开工前所有手续办理时间(天) 2.3 房屋建筑开工前所有手续办理费用(占人均收入百分比) 2.4 建筑质量控制指数(0—15)
3. 获得电力	3.1 办理接入电网手续所需程序(项) 3.2 办理接入电网手续所需时间(天) 3.3 办理接入电网手续所需费用(占人均收入百分比) 3.4 供电稳定性和收费透明度指数(0—8)
4. 产权登记	4.1 产权转移登记所需程序(项) 4.2 产权转移登记所需时间(天) 4.3 产权转移登记所需费用(占人均收入百分比) 4.4 用地管控系统质量指数(0—30)
5. 获得信贷	5.1 动产抵押法律指数(0—12) 5.2 信用信息系统指数(0—8)
6. 保护少数投资者	6.1 信息披露指数(0—10) 6.2 董事责任指数(0—10) 6.3 股东诉讼便利指数(0—10) 6.4 股东权利保护指数(0—10) 6.5 所有权和控制权保护指数(0—10) 6.6 公司透明度指数(0—10)

7. 纳税	7.1 公司纳税次数(次/年)
	7.2 公司纳税所需时间(小时/年)
	7.3 总税率(占利润百分比)
	7.4 税后实务流程指数(0—100)
	    7.4.1 增值税退税申报时间(小时)
	    7.4.2 退税到账时间(周)
	    7.4.3 企业所得税审计申报时间(小时)
	    7.4.4 企业所得税审计完成时间(周)

续表 6.1

一级指标	二级指标
8. 跨境贸易	8.1　出口报关单审查时间(小时) 8.2　出口通关时间(小时) 8.3　出口报关单审查费用(美元) 8.4　出口通关费用(美元) 8.5　进口报关单审查时间(小时) 8.6　进口通关时间(小时) 8.7　进口报关单审查费用(美元) 8.8　进口通关费用(美元)
9. 合同执行	9.1　解决商业纠纷的时间(天) 9.2　解决商业纠纷的成本(占索赔金额百分比) 9.3　司法程序的质量指数(0—18)
10. 破产办理	10.1　回收率(美分/美元) 10.2　破产法律框架的保护指数(0—16)

第三节　中国营商环境的评估研究

近年来,随着我国深化行政体制改革不断推进,打造服务型政府成为各级政府的重要目标。营商环境的优劣不仅直接影响企业的经营效益,而且会影响各类生产要素的流动和集聚,良好的营商环境有助于扩大国际合作,在全球竞争中获得先机。根据世界银行发布的《2020 年营商环境报告》,在参加评估的 190 个经济体中,我国的营商环境综合得分排名从第 46 位上升到第 31 位,连续两年成为全球营商环境改善最好的国家之一。具体来说,开办企业指标上升 1 位,位列全球第 27 位;办理建筑许可指标的营商环境便利度得分从 65.16 分提升至 77.3 分,排名位数从第 121 位提升至第 33 位,上升了 88 位,上升幅度位列我国今年世界银行营商环境 10 项测评指标的榜首;获得电力指标得分 95.4 分,比上一年提高 3.4 分,排名由 2019 年的第 14 位上升至第 12 位,在我国 10 项指标中排名第二;纳税指标提升至 105 位;登记财产指标在全球排名 28 名;跨境贸易指标排名从 2019 年的第 65 名提升至第 56 名,一举超越了日本、中国台湾等 9 个国家和地区;办理破产指标排名从 2019 年的第 61 名提升至第 51 名,与上一年相比上升 10 位;获得信贷便利度指标的排名从 2019 年的第 73 位降至第 80 位;保护少数投资者指标排名由 2019 年的 36 名提升至第28名,高于地区平均排名第99位和经合组织高收入经济体平均排名第46位,其中"保护中小投资者"指标的排名由两年前的119名,大幅提升了91名。

随着对营商环境重视程度的不断提高,我国学者和各种机构借鉴世界银行营商环境报告,进行了大量本地化研究,从不同层面对营商环境进行了评估。

胡益、李启华和江丽鑫(2015)设立了国际化、市场化、法治化3个一级指标,48个二级指标,对广东省营商环境进行了评估。杨涛(2015)从市场环境、政策政务环境、法律环境等三个角度构建了营商环境评价指标体系,对鲁苏浙粤等四省进行了评估。魏淑艳、孙峰(2017)构建了5个一级指标,涉及自然条件、社会状况、政府环境、经济因素、基础设施等,并在此基础上提出了16个二级指标,用于评估东北地区投资营商环境。彭迪云、陈波和刘志佳(2019)从经济环境、市场环境、基础环境以及支持环境等四个方面构建了23个二级指标,评估了长江经济带沿线省市的营商环境。李东霖(2019)提出了包含23个一级指标99个二级指标的综合评价体系(表6.2)。

表6.2 李东霖提出的综合营商环境评价体系

一级指标	二级指标
1. 市场开放度	1.1 市场准入开放度 1.2 市场竞争开放度
2. 企业信心	2.1 中小企业投资意愿 2.2 新登记注册企业数
3. 开办企业	3.1 企业开办程序 3.2 企业开办时间 3.3 企业开办成本
4. 办理施工许可	4.1 施工许可程序 4.2 施工许可时间 4.3 施工许可成本 4.4 建筑质量控制指数
5. 获得电力	5.1 用电报装程序 5.2 用电报装时间 5.3 用电报装成本 5.4 用电报装办理流程透明度 5.5 用电供应可靠性 5.6 企业用电支出

续表 6.2

一级指标	二级指标
6. 获得用水	6.1 用水报装程序 6.2 用水报装时间 6.3 用水报装成本 6.4 用水报装办理流程透明度 6.5 企业用水支出
7. 获得用气	7.1 用气报装程序 7.2 用气报装时间 7.3 用气报装成本 7.4 用气报装办理流程透明度 7.5 企业用气支出
8. 获得网络	8.1 网络报装程序 8.2 网络报装时间 8.3 网络报装成本 8.4 网络报装办理流程透明度 8.5 4G 覆盖率 8.6 企业用网支出
9. 注册商标	9.1 商标注册程序 9.2 商标注册时间 9.3 商标使用监管力度
10. 申请专利	10.1 专利申请程序 10.2 专利申请时间 10.3 专利使用监管力度 10.4 专利代理机构规范水平
11. 获得信贷	11.1 合法权利力度指数 11.2 信用信息深度指数 11.3 信贷服务质量 11.4 中小微企业申贷获得率 11.5 直接融资便利度 11.6 中小微企业贷款平均利率
12. 登记财产	12.1 财产登记程序 12.2 财产登记时间 12.3 财产登记成本 12.4 土地管理质量指数

续表 6.2

一级指标	二级指标
13. 缴纳税费	13.1 纳税次数 13.2 纳税时间 13.3 总税率和社会缴纳费率 13.4 报税后程序指数 13.5 税收执法规范水平 13.6 税外负担
14. 跨境贸易	14.1 出口报关单审查时间 14.2 出口通关时间 14.3 出口报关单审查成本 14.4 出口通关成本 14.5 进口报关单审查时间 14.6 进口通关时间 14.7 进口报关单审查成本 14.8 进口通关成本
15. 政府采购	15.1 在线访问信息和服务透明度 15.2 投标担保保证投标活动的严肃性 15.3 履行合同义务后获得付款时间 15.4 政府采购市场上中小企业参与度 15.5 建立公平有效的投诉机制
16. 信用环境	16.1 守信激励和失信治理 16.2 信用制度和基础建设 16.3 诚信文化和诚信建设 16.4 信用服务和信用创新
17. 交通服务	17.1 公共交通便捷度 17.2 交通优势度 17.3 物流成本
18. 社会服务	18.1 每十万人拥有的高质量教育资源 18.2 每十万人拥有的高质量医疗资源 18.3 住房成本 18.4 写字楼租金 18.5 每十万人拥有的市场中介数
19. 保护中小投资者	19.1 披露程度指数 19.2 董事责任程度指数 19.3 股东诉讼便利度指数 19.4 股东权益程度指数 19.5 所有权和控制程度指数 19.6 公司透明度指数

续表 6.2

一级指标	二级指标
20. 执行合同	20.1　解决商业纠纷的时间 20.2　解决商业纠纷的成本 20.3　司法程序质量指数
21. 办理破产	21.1　回收率 21.2　破产框架强度指数
22. 注销企业	22.1　注销程序 22.2　注销时间 22.3　注销成本
23. 劳动力市场监管	23.1　就业监管灵活性 23.2　工作质量控制方面的灵活性 23.3　万人新增就业数 23.4　劳动力成本

　　国内相关智库研究机构也对我国的营商环境进行了评估,譬如,国民经济研究所(王小鲁、樊纲)受中国经济改革研究基金会委托课题完成的《中国分省企业经营环境指数报告》,对中国各省份、地区的营商环境进行了评价;粤港湾大湾区研究院发布的《中国城市营商环境报告》,对全国直辖市、副省级城市、省会城市共 35 个城市的营商环境进行了评估。

　　此外,地方政府为了更好地开展优化营商环境工作,对营商环境也进行了一些评估,主要以世界银行《营商环境报告》中的评价指标体系为基础,加入部分地方特色指标体系。例如,北京市积极开展对各区营商环境的考核评价工作,设计了包含国际化、便利化、法治化等多方面内容的 53 项评价指标体系;上海市黄浦区则发布了《2018 年上海市黄浦区综合营商环境白皮书》,重点从市场化、国际化、便利化、法治化、宜居化五个维度来评估营商环境水平。

第四节　江苏省优化营商环境的实践

　　近年来,营商环境发展在国内得到了从中央到地方的强有力的政策支持。国务院出台了《优化营商环境条例》(国令第 722 号)、《长三角地区一体化发展三年行动计划(2018—2020 年)》等系列政策。

根据《全国深化"放管服"改革优化营商环境电视电话会议重点任务分工方案》，按照江苏省委、省政府工作部署，2019年9月，江苏省政府办公厅印发了《江苏省深化"放管服"改革优化营商环境重点任务分工方案》。江苏省发展改革委员会于2019年12月23日发布了《优化营商环境条例》，从市场主体保护、市场环境、政务服务、监管执法和法治保障等五个方面提出六十二条举措。

各个地市也分别推出了各自的优化营商环境措施，南京市出台了《南京市优化营商环境100条》（2018年9月），苏州市出台了《苏州市优化营商环境创新行动2020》（2020年3月），无锡市印发了《无锡市进一步优化营商环境的实施方案》（2019年10月），常州市印发了《常州市优化营商环境实施方案》（2018年12月），扬州市实施了《扬州市优化营商环境2020年度行动方案》（2020年4月），盐城市出台了《关于进一步优化全市营商环境的实施意见》（2020年3月），徐州市制定了《关于大力优化营商环境的工作意见》（2018年5月），等等。

苏州在经济发展上一直走在江苏的前列，其优化营商环境的政策也具有典型的代表意义。在《第二届（2020）长三角地区营商环境发展水平评估报告》中，苏州工业园区位居长三角园区营商便利度第一位，下面就以该园区为例，分析江苏推动营商环境发展的政策实施细节。

2019年，苏州工业园区推出"营商环境30条"，率先推进审批服务的"1220"改革，创新推出"关助融"惠企新政20多项创新举措。2020年7月6日，苏州工业园区发布了中英文版的《苏州工业园区优化营商环境创新行动2020》（"营商环境新30条"），方案从聚焦企业发展需求和优化政府服务供给两个维度，以制度创新为核心，共安排了30项主要任务，并梳理细化成近200项任务清单，着力突出"五个更加"：更加注重提升一次性事项的办理实效，更加注重强化经常性事项的服务质效，更加注重优化集成便利的政务服务，更加注重建立诚信公平的法治环境，更加注重打造接轨国际的创新生态。方案共有21项具体举措全国首创、81项全国领先。

方案提出的政策紧扣企业全生命周期中"一次性"需求事项，通过"减手续、降成本、优服务"，重点聚焦企业设立、施工许可、水电气接入、不动产登记、清算注销等办事流程优化，提高企业办事效率，提升企业获得感。针对企业开办登记仍需跑两地、审图测绘业务时长不可控、项目审批各环节仍需重复提交申请资料等市场主体集中反映的30多个共性问题，认真开展比较研究，方案都予以了优化和解决。

在开办企业方面,实现内外资企业设立登记无差异一窗受理,一个工作日完成;不动产登记两个工作日内完结;实现申领营业执照、公章刻制、银行开户等一窗办理,一个工作日完成。实行产业用地分段弹性年限(10+N)挂牌出让等。在开办企业、办理破产、办理建筑许可、水电气接入、不动产登记、获得信贷、纳税、跨境贸易和中小投资者保护、合同执行等方面均提出了减少办理环节、缩短办理时间、推动综合服务等要求。

此外,方案政策还通过"建机制、提效能、优监管",营造公平公正的市场环境和安全稳定的生产环境,保障各类市场主体合法经营。通过"重研发、聚人才、优环境",增强源头研发能力,完善知识产权保护制度,提升科技金融服务水平,打造国际化创新高地,提高企业创新创业的便利性和国际性。比如,设立苏州国际商事法庭;开展环境管理合作伙伴计划;对轻微违法行为清单内案件免于处罚;制定电子劳动合同标准;急需高端外国人一次性给予 5 年工作许可等。

为确保改革措施落实到位,苏州工业园区还将实施重点企业服务专员制,开展营商环境建设成效评估,进一步完善营商环境建设推进机制,将园区打造成在全国开发区中最具示范的营商环境高地。

第五节　江苏营商环境的评估结果

一、长三角三省一市营商环境评价

目前国内尚无权威的、统一的具有全国性的营商环境综合评价体系,部分机构和学者应用自身的评价体系从不同角度给出了各自的评价结果。2020 年 5 月,中国社会科学院信息化研究中心、北京国脉互联信息顾问有限公司、清华大学国家治理研究院联合举办的"第二届(2020)长三角地区营商环境专题论坛"以长三角三省一市为评价范围,聚焦优化营商环境 2.0 跃迁至 3.0 等内容,发布了《第二届(2020)长三角地区营商环境发展水平评估报告》,包括评估背景与现状、评估指标与要素、评估结果分析、结论与对策建议。在国家"长三角一体化"发展战略的背景下,这一比较研究对江苏营商环境评价具有重要的参考意义。

该报告认为,2020 年三省一市均在营商环境领域做了许多工作。江苏省各地在围绕减少审批事项、提高办事效率、优化投资环境上形成了良性竞争。上海市自2017年以来，先后制定实施优化营商环境1.0、2.0、3.0版改革方案，重点推出"两张网"建设、一网通办和一网统管。浙江省推出"10＋N"便利化行动、完善市场准入退出机制、降低企业成本、提升执法监管能力、提升政务服务能力、优化营商环境评价工作。安徽省重点打造新型全省政务服务"皖事通办"平台，推进各类政务服务事项"一网通办""全程网办"。

依据《长三角区域一体化发展规划纲要》，报告选取136个样本地区，涵盖长三角地区发达地级市27个，区县88个，园区21个，主要通过平台搜索、电话调查等方式进行调查取样。

该报告构建的指标体系结合了"营商七环境"，即成本适宜的产业环境、系统完备的人才环境、互利共赢的投资环境、和谐稳定的社会环境、竞争有序的市场环境、高效透明的政务环境、公平正义的法治环境。此外还参考了营商环境建设发展历程：第一阶段是企业经营起步阶段，为企业提供基础条件和资源供给，如提供一站式、一窗、一网服务；第二阶段是企业经营发展阶段，与国际化接轨，为企业提供更加全面、系统、整体的公共服务支持；第三阶段是企业持续发展阶段，促进产业集聚和产业集群式发展，为企业提供更精准的服务；第四阶段是企业持续创变阶段，政府支持企业创新创业与跨界融合，推动企业可持续性发展。最终形成的指标体系的一级指标包括营商环境便捷度、满意度、吸引力、支撑力。便捷度主要围绕企业全生命周期，从企业开办到企业注销；满意度主要围绕的是服务好差评以及宜居指数；吸引力主要围绕流动性的要素，即融资、科技和人才；支撑力主要围绕的是硬性指标，如政务服务、法治环境、监管环境。同时结合2020年初的新冠疫情，新增了观察性指标——惠企政策，主要考察疫情期间政策出台效率及惠企政策扶持力度。

报告得出的总体结论认为，长三角地区营商环境位居全国前列。目前营商环境发展正处于由起步阶段（注重效率）向发展阶段（服务质量）转变；从能办向办好转变；从单一服务向行政权力事项与公共服务并重转变。

按城市排名的综合得分，前十名城市分别是杭州、上海、南京、温州、苏州、无锡、嘉兴、合肥、舟山、铜陵。江苏省共有3个城市上榜，全部位于苏南。具体来说，报告将总体得分划分为四个梯队，第一梯队为80分以上，第二梯队为75—80分，第三梯队为70—75分之间，第四梯队低于70分，根据各城市得分区域分布图来看，江苏省城市在四个梯队均有分布，第三梯队数量较多，省内城市营商环境发展水平差距相对较大。浙江省城市主要分布在第一、第二、第三梯队，有两个城市位于第一梯队，且第三梯队数量最多，表明浙江省营商环境整体表现相对较为突出。安徽省城市主要分布在第二、第三、第四梯队，且第三梯队数量较多，整体发展相对较弱。

在区县评价得分上，江苏仍然有南京市江宁区、江北新区和苏州市吴江区三个区上榜前十。具体来说，将总体得分划分为四个梯队，第一梯队高于75分，第二梯队在70—75分之间，第三梯队在70—65分之间，第四梯队低于65分。根据各省市的区县的得分情况看，上海市辖区营商环境整体表现良好，地区差距较小。江苏省各区县营商环境整体水平相对较低，且个别区县发展水平高，区域内部差距较大。浙江省各区县之间营商环境发展有一定差距，大部分区县发展水平较高。安徽省各区县营商环境还有较大的发展空间，整体水平相对较弱。

在园区得分上，江苏在前十中依旧占据三席，分别是苏州工业园区、苏州国家高新技术产业开发区和南京经济技术开发区，其中苏州工业园区位居第一。具体来说，将总体得分划分为四个梯队，第一梯队高于80分，第二梯队在70—80分之间，第三梯队在60—70分之间，第四梯队低于60分。根据各省园区的得分情况看，江苏省园区表现最佳，大部分分布在第二梯队。浙江省园区表现较优，发展水平差距大。上海市园区整体水平好，发展较为均衡。安徽省园区发展相对较弱，大部分处于第三梯队。

从单项指标来看，江苏的排名优于安徽，与浙江相比各具优势。营商环境便捷度上，江苏只有盐城进入城市排名前十，苏州张家港市、苏州吴江区进入区县排名前十；营商环境满意度上，江苏则没有城市和区县进入前十，而浙江不但在城市排名中占据六席，而且在区县排名中占据前二十九席，差距非常大。总体来看，长三角地区营商环境整体满意度较高，但三省一市形成一定的省际差距，浙江省各地区明显优于其他省市，且省内各地区得分差距较小；营商环境吸引力上，江苏表现较好，苏州、南京、无锡三个城市进入前十，苏州昆山市、南京江宁区、南京江北新区、常州新北区、苏州张家港市、南通海门市（现已改为南通市海门区）、无锡新吴区占据七席。

总体来看，长三角地区营商环境吸引力方面得分率相对较低，"虹吸效应"与

"溢出效应"同时存在,地区间的发展水平较为失衡;在营商环境支撑力上,南京、苏州、无锡、镇江、常州、扬州六个城市进入前十,区县中则只有无锡江阴市位于前十。总体来看,江苏营商支撑力整体情况良好,地市级政府在制度创新、法治建设方面有较大的发言权,因此得分率明显优于区县。其优化空间在于提升政府内部(后台)审批/管理协同化、集成化、电子化水平,加强和推动地方/园区立法工作,构建以信用和互联网为基础的新型监管机制(政府/企业双侧监管)。比较创新的举措可通过数据赋能,实现一网统管、城市大脑、智慧监管等模式的创新。

2020年因疫情而新增的观察指标——疫情惠企政策角度,从响应时间来看,2020年2月2日苏州率先发布相关惠企政策,盐城、泰州等地方政府相继推出综合性的惠企政策。从政策内容看,主要涵盖稳岗固企、纾压减负、金融信贷、优质服务、复工复产保障五个方面内容。此外,通过本次疫情,各地方政府的"云服务"水平显著提升,主要表现在电子政务服务能力、政策精准推送能力、政府应急响应能力等,上海和杭州等地表现突出。

二、江苏十三个地市营商环境评价

苏甜、黄瑞玲(2019)依托世界银行评价指标体系,一是将世界银行报告中的办理施工许可证扩大化为土地与建设活动,获得电力供应扩大化为获得水电供应;二是增加依法行政环境,形成"江苏省营商环境评价指标体系"。她们通过熵权法对江苏十三个地市的营商环境进行了评估,结果如表6.3。

表6.3　2014—2018年江苏省13个地市营商市场环境评价得分及排名

	2018年	2017年	2016年	2015年	2014年	平均值	平均得分排名
南京市	0.560 5	0.518 9	0.502 3	0.484 5	0.486 1	0.510 5	2
无锡市	0.484 7	0.493 2	0.458 9	0.442 1	0.495 5	0.474 9	3
徐州市	0.339 1	0.336 2	0.298 8	0.316 5	0.328 8	0.323 9	8
常州市	0.470 1	0.441 7	0.412 6	0.401 8	0.420 2	0.429 3	4
苏州市	0.660 5	0.612 2	0.598 6	0.639 7	0.661 9	0.634 6	1
南通市	0.438 8	0.416 5	0.410 1	0.419 3	0.376 5	0.412 2	5
连云港市	0.311 3	0.300 3	0.288 1	0.295 3	0.301 1	0.299 2	10

续表 6.3

	2018 年	2017 年	2016 年	2015 年	2014 年	平均值	平均得分排名
淮安市	0.303 0	0.280 4	0.284 1	0.269 7	0.282 4	0.283 9	11
盐城市	0.284 3	0.270 1	0.263 8	0.237 5	0.247 7	0.260 7	12
扬州市	0.368 8	0.346 3	0.339 5	0.329 4	0.330 3	0.342 8	7
镇江市	0.401 6	0.395 1	0.370 8	0.369 5	0.361 3	0.379 7	6
泰州市	0.340 3	0.321 4	0.298 3	0.280 5	0.272 8	0.302 7	9
宿迁市	0.240 2	0.238 9	0.237 6	0.270 3	0.258 6	0.249 1	13

纵向比较来看，各城市的营商市场环境排名波动性不大，评价得分大体上呈现出稳步优化、逐步提升的趋势。从横向比较来看，各城市间的评价得分差异较为显著，评价得分最高的是苏州 0.634 6；最低的是宿迁 0.249 1。

第六节　优化营商环境的对策

区域营商市场环境的优劣反映出该地区市场化相对进程的快慢与企业吸引力的强弱。江苏作为唯一的辖区内 13 个地市全部跻身全国城市地区生产总值百强的省份，在我国经济社会建设中具有重要的战略地位和引领作用。在当前国内各项改革深入推进、经济结构调整升级的新形势下，江苏必须持续优化营商环境，加强城市间的合作交流，协调好地区的市场化进程，制定差异化、特色化的营商市场环境优化方案，逐步提高城市吸引力、竞争力。基于上述结果的比较分析，建议江苏后续采取更多措施持续优化营商环境。

第一，深化集成服务改革，让政务环境更便捷。一是大力深化政务服务大厅综合窗口服务，简化办事流程与时间（如北京、上海、杭州等，聚焦办理施工许可、开办登记、纳税、获得电力等重点方面，均提出了取消审批环节、压缩业务办理时间等具体改革措施）；二是深入推进"互联网＋政务服务"，融合线上线下服务渠道，创新政府服务方式（如北京市场监管局等部门研发的"e 窗通"网上企业开办平台正式上线，企业开办"一天拿执照、三天全办好"，浦东新区着手实施"三全"工程，即企业市场准入"全网通办"、个人社区事务"全区通办"、政府政务事项"全域共享"等）；三是积极开展制度创新试点(如上海长宁区,率先开展"一照多址、一证多址"等创新试点)。

第二,改善企业创新环境,强化要素供给保障,让创新动能更活跃。地区创新环境的建设和以企业为主体地位的技术创新活动相互促进。主要包括加强知识产权保护(如深圳"营商环境改革20条",从实施最严格知识产权保护、打造知识产权强国建设高地、建立更加规范的涉企执法制度3个方面提出了19个政策点),健全社会信用体系(如杭州到2020年信用免押服务覆盖便民服务全领域等),加强市场监管(如北京、上海均积极探索"包容审慎"的市场监管制度,推动新兴业态健康发展)等措施。

此外,各地市还应将打造"创新链、服务链、产业链"的苏州工业园区为学习标杆,构建包容开放共享、便利亲商的创新环境,以政府对研发中心设立的支持打造创新链条,以一站式企业新型服务线上平台优化政务服务,以全产业链配置体系形成对高端优秀人才的强大"黏性",构建人才汇聚体系,大力提升金融服务科技创新的能力和水平,完善技术研发和科技产业化服务体系,着力提升管理和交易的服务水平,实现由"制"向"智"的关键转变,迅速跻身我国"创新高地"。江苏省内13个地市应共享共创,善用创新集聚效应、示范效应、链条效应及溢出效应,实现区域创新环境与企业创新能力互促互助、携手并进。

第三,优化金融供给结构,助力企业开源节流。优化金融供给结构是金融供给侧结构性改革的核心之一。长期以来江苏金融结构面临直接融资与间接融资长短腿的局面,提高直接融资比重,引导资金支持制造业和中小企业是当前金融供给侧结构性改革的重要内容。而多层次资本市场的建设能够贴合企业不同层次的资金需求和优化企业的融资环境,补齐我国金融市场短板,降低实体经济融资成本。因此,江苏各地市在进一步优化资本要素市场环境上可将优化资本市场结构、释放市场规模效作为重要着力点;深化"放管服"改革,助力企业减税降费,进一步帮助企业降低经营成本。另外,苏州相对发达的资本市场、徐州创新金融政策助力实体经济转型升级的典型做法,均可供各个地市进行实地调研交流学习。资本市场的开放有利于吸引外商投资扩大与社会资本的进入;中长期贷款比例的提高可增强资本市场的稳定性等。

第四,加强信用法治建设,让市场环境更公平。在"法治化"营商环境方面,健全高效的商业商务法律法规体系、多元化的高标准知识产权保护体系、简便优惠的税收制度和全面系统的政府扶持政策是未来江苏努力的方向。这主要包括实施"双随机、一公开"监管,强化市场诚信体系建设,进一步加大企业权益保护力度,加强法治保障等。

第五,积极推进自贸区在营商环境上先行先试,尽快在全省范围内复制推广。建立自贸区是我国改革开放进入深水阶段的新举措,承担着探索对外开放新路径和新模式的使命,推动加快转变政府职能和行政体制改革,促进转变经济增长方式和优化经济结构,实现以开放促发展、促改革、促创新,形成可复制、可推广的经验。自贸区作为中国新一代深化扩大开放,促进对外贸易高质量发展的载体,通过"大胆闯、大胆试、自主改"的方式,探索破解制约发展的制度"瓶颈",有利于培育中国面向全球的竞争新优势,构建与各国合作发展的新平台,拓展经济增长的新空间,打造中国经济"升级版"。

当前,江苏已经建立了包括南京自由贸易试验片区、苏州自由贸易试验片区和连云港自由贸易试验片区等多个自贸片区。每个自贸片区在发展上各有侧重,展现各自特色,试点实施不同的营商环境优化政策,并在评估政策效果的基础上在全省范围内积极复制、推广相应政策,充分发挥自贸区"先行先试"的制度创新优势。

第七章　江苏深度融入全球创新网络研究

全球创新网络（Global Innovation Networks，GIN）是经济全球化背景下，企业由封闭式创新转向开放式创新后的一种创新模式。当前，以大数据、物联网、人工智能等为核心的新一轮科技革命和产业变革正在成为影响各国竞争力和大国兴衰的重要力量，各国抢占制高点的竞争更趋激烈。加强科技创新对外开放既是推进科技创新发展的必然要求，也是在全球化条件下的必然选择。

第一节　融入全球创新网络的现状

凭借改革开放和对外经济的优势，江苏初步形成了全方位、多层次的国际科技合作新格局，科技创新水平不断跃上新高度，在局部领域成为全球领先技术研发和产业化的重要节点，但也存在一些短板。

第一，新知识创造取得进展，但总体质量不高。2019年，全省发明专利申请仅占专利申请总量的40.9%，较国外80%的比例仍具有较大差距，在计算机、信息和通信技术（ICT）、高端装备等高技术领域中仍是国外企业占主导。

第二，创新主体不断壮大，但链接全球资源能力不强。2019年全省立项支持71项重点国别产业技术合作和国际技术服务转移机构企业及海外研发基地建设，鼓励省内企业与跨国公司进行多种形式的经济技术合作，形成融入全球创新网络的管理、研发、设计和生产体系。但与国内外先进地区企业相比，江苏企业链接全球创新网络的主体地位还需要进一步强化。

第三，海外高层次创新创业人才加快集聚，但仍面临体制机制限制。21世纪以来，江苏实施人才强省战略，加快集聚海外创新人才，打通链接全球创新网络的核心渠道。优化高层次人才服务环境，发放外国人工作许可总数达2.7万件。但国外人才在苏工作和生活仍面临一些体制问题，比如外国人才工作许可证制度和外国人才签证制度还未全面推开,外国人才来华签证、居留还存在一定限制。

第四,产业技术进步取得长足进展,但关键、核心技术还受制于人。2019年,省科技部门组织实施前瞻性产业技术创新专项和重大科技成果转化专项,加快建设6个产业技术创新中心和50个省级以上产业技术创新战略联盟。目前,全国超过1/5的高技术产品出口来自"江苏制造",有15.1%的在全球领跑的技术分布在江苏①,但高端芯片设计制造、高端医疗设备、高端数控机床等产业技术还未掌握,在参与全球创新中处于被动地位。

第五,国际科技合作深入开展,但创新网络节点的联动作用有待更好地发挥。2019年,江苏联合国外合作伙伴在境内外组织开展了超过20场国际技术交流对接活动,深入推进与以色列、芬兰、捷克、挪威、澳大利亚维多利亚州等国家或地区的产业研发合作机制,正式成立了省级层面的创新园发展工作协调小组。截至2020年4月,全省国际科技合作基地数量达到23家。但已建载体平台在联通国际创新资源、联结国际创新网络上的作用尚未完全发挥,在创新资源整合和跨境转移方面的作用有待进一步拓展。

第二节 融入全球创新网络面临的宏观环境

新冠肺炎疫情全球蔓延增加了创新活动的不确定性。世界其他国家的疫情仍面临严峻形势,疫情形势变化引发供需结构变化,国际国内市场环境出现剧烈波动,创新活动受到较严重的影响,全球创新链条存在脱节现象。科技成为中美经贸摩擦的主要"承压区"。从长期来说,西方国家对我国科技创新和高端人才引进的封锁打压将成为常态,使得江苏在融入全球创新网络时使用的传统模式必然受到冲击,这也倒逼我们在融入全球创新网络过程中加快建立自主可控的现代产业体系,投入更多精力和更多资源加快关键领域自主创新。建设现代化经济体系需要科技创新发挥更直接、更强劲的支撑和引领作用。从科技发展趋势看,新一轮科技革命和产业变革加速演进,基础前沿领域孕育重大突破,信息技术、生物技术、新材料技术、新能源技术广泛融合渗透,带动几乎所有领域发生了以绿色、智能、泛在为

---

① 张晔,《稳固"双链"构建"双循环"科技创新该如何发力》,《科技日报》,2020年5月29日第04版。

特征的群体性技术突破,带来了更多的创新机遇和发展空间。长三角一体化发展国家战略为更快融入全球提供战略机遇。继京津冀一体化、粤港澳大湾区之后,长三角一体化上升为国家战略,超前谋划和顶层设计有助于推进重大创新平台、科技重大设施、科技公共服务等领域的深化合作,能够争取更多合作载体平台纳入国家长三角科技创新共同体规划。

第三节　融入全球创新网络的主要路径及对策建议

第一,在全球创新要素流动受阻的背景下,快速反应、灵活变通,在逆境中加速全球创新要素整合。应充分利用高校、科研院所、企业资源,建立并密切关注省内重点产业发展领域全球人才库、未来热点领域全球人才库、高端基础研究领域全球人才库等,及时掌握人才发展意愿动态。密切关注美国实体清单、《美国国家安全战略报告》等对全球创新网络运行产生巨大干扰的要素,并作出迅速反应。对受所在国环境及政策影响有意愿来华考察和发展的人才,第一时间建立绿色通道,特事特办快办。加大高科技领域专家来华指导交流鼓励力度,简化申请、报销流程,提高专家咨询待遇,鼓励与高科技领域专家"云"交流,增加沟通频率。对受类似疫情、美国签证政策等影响的STEM类优秀留学生,省内高校具有相关专业且属于重要领域紧缺高层次人才的,可突破流程限制,给予高额奖学金,安置进入最适宜人才未来发展的团队,给予定向培养,强化人才储备。

更加重视与欧洲、"一带一路"沿线国家的科技合作,形成与"重要大国""关键小国"的国际科技合作布局。建立和拓展与北欧国家、中东欧国家、以色列等国的联系,跟踪这些国家在某些领域的特有优势,充分挖掘潜在的合作机会。落实好"一带一路"科技创新行动计划,加快与"一带一路"沿线国家在科技创新领域的规划对接、资源共享,编织更加紧密的"创新网络朋友圈"。积极承建"中国—中东欧国家技术转移中心",支持中国以色列常州创新园、中国—肯尼亚作物分子生物学联合实验室等提升建设水平。进一步激发地方积极性,与"重要大国""关键小国"的省(州)、市签订合作协议,构建更加灵活、高效、务实的工作机制。

第二,突破传统全球创新网络融入方式,重构国际创新链,打通国内创新链。采取更为主动的方式获取所需的创新资源以及开展创新活动,积极从欧洲、东亚等地区寻找可替代的创新环节,如设立专业型公司来对接国际组织全球创新网络,设立海外研发机构自建产业组织全球创新网络,利用平台组织全球创新网络寻求先进的技术解决方案,通过社交网络嵌入群体组织全球创新网络获取更多的信息、经验、知识、人才等资源。

鼓励企业以创新外包的方式,向国内外创新团队提出创新需求,进行发包采购,从而主动构建为我服务的全球创新链,编织以我为中心的区域创新网络。支持江苏本土企业、研发机构与外资企业、外资研发机构合作,设立专项资金或科技计划,将政策着力点从"鼓励设立"向"促进合作"转换,增强外资企业、外资研发机构的技术溢出和网络链接效应。

第三,加大政府支持力度,引导社会资本与企业共担风险,集聚产学研力量,聚焦关键技术、卡脖子技术,助力企业弯道超车。提升企业主体科技创新能力,着力打造高水平的工程技术研究中心、重点实验室、科研中试基地等创新基础设施,努力培育一批具有世界领先水平的企业技术研发机构。建立重点科技型企业名录库,并进行动态管理、精准培育,促进一批中小企业"专精特新"发展,大量培育高新技术企业,重点打造一批高成长性创新型企业,提高江苏的瞪羚企业和独角兽企业的数量和质量。根据科技和产业革命发展前沿,在人工智能、新一代信息技术、高端装备、新能源、新材料等战略性新兴产业优势行业或细分领域,通过政策宣讲、费用资助等方式,不断提高各市、企业、高校、科研机构和专利代理机构对 PCT 国际专利申请的重视程度,大力支持江苏企业国际专利申请与布局。

加强科技服务业保障支撑能力,建设以技术检测、专利代理、技术咨询等为重点的中介服务平台,促进江苏优秀科技服务机构获得国际相关组织的授权与认证。推动科技服务机构"走出去",为江苏企业在海外开展各种形式合作提供全面的风险保障和风险信息管理咨询服务,为技术特别是关键、核心技术跨境转移面临的制度障碍提供完备的应对措施。引导和鼓励各类商业协会、产业联盟、技术联盟等行业组织在企业国际化创新过程中发挥协调和指导作用。鼓励金融机构建立针对国际科技创新与投资活动的部门或团队,充实精干人员,不断提升专业化服务水平,为江苏深度融入全球创新网络提供全程融资和信息咨询服务。

第四,弱化融入全球创新网络渠道的政治属性,更多发挥民营载体平台等的重要力量,畅通和拓宽融入渠道。坚持市场为主导,政府为引导的创新网络融入,放手市场,更多地发挥民营、个人创新国际化的重要力量,加强创新合作过程中的规范化、法制化和商业化,避免过度依赖行政力量。发挥江苏在开发区、高新区的建设、运营和服务方面的经验和优势,支持中外高科技企业、研发机构、行业中介组织入驻江苏在海外的国际科技与产业园区,开展技术研发项目对接,拓宽与相关国家和地区的产业技术合作通道。建立和完善企业开展重大国际科技合作的绿色通道制度,简化政府审批程序,提高项目审批效率。充分借鉴以色列和美国的经验,积极发挥民营科技孵化器和国外科技孵化器等创新加速中介及载体作用,鼓励民营孵化器发展,加快专业孵化器运营团队培育,学习和借鉴优秀国外孵化器运营管理经验,为江苏深度融入全球创新网络搭建高速通道。

多维度激发企业创新动能,积极与企业、国内外科研院所、科技服务机构进行对接,充分发挥技术经纪人作用,实行精准服务。对企业非核心产业技术,大力提高技术需求搜集及供求匹配效率;对企业涉密核心产业技术,进行技术供给方信息搜集,为需求企业搭建合作对接平台。鼓励企业以独资新建、合资、并购等方式在海外设立研发中心或联合国内外科学家、机构等设立联合实验室、新型研发机构、离岸孵化器等创新载体,组织企业与国外先进科创资源对接,共建联合技术攻关中心,形成国内外社会资本的协同创新。

第五,把握长三角一体化战略机遇,以南京、苏州为重要支点和枢纽,构建区域创新网络,形成整体融入全球创新网络的规模效应。结合南京建设具有全球影响力创新名城、苏州开放再出发,以及江苏自贸区建设,将南京、苏州等城市打造成为全球科技体系、知识体系、创业体系中的重要节点枢纽,提高链接全球创新网络的能力。招引和培育标志性企业、吸引高素质科研人员、形成高水平科技成果和创新投资,打造具有全球竞争力的创新型产业集群,形成有世界影响力的原创性科技创新成果的"发源地"。加快推进中以常州创新园、江苏省中以产业技术研究院、深时数字地球国际卓越研究中心等建设,组织实施高层次外国专家引进项目计划,推进外国人来华工作许可办理便利化,全方位提升科技创新国际化水平。

抢抓长三角一体化的重大战略机遇,通过区域协同,提高区域整体科技创新能力,打造开放、协调的区域创新资源网络,为深度融入全球创新网络提供良好的腹地支撑和区域化分工架构。加强长三角科技主管部门的对接,在区域性政策法规制定、联合攻关等方面,建立定期会商机制,着力在国际人才引进与任用、产学研合作、科技招商、科技金融等领域联合出台一批含金量高的政策举措,适应当前形势的变化。加快创新基础设施建设,建立科技资源开放共享机制,有重点、有步骤地联合建设一批高水平的、资源共享的基础科学和前沿技术研究基地。借助长三角各自贸区建设的契机,打造"国际人才先行区",探索技术移民的模式与配套政策。共同推进与有关国家开展职业资格互认和行业执业许可,提高跨境执业的便利度。

第八章　江苏整合全球创新资源政策体系研究

在经济全球化的时代,开放是科技创新的内在要求,尤其在进入互联网时代后,创新活动的全球化、开放式的特点日益突出,全球创新资源要素沿着高效率的路径向最能产生高效益的区域流动,已经成为一条普遍规律。近年来,发达国家正逐步将研发环节向世界新兴经济体和发展中国家转移,这为发展中国家加快科技创新和技术进步创造了难得的机遇。江苏经过多年的开放发展,科教资源优势、产业优势、市场优势、政策优势等开始凸显,具备了在更高层次整合全球创新资源的基础和条件,但同时也面临原创知识、先进技术、高端人才、研发组织等各类创新要素引进总量不足、发挥作用不显著、政策支持体系不完善等问题。整合利用全球创新资源,是拓展创新要素的供给、优化创新要素结构、提高全要素生产率的重要路径,是提升江苏区域创新能力、建设创新型省份和科技强省的关键支撑。

第一节　整合全球创新资源的背景和意义

一、整合全球创新资源的背景

1. 创新成为促进经济增长的主要驱动力

金融危机之后,世界经济在深度调整中曲折复苏,各国都在努力激发新的增长动能,创新就成为世界主要国家抢占未来发展制高点的核心战略。全球研发活动在经历金融危机的冲击后于 2011 年前后开始复苏,2015 年,全球创新 1000 强企业的研发支出同比增幅超过 5%,创下自 2012 年以来的最大增幅。美国从奥巴马总统上台以来连续三次推出国家创新战略,并以工业互联网为抓手,大力发展先进制造业,力求在革命性技术上率先取得新的突破。德国连续颁布三次高新技术战

略,又制订了工业4.0计划,利用信息物理融合系统推动制造业向智能化转型。日本、韩国以及俄罗斯、巴西、印度等新兴经济体国家也都在积极部署出台国家创新发展战略或规划。在新一轮科技革命和产业变革的重大机遇前,哪个国家创新投入力度更大、创新要素集聚更多、要素配置效率更高,就能牢牢把握发展的战略主动权,使经济更快复苏,并在国际经济再平衡中赢得先发优势。

2. 全球创新格局的变革有利于创新资源的全球整合

随着经济全球化、技术进步加速、产品生命周期缩短等多种因素的影响,技术、人才、知识产权等创新要素的跨国流动日益频繁,规模和水平不断提高,深刻改变了国家和企业的技术创新模式。创新活动不再局限于独立的内部研发,而是在全球范围内,运用现代科技等手段整合外部创新资源。创新组织模式向全球化和专业化方向发展,开放与合作创新日益普遍,企业研发外包渐成趋势,专业研发服务部门不断扩大,创新全球化和网络化趋势已经形成。

科技工作者、企业家和创业人员在全球范围内寻找研究、投资和创业机会的趋势不断增强。各国政府都致力于减少人才流动的障碍,出台吸引高层次人才的激励政策,全球人才竞争更加激烈。人才流动逐步由"单向"向"双向"转变,越来越多的人才从发达国家向发展中国家回流。技术成果的跨国流动也不断加快,知识产权国际贸易加速增长。

欧美发达国家主导的全球创新格局发生重大变化,跨国公司在全球布局创新资源的步伐在加快,一些研发和创新活动逐渐向新兴经济体国家转移,呈现"在新兴经济体国家制造"向"在新兴经济体国家创新"的发展趋势,传统上的在发达国家研发、在发展中国家加工的国际生产格局正在改变。特别是亚洲的创新资源对跨国研发活动有较强的吸引力,2015年,亚洲超过北美和欧洲,成为企业研发支出最高的地区,也成为发达国家企业研发投资的首选地,从而改变了2007年以来欧洲第一、北美第二、亚洲第三的企业研发格局。

3. 我国更加注重吸引和整合全球创新资源

党的十八大以来,以习近平同志为核心的党中央高度重视科技创新,对实施创新驱动发展战略作出一系列重大决策部署。党的十八届五中全会把创新发展作为五大发展理念之首,强调创新是引领发展的第一动力,要求充分发挥科技创新在全面创新中的引领作用。这是党中央在我国发展的关键时期作出的重大决策,顺应了全球科技创新趋势,契合我国发展的历史逻辑和现实逻辑。中国特色自主创新道路是一条必由之路,同时也必须认识到,自主创新不是闭门造车,不是单打独斗,不是排斥学习先进,不是把自己封闭于世界之外。在经济全球化深入发展的大背景下,创新资源在世界范围内加快流动,各国经济科技联系更加紧密,任何一个国家都不可能孤立依靠自己的力量解决所有创新难题。我国将更加积极地开展国际科技交流合作,用好国际国内两种科技资源,在更高起点上推进自主创新。

当前,我国吸引和整合全球创新资源的基础和条件日益完备,创新的全球化有利于我国以多种方式利用海外高端要素,在开放创新中提升科技水平和创新能力。"一带一路"倡议有利于中国与沿线国家结成创新共同体,促进创新要素的流动和整合。我国企业"走出去"也能更多、更好地利用全球创新资源,弥补国内技术和人才的短板。

国家和发达省市都越来越重视全球创新资源的整合和利用。2016年5月发布的《国家创新驱动发展战略纲要》提出,要坚持以全球视野谋划和推动创新,最大限度用好全球创新资源,全面提升我国在全球创新格局中的位势,力争成为若干重要领域的引领者和重要规则制定的参与者。7月,国务院印发的《"十三五"国家科技创新规划》提出,要拓展创新发展空间,统筹国内国际两个大局,促进创新资源集聚和高效流动;以打造区域创新高地为重点带动提升区域创新发展整体水平,深度融入和布局全球创新网络,全方位提升科技创新的国际化水平。近年来,北京市提出要积极融入全球创新体系,充分利用国际科技合作网络,不断扩大国际创新交流与合作,引导各类创新主体提高科技创新能力和国际化程度,进一步促进中国国际技术转移中心和北京国家技术转移集聚区集聚跨国技术转移资源,建设具有全球影响力的国际技术转移枢纽。在中关村西区的国家技术转移集聚区聚集了各类创新要素,实现对全球创新资源的凝聚、整合和利用,形成以北京为轴心的跨区域、跨领域、跨机构的技术流通与转化新格局。上海提出要建设成为世界创新人才、科技要素和高新科技企业集聚度高,创新创造创意成果多、科技创新基础设施和服务体系完善的综合性开放型科技创新中心,成为全球创新网络的重要枢纽和国际性重大科学发展、原创技术和高新科技产业的重要策源地之一,跻身全球重要的创新城市行列。深圳提出要坚持开放创新,提高配置全球创新资源的能力和水平,支持深圳企业在境外设立研发中心,利用全球智力资源,鼓励支持跨国公司、国际研究机构在深设立研发中心、科技服务机构,搭建联合研究平台,开展更为广泛的国际技术转移合作。

二、整合全球创新资源的意义

2014年12月,习近平总书记在江苏视察时指出,要强化科技同经济、创新成果同产业、创新项目同现实生产力、研发人员创新劳动同其利益收入的"四个对接",强调要以只争朝夕的紧迫感,切实把创新抓出成效,这是对江苏的殷切希望,也是江苏肩负的重大责任。江苏发展已经到了不创新不行、创新慢了也不行这样一个阶段,科技创新是江苏未来发展的希望所在。

整合全球创新资源是江苏实施创新驱动战略的重要内容。破解制约江苏发展的关键技术难题,必须坚持在立足自主创新的基础上,走创新国际化道路,最大限度地吸纳和利用国际创新资源,加快形成开放创新的优势特色,通过更大力度"引进来"促进自主创新,更大步伐"走出去"嫁接全球资源,在这方面,要体现江苏"高度",形成江苏"标志",做出江苏"示范"。

整合全球创新资源是江苏推进企业国际化、城市国际化、人才国际化这三个国际化的必然要求。大力培育国际化企业就是要支持企业全方位开拓国际市场,扩大"江苏制造"的国际市场占有率,支持企业全球配置资源,鼓励企业到技术人才密集的地方设立研发机构,支持企业提升核心竞争力,大力开发具有自主品牌和自主知识产权的产品。加快建设国际化城市就是要增强集聚和配置全球资源的能力,在向国际化城市升级的过程中可以实现发展要素的集聚、高端产业的集群、人才的汇集,全面提升城市国际化水平,更好地整合国际国内两个市场、两种资源。培养集聚国际化人才就是要大力引进国际化高端人才,大力提升本土人才国际化素质,大力推进教育国际化,以国际化人才高地的建设,引领江苏经济国际化。整合全球创新资源贯穿于"三个国际化"的全过程,是实现"三个国际化"的必然要求和关键路径。

整合全球创新资源是江苏建设"一中心""一基地"的必由之路。江苏"十三五"规划提出要建设具有全球影响力的产业科技创新中心和具有国际竞争力的先进制造业基地,这就要求江苏不断提高创新国际化水平,广泛集聚国际创新资源,深度融入全球研发创新网络,促进国际创新资源与创新需求有效对接,促进国际先进技术成果转移转化,从而通过产业科技创新推进供给侧结构性改革,提高供给体系质量和效率,促进生产力水平整体跃升,加快江苏产业由中低端迈向中高端水平。

第二节 整合全球创新资源面临的挑战

一、江苏在开放创新上的优势

随着经济全球化和国际分工的深入,创新资源要素总是向能够实现最优化配置的产业和区域流动,发达国家正是遵循这条规律,逐步将生产和研发环节向发展中国家转移,国际间资本、人才交流与合作不断加强,资本、人才、技术等要素跨国流动日趋加速,这为发展中国家和地区加快科技创新和技术进步创造了难得的机遇。从资源要素引进方式看,过去的招商引资,更多的是引进资金,引进产业项目,现在土地、劳动力、资源要素成本低的传统优势明显弱化,但经过多年的发展,江苏的经济优势、开放优势、产业优势、市场优势、政策优势逐步突显,已成为全国经济、科技最发达的地区之一,科教和开放创新优势明显,具备了在较高平台上开展国际科技合作、整合全球创新资源的基础和条件。

1. 开放经济基础和优势

20世纪90年代以来,江苏充分发挥区位优势及低生产成本优势,大力实施对外开放战略,承接发达国家和地区的跨国公司投资和产业转移,逐步积累了开放经济优势,已成为全国改革创新和对外开放的先导区,为开展广泛的技术合作和技术转移提供了良好的基础。2015年,全省进口总额2 069.5亿美元,占全国的12.3%。2015年全省实际利用外资242.75亿美元,占全国的19.2%,居全国第二位,其中战略性新兴产业、高新技术产业利用外资占比均超过46%。2015年全省从业人员中港澳台和外籍等境外人员占比进一步提升。

2. 开放创新基础和优势

"十二五"以来,江苏深入实施创新驱动发展战略,加大科技创新领域对外开放,主动融入全球创新网络,开放创新环境持续优化,创新国际化水平有力提升,整合和配置全球创新资源能力不断增强,人才、资本、技术、知识等创新要素加快集聚。2015年,江苏区域创新能力连续7年位居全国首位,发明专利授权量居全国第一,全社会研发投入1 788亿元,研发投入强度达2.55%,科技进步对经济增长贡献率达到60%。2014年全省研究与试验发展(R&D)经费内部支出中境外资金占比为0.61%。2015年,全省高新技术产品进口总额达907.6亿美元,占全省进口总额的43.9%。2015年,全省技术引进合同金额达33亿美元,位居全国第三。2015年,全省引进境外专家超过10.2万人次,引进境外专家总人次继续位列全国第二。截至2015年底,全省外资研发机构(研发中心)超过2 000家,开放创新载体建设持续推进。2015年10月,国务院批复同意苏州工业园区开展开放创新综合试验建设,通过完善国际化、开放型创新体系,加快集聚全球高端创新要素、服务要素和人才要素,提高国际创新竞争力。

3. 产业基础和优势

多年来,江苏通过引进、利用境外资本、人才及技术等要素资源,推动产业发展和转型升级,区域产业基础和优势明显。2015年,全省三次产业增加值比例调整为5.7∶45.7∶48.6,实现产业结构"三二一"标志性转变;全年实现高新技术产业产值6.1万亿元,占规模以上工业总产值比重达40.5%;生物医药、新材料、高端装备制造等战略性新兴产业销售收入4.5万亿元,占规模以上工业总产值比重达29.4%。先进制造水平稳步提升,全省制造业结构呈现高级化趋势,计算机、通信和其他电子设备、电气机械及器材、通用及专用设备、汽车及零部件、生物医药等先进制造业占比较高,集成电路、碳纤维、节能环保、海洋工程装备、工业机器人等行业成长势头强劲,对推动江苏制造增长的贡献日益增强。区域产业发展和差异化布局逐步显现,南京未来网络产业、无锡物联网产业、常州智能装备产业、苏州纳米产业、镇江战略新材料产业、泰州生物医药产业等已经形成了先发引领优势,跻身于国际产业分工体系之中。

4. 对外经济和科技合作优势

近年来,江苏先后与以色列、芬兰、荷兰、加拿大等70多个重点国家和地区建立了科技合作关系,在拓展国际科技合作渠道、开展实质性深度合作上取得了一系列新基础和优势。同时,根据全省产业发展的技术需求和企业创新特点不断优化合作模式,加强与美国麻省理工学院(MIT)、美国加州大学洛杉矶分校(UCLA)、美国康奈尔大学、加拿大西安大略大学、英国医学研究理事会(MRC)、芬兰国家技术中心(VTT)、以色列魏兹曼科学院、美国GE公司、IBM公司等一批国际著名大学以及跨国公司等形成紧密合作伙伴关系。依托2008年启动的全省跨国技术转移大会,开展国际科技合作和跨国技术转移,推进全省主导产业技术需求与海外科技资源对接,促成更多全球先进技术到江苏转化并实现产业化,使海外科技创新资源真正成为全省产业创新的重要技术源和项目源。

5. 开放创新政策环境优势

近年来,江苏通过加大财政资金支持、落实税收优惠政策、加强知识产权保护等措施,营造有利于全球创新要素集聚的政策环境。在财政政策方面,首先通过实施国家和省国际科技合作计划,对境内企业与外资企业合作开发的创新项目予以支持;其次是加大全球高端创新人才(团队)引进,早在1999年,为积极引进海外高层次留学人员,省政府就印发了《江苏省引进海外高层次留学人员的若干规定》,重点引进国际化创新所需的高端人才,2007年江苏面向海内外引进高层次创新创业人才,2008年启动"江苏科技创新创业双千人才工程",实施"海外科学家江苏发展计划""海外高层次人才创业计划";再次是加大对外资企业研发机构的支持,从2004年起,江苏就一直把鼓励外资研发机构在江苏发展作为开放性利用全球创新资源的一项重要举措,鼓励外资研发机构落户江苏,引导外资企业建设研发中心、技术检测中心等机构,采取省、市联动的方式,通过项目支持、专项资金等形式,加大对外资研发机构建设的支持。在税收政策方面,积极落实"对外资研发中心进口科技开发用品免征进口关税和进口环节增值税、消费税,继续对内资研发机构和外资研发中心采购国产设备全额退还增值税"的政策,同时根据江苏产业技术发展需要,调整国外企业向境内转让技术获取的特许权使用费减征、免征所得税的范围,完善引进技术的税收政策。在加强知识产权保护方面,积极拓展知识产权领域的国际交往,较早发布了企业知识产权维权指引,并签订了首个中国地方政府与美国国家专利商标局知识产权合作协议,之后又与韩国签署了开展知识产权保护合作的谅解备忘录。这也是韩国知识产权局在世界范围内首次与外国地方政府签订相关协议。

二、江苏整合全球创新资源面临的挑战

经济合作与发展组织发布的《科学、技术和工业:记分牌和指标1997》指出,要提高国家或区域的创新性,必须建立国家或区域创新体系,整合创新系统的各个要

素,使之成为一个有机的整体,从而使一个区域从科技研究的源头开始,到企业的研究开发和产业链有机结合,都充满了创新的要素。增加创新系统各主体的能力,使得整个区域技术创新高效而有序进行。由此可见,全球创新资源的空间分布以及特定国家或区域对创新资源的整合机制决定了各国家或区域创新能力的差异。虽然江苏在开放创新上具备了一定的基础和优势,但是在更好水平上整合全球创新资源还面临一些问题和挑战。

1. 缺乏具有影响力的创新资源整合主体

江苏过去较多地关注单项技术的创新,缺乏能够整合全球创新资源的终端优势品牌,因此只能成为国外跨国公司整合的对象。最具有整合全球创新资源能力的跨国企业无不以品牌作为依托,发挥其集聚、辐射、引领和示范作用。例如,美国硅谷有苹果(Apple)、英特尔(Intel)、惠普(HP)等全球知名高科技企业;北京中关村拥有联想、百度、小米等;上海拥有上汽、复星;深圳拥有华为、中兴、腾讯等。但江苏在国际上知名的本土创新型跨国企业屈指可数,同时也缺乏具有国际市场占有率的知名品牌,协调和利用国际创新资源能力有限。此外,跨国公司在江苏设立的研发机构(研发中心、功能性机构)的示范引领作用未充分发挥,技术溢出的外部效应有待进一步扩散。

2. 利用外资增速下滑,全球创新资本占比较低

自2004年以来,江苏实际利用外资额的曲线接连多年呈上扬态势,顶峰出现在2012年,此后逐年下降,2015年全省实际利用外资为242.8亿美元,同比下降13.8%,在四省一市(江苏、广东、山东、浙江、上海)中位居第二,增速低于全国20.2个百分点。实际利用外资中进入创新领域的资本占比较低,一方面表现为在全社会研发经费投入中,境外资金占比较低。另一方面,江苏研发经费内部支出中境外资金占比低,2014年江苏研发经费内部支出中境外资金占当年江苏研发经费内部支出的0.61%,仅占当年全省实际利用外资总额的0.67%。2014年全省创业投资机构管理资金中境外资金占比不足5%。从横向比较看,2014年江苏研发经费内部支出中境外资金占比与北京(3.2%)、天津(2.12%)、上海(1.86%)相比,还存在较大差距,创新资本引进仍处于较低水平。此外,引进的外资中更多的是用于高新技术产业化项目,对基础性和前瞻性研究、共性关键技术研发、传统技术改造升级投入比例较低,境外创新资金投入结构有待优化。

3. 创新要素引进方式需进一步加快转变

当前,江苏关键高新技术产品供给的主要渠道依然是进口,与技术引进规模还有差距。关键零部件等高新技术产品对外依存度较高,2015年江苏高新技术产品进口总额占全省货物进口总额的43.9%,北京、深圳、上海这一比例分别为9.9%、31.7%、33.3%;在技术引进方面,与上海、广东等地差距明显,2014年,江苏技术引进合同868项,合同金额33亿美元,而上海市分别为2 122项、50亿美元,广东省分别为833项、61亿美元,说明江苏对国外创新资源的引进更多地还是单纯购买新产品,技术进步主要通过技术引进实现。另一方面,从研发费用支出对比看,江苏用于技术引进的支出远高于对引进技术消化吸收再创新的支出,说明对于引进的先进技术并未实现充分利用,创新要素引进方式需进一步加快转变。

4. 高端人才引进总量不高,层次有待提升

江苏引进专家总量虽突破十万人次,但近几年增速呈逐年回落态势。2013年外专总量较上年增长4.1%;2014年增长2.1%,较2013年回落2个百分点;2015年增长0.4%,较2014年回落1.7个百分点。2015年,江苏引进外专增速低于全国平均增速0.3个百分点,引进专家层次不高,高层次专家占比较低。与全国平均水平相比,境外来江苏工作高层次专家数量较少,占全部专家的比重较低。2014年,全省具有硕士及以上学历的长期专家12 443人次,比2013年减少708人次,占全部长期专家的比重为21.9%,低于全国平均水平5个百分点。而中关村自主创新示范区2013年从业人员中,港澳台和外籍等境外人员就突破了1万人,其中近四成是专家型人才;截至2015年底,其引进入选国家"千人计划"海外高层次人才超过1 000人,占全国引进该类人才总数的五分之一。

5. 整合全球创新资源的政策和制度有待进一步完善

虽然江苏开放创新取得了明显进展,积累了一定优势,但在创新国际化程度上还落后于北京、上海、深圳等地,整合全球创新资源的体制机制需进一步创新。比如,目前的各级科技计划对外资企业和研发机构开放程度有限;现有的"对外资研发中心进口科技开发用品免征进口关税和进口环节增值税、消费税,继续对内资研发机构和外资研发中心采购国产设备全额退还增值税"的税收优惠政策实施过程中,外资研发机构需要通过各级主管部门认定方能享受政策,覆盖面较窄;外资科技企业和外资研发机构在技术引进、技术交易、研发费用加计扣除等方面的税收优惠政策还未有明确的界定；对企业引进技术的税收政策有待进一步研究。此外，如何构建创新资源引进和利用协同机制，充分利用好跨国公司江苏设立的研发中心，也是需要研究和探讨的。

第三节 整合全球创新资源的国内外经验借鉴

自从20世纪70年代以来，由跨国公司驱动的全球化开始兴起，跨国公司除了在全球范围内进行生产布局，也同步进行了创新资源的整合，利用外部资源已经成为很多跨国公司创新发展的重要依托。除了跨国公司外，也有不少区域产业集群积极通过整合全球创新资源来提升竞争力。

一、国外集成创新案例分析

1. 苹果公司：基于价值链的集成创新

苹果公司是当前最具有创新能力的公司代表之一，长期霸占有关企业创新能力评选榜，几乎成为"创新"的代名词。苹果公司在其创始人乔布斯的领导下被植入了"先天"的创新基因，自1976年诞生以来，苹果陆续推出Apple Ⅱ、Macintosh、PDA、iMac、iPod、Macbook air、IPhone、IPad，以及各种穿戴设备和软件等。这一系列产品令消费者耳目一新，甚至改变了消费者的消费习惯，引领行业风尚的产品展示着苹果公司强大的创新能力。

与很多企业以需求为导向开发产品不同，苹果公司坚持通过供给来创造需求。在这种理念的引导下，苹果公司努力将技术和设计发挥到极致，不断增强用户的消费体验。苹果公司在推动创新的过程中，除了在全球范围内招募一流人才，投入大量资金用于研发的通常做法外，还非常重视集成创新。一是苹果公司从整个产业价值链的视角来推动系统性创新，围绕消费者需求来构筑产业生态链，以现有的而非革命性的技术来整合全部价值链，给予客户新体验，从而为客户创造价值；二是苹果公司对技术情报收集和信息挖掘非常重视，积极将其他企业和研究机构的最新成果和创意融入自身产品中，或者利用自己的技术储备对其他企业的产品进行改良后再创新，如IPad就是苹果公司在对微软公司的技术改良应用的成果；三是苹果公司建立比较完备的开放式创新系统,一方面通过设立多种"聚智"平台,对于有价值的创新进行重奖,鼓励消费者提供产品需求和改良信息,另一方面在 App Store 上的无数软件开发商为苹果公司的创新也提供了有力的支持。

在苹果公司的创新系统中,不仅有技术、设计、流程创新,还有终端、应用的商业模式创新,苹果公司不仅是硬件、软件提供商,也是内容和服务提供商,如通过 ipod+itunes,苹果公司聚合了包括世界五大唱片公司在内的上下游资源要素,把欣赏音乐的整个流程整合起来,创造了一个全新的音乐消费产业链,成为音乐播放器产业和音乐唱片产业的颠覆者。为了保证要素良好的消费体验,苹果还进行了服务创新,设计了酒店服务台式的零售店,为消费者提供与传统电脑行业零售店不一样的体验,苹果公司在其零售店里设立"天才吧",用来帮消费者解决产品使用过程中的各种疑难杂症。

2. 硅谷:创新集群的良性演化

位于美国旧金山的硅谷是全球高科技产业的典范,吸引了很多国家和地区来模仿硅谷的模式,建立了自己的高科技产业园,如以色列特拉维夫、芬兰赫尔辛基、印度班加罗尔、日本筑波城以及我国的北京中关村、武汉光谷、台湾新竹科技园等等。尽管这些地区克隆硅谷模式,高科技产业得到了蓬勃的发展,形成了一定的影响力,但是尚没有能力成为仅次于硅谷的世界科技第二中心。硅谷成功的原因概括起来有两个方面:

第一,斯坦福大学为硅谷的发展提供了强有力的支撑。作为世界级名校的斯坦福,不仅为硅谷培养了众多精英人才,而且建立了斯坦福工业园和斯坦福研究院。通过以系统集成为中心的这两大平台,一方面增强了对国内外优秀人才的吸引力,整合多方力量完成很多急需的科研项目,另一方面还可以将平台所有的实验设备、仪器租借给中小企业使用,提升了中小企业的创新能力。

第二,硅谷不同产业之间的互动增强了创新生态的活力。在产业生态系统里,不同产业之间的相互竞争和合作,不断地增强产业生态的活力。产业间的竞争往往会展现出"丛林法则",尤其在高科技领域,技术上的落后或者战略上的偏误,都容易被淘汰。譬如,英特尔、美国国民半导体和 AMD 都从事集成电路与微处理器的业务,经过多年的市场竞争,桌面处理器市场基本上被英特尔和 AMD 瓜分。惠普公司在创始的初期缺乏资金、管理经验和生产能力,公司的创始人惠利特和普卡德就去通用无线电公司学习,通用无线电公司的创始人麦尔维尔不仅没有采取扼杀的手段,还让公司的专家帮助惠普解决疑难问题。因为麦尔维尔认为多个企业共同推动新产品,更能够扩大消费群体。基于这种理念的硅谷竞争者之间的互动,加快了产业规模的壮大。

3. 日本:以集成创新为特色的发展历程

在日本的创新体系中,最具有特色的就是形成了多个区域创新集群,如北海道以 IT 产业和生物技术产业为核心,东北则布局制造业走廊,关西的绿色产业包括机器人、环境精华、污染控制等高新技术产业,关东和九州也分别有各具特色的产业集群项目。纵观日本的技术创新过程,大致可以归纳为四个阶段:模仿创新模式、引进消化吸收再创新模式、集成创新模式和原始创新模式。

在第二次世界大战中,日本帝国主义穷兵黩武,侵略亚洲,挑起太平洋战争的结果不仅给亚洲各国人民带来巨大的灾难,还使得国内经济畸形发展,生产能力急剧下降。第二次世界大战的后期,由于美国对日本本土的空袭,包括东京在内的 19 个城市严重被炸毁,变成一片废墟,因此,战后至 50 年代,日本的技术创新主要从美国引进技术进行简单模仿和小范围的改进,着重恢复生产。

经过短暂的恢复后,日本企业从 20 世纪 50 年代下半期开始,在引进国外技术的过程中,不再满足于对国外技术的直接模仿和使用,而是根据市场的实际需求,对国外的技术进行进行"二次创新"。索尼公司的随身听便是一个典型的案例,索尼公司一开始没掌握磁带录音的核心技术,但是索尼公司的技术人员在熟练掌握了磁带录音机技术之后,不断地优化产品外形、丰富产品功能,最终使索尼生产出风靡全球的便携式随身听。

由于日本在基础研究领域相对于欧美国家而言相对薄弱,严重制约了原始创新,难以在短期内实现跨越。为此,日本选择了集成创新的道路,充分利用日本各创新主体之间的沟通和协调较强的优势,推进各种技术的集约、创新要素的集成、创新资源的整合。早在 20 世纪 70 年代,日本就通过机械和电子技术的有机结合,形成了机电一体化技术,又与光学技术结合,形成了光机电一体化;80 年代以来又将光学技术、通信技术、电子技术和材料科学结合,形成了现代光纤通信技术及系统;90 年代开始注重生物技术与信息技术结合,开发新一代的生物信息技术。

从 20 世纪 70 年代后期开始,为了进一步提升在全球市场的竞争力,抢占新兴产业发展先机,日本开始强调基础性、创造性研究,实现原始性创新。日本政府在2002年提出了"知识产权立国"的国家发展战略,标志着日本从技术追赶时代走向追求原始创新转变,日本通过知识产权战略参与全球竞争。

4. 国外集成创新的模式

当今,技术的相关度逐渐加强,企业可以有效地集成全球先进的创新资源,更多地给企业带来利润空间,具有更大的优势。国外集成创新模式主要可以总结为以下三种模式:一是基于知识的集成创新模式。"集成知识"意味着充分地整合、消化、吸收世界先进的知识,并将这种先进的知识资产转化为管理技术,运用到价值链的各个环节,从而形成企业核心竞争力。二是基于技术的集成创新模式。基于技术的集成创新主要有两类,第一类是企业外部获得技术,并加以消化吸收,使之成为企业自己的技术,而后运用从中学习到的知识加以创新,研发企业自身的技术,达到企业自主创新的目的。第二类是开展科研合作基地,通过签订合作研发协议、建立合作研发基地等方式实现研发资源的集成与共享。三是基于市场技术的集成创新模式。企业可以将新技术应用于现有产品或进入门槛较高的市场,也可以针对进入门槛较高的市场,将现有技术进行集成,以开发新产品打入市场,从而提高企业的市场占有率。

二、国内集成创新的案例分析

1. 中国高铁:中国应用集成创新的典范

中国高铁的发展体现了坚持原始创新、集成创新和引进消化吸收再创新的结合,充分掌握了不同气候环境、不同地质条件和不同速度等级的设计施工、装备制造等高速铁路成套技术,实现系统集成和运营管理,构建了具有自主知识产权高速铁路技术体系。

由于高速铁路各子系统在整个系统中所处的地位不同,各国在每个系统的技术发展水平各不相同,这决定了中国高速铁路技术创新必然是多种创新方式和各种技术来源的集成。其中,无砟轨道引进德国和日本技术,我国自主研制了CRTS Ⅲ型的新型轨道板。高速道岔引进德国和法国技术,自主完成了时速350 km的道岔结构设计、试制和厂内组装。高速列车系统是高速铁路技术的核心,有不少动车组分别引进加拿大庞巴迪、日本川崎重工、德国西门子、法国阿尔斯通的技术。通信信号、牵引供电系统,部分引进德国、日本先进技术,融合本国技术进行系统集成创新;运营调度和客运服务系统在坚持原创的同时,借鉴国外经验进行集成创新。

同时,中国高速铁路广泛采用国内创新资源的开放式项目组织模式。国务院统筹协调交通运输、教育、科技三个部委,形成行业间人才、技术、知识、资金、实验设备等各种创新要素的充分整合。交通运输部、教育部、科技部打破行业、院校、企业之间的壁垒,整合全国技术资源,搭建战略型产业公共创新平台,参与新一代高速列车研发的有清华、北大、浙大、上交大、同济等25所高校、中科院力学、电工、金属、自动化等11所科研机构,南车集团青岛四方公司、北车集团唐山轨道客车公司和长春轨道客车公司3大主机厂及7家核心配套企业,51个国家重点实验室和国家工程研究中心,涉及院士68人,教授500余人,工程技术人员上万人,促进了高校、科研院所、企业人财物资源的共享。单项科研活动调集了如此庞大的资源尚属首次。

2. 海尔:开放的集成创新链

海尔作为全国最大的家电制造企业之一,置身互联网时代的背景之下,直面产业转型升级的巨大挑战,以开放创新为引领,用户参与创新为驱动,建立一个开放创新的生态圈。2014年43项国标标准、13次国家科技进步奖,领先对手3倍的专利授权等,使得海尔成为中国制造、世界制造的产业标杆。

海尔公司为了能够满足供应链和产品创新融合的需要,将原有的纵向一体化结构改为横向的网络结构,并将职能型的垂直业务转变为水平业务,形成了更为开放的组织构架,使其创新链体系内的各个流程可以更好地和外部进行连接,使客户需求在节点之间进行双向传递。通过积极融合供应链,海尔整个产品创新过程真正做到了"市场导向型"运作。为了避免产品开发的盲目性和提高产品开发的成功率,海尔长期以来坚持将顾客和供应商整合进产品设计和开发过程,从开始策划到最终产品定型都有供应商和客户的积极参与。海尔建立了旨在对市场信息做出迅速反应的一整套研发系统,力求实现市场与产品开发的全面融合。这套有供应商和顾客参与的研发系统给海尔的产品开发带来了极大的便利。例如,"美高美"彩电的开发仅用了2—3个月时间,比传统开发缩短了60%—70%的时间。"宝德龙"彩电和"太空"冰箱的成功开发也得益于这套产品开发系统。在海尔国际化战略思想的指引下,海尔的创新链已经由国内延伸到国外,构建了全球化的科技开发网络。在海尔的全球研发体系中,海尔中央研究院是海尔集团的核心研发机构,通过联合美国、日本、德国等国家和地区的28家具备一流技术水平的公司,利用全球化的科技资源在国内外建立了48个科研实体。在全球一体化的研发格局下,海尔构建了全球布局的信息中心,全面了解全球市场的各类需求,并在第一时间将这些需求反馈给各地的研发机构,通过对不同地区市场信息的分析和评价形成相关新开发的构思,进而在较短时间内将产品构思转化为现实生产力。海尔创新链的全球化,有力地整合了全球科技资源,极大地推进了海尔技术成果的商业化,为海尔的国际化发展提供了源源不断的技术支撑。针对不同的目标市场,海尔的创新链通过实施"本土化"发展战略,将创新链的每一个环节和国际市场融合在一起,积极跟踪、采集和分析国际市场的技术、经济等创新信息,并有效利用国际市场的创新资源,实现了全球化研发、生产和销售的一体化运作。

3. 华为:多种创新要素的集成链

在嵌入式软件领域,华为以嵌入式软件为核心的通信设备和为客户提供一揽子解决方案的软件技术服务及产品远销世界100多个国家和地区。截至2014年12月底,华为累计申请专利64 587件,连续十年成为中国申请专利最多的公司,国际竞争力逐步提升。

华为善于将各类创新要素集成。第一,技术与市场集成,不仅重视研发并掌握核心技术,还全球化研发,借鉴先进的研发管理,通过积极参与国际标准组织,担任其中重要的职位以及与通信行业IPR所有者签订专利交叉许可协议,成功实现"搭船出海"。第二,技术与战略集成,华为在明确其战略意图及规划后,立志成为IP业可持续发展的未来领导者。第三,市场与战略集成,实施"以客户为中心"的战略,成为客户长期可信赖的合作伙伴,通过竞合战略实现其全球化战略。第四,战略与组织集成,做到有与创新相匹配的文化支持和职业化管理变革。第五,组织与技术集成,包括建立有特色的人才激励制度,多种方式建设高素质员工队伍。第六,技术与知识集成,有全球视野的开放合作,通过购买技术、技术交换和支付专利使用费获得先进技术,进行二次开发,并强调搭建知识和技术共享的平台,建立严格的信息安全体系和知识产权保护制度,保护技术创新成果。第七,组织与知识集成,华为核心价值观之一的"批判与自我批判"文化,使得华为以开放的心态不断反省自身的不足,加速团队学习和成长。第八,知识与市场集成,其中最重要的两点是,在实施全球化战略中坚持本地化经营,其全球数据中心为客户提供可靠的技术支持服务。第九,市场与组织集成,建立贴近客户、快速响应的全球化组织,并勇于跨越客户(包括运营商在内)设定的"高门槛"。从对华为创新要素集成的分析可以看出,华为积极利用各种有利于创新的政策、技术要素,做到企业内部创新要素与外部创新要素集成,赢得更大的发展空间。

第四节 整合全球创新资源的主要路径

江苏整合全球创新资源应以产业迈向中高端为目标,跳出只注重单项技术创新、重研发轻应用的路径依赖,积极打造大型企业集团,培育有国际市场占有率的系列品牌终端产品,从而对全球创新资源形成强大的吸引力。增强企业集成创新的能力,将世界领先水平的系列专利技术嵌入以我为主体的品牌产品之中,实现企业从创新资源的被整合者到整合者的飞跃。同时,加快引进消化吸收再创新,实现集成创新与自主创新的有机统一,全面提升江苏在全球产业链、创新链和价值链的地位。

一、从单纯的技术创新转向以自主品牌产品为依托的集成创新

在现代国际竞争的新形势下,产业链的主导权已从生产者、研发者转移到了终端品牌产品拥有者的手中。单项技术创新的作用往往是很有限的,越是接近最终消费者,就越能够掌握产业主导权。能够处于产业链和价值链高端的企业,并不一定是完全自己研发最尖端技术和最核心部件,而是能够将这些最优的技术和部件整合在一起形成终端品牌产品,从而引领整个行业的发展。国际跨国公司早已不再是集设计、研发、生产、销售的全能企业,而是以终端产品控制着整个产业链,对全球资源进行配置整合。如果单纯地进行某项技术的创新而没有相应的终端产品和品牌战略作为支撑,企业和产业的发展必然停留在被整合的低端环节。江苏整合全球创新资源也要顺应新的发展趋势,改变过去只注重技术研发的单一路径,通过组建大型企业集团,打造3—5个具有国际市场占有率的知名品牌产品,以终端产品为强势依托,吸引汇聚全球创新资源为我服务,引进和购买专利技术,集成组合起来产生新的功能,赋予终端产品更多更高的附加值,从而最终主导整个产业链。

二、以创新型产业链和产业集群整合全球资源

创新型产业链及产业集群是以创新型企业和人才为主体、以知识或技术密集型产业和品牌产品为主要内容、以创新组织网络和商业模式等为依托、以有利于创新的制度和文化为环境的产业集群。创新型产业链及产业集群可以促进创新型企业的发展，也是区域内教育科研机构的支持者和需求者，并能促进区域内研究机构的产业化和市场化，是区域创新的重要动力，有利于很好地将区域各种创新主体和要素整合起来。江苏应充分遵循经济全球化时代创新要素向高效率高收益地区流动的规律，汲取国内外创新发展经验，积极拓展创新型产业链，加快江苏产业创新基地建设步伐，逐步形成"以环节带动链条、以链条带动关联企业、以关联企业带动特色集群"的连锁效应，让全球创新资源有需求、有市场、有收益，营造"以集聚促整合、以整合推集聚"的全球创新资源整合良性循环。

三、引导企业灵活运用各种集成创新模式整合全球创新资源

企业整合全球创新资源可以根据自身需要和特点，选择相适合的集成创新模式。

第一，是以终端产品为依托，直接购买国内外现有的技术专利等资源，嵌入其产品之中。这种基于市场需求的集成创新能够充分地以消费者为导向，构筑以消费者需求为中心的产业创新链，以此丰富提高该产品的性能或功能，进一步提高产品附加值。

第二，吸引国外人才、资金到本土企业进行研发创新。这是一种基于创新要素的集成模式，有利于科技人才、资金、技术等向企业集聚，营造良好的协同创新机制；有利于创新要素优化组合、优势互补、风险共担、成果共享，提高企业的整体市场竞争能力，实现技术赶超；有利于提供互补性资源和广泛的相互学习的机会，提高创新协同性和创新资源利用效率，带动创新系统整体的演化和进步。

第三，以创新外包的方式，向国内外创新团队提出创新需求，进行发包采购。这是一种开放式的创新模式，可以在更广阔的空间内激发创新要素的活力，并在较短时间内转化成现实生产力。存量市场竞争时期消费者需求需要被创造，该模式在一定程度上引领了新的消费需求，是更高层次的产品创新。

四、以集成创新与自主创新的有机统一构建完整的创新体系

引进消化吸收再创新是发展中国家普遍采取的提高自主创新能力的重要途径，是获取技术最便捷、最省力的方式。集成创新强调整合利用，自主创新则要求消化吸收，借势增强自己的创新能力，学习并赶超技术领先者，进行再创新，从而形成具有自主知识产权的新技术、新产品。集成创新的最终目标仍是提高自主创新能力，从而构建集成创新与自主创新有机统一、协同并进的完整创新体系。江苏很多产业处于产业链中低端，自主研发力量还比较薄弱，技术储备不足，要想在短时间内靠原始创新掌握核心技术，并不现实。但多年与国外先进企业的合作经验使这些产业具备了非常好的产品创新基础，为集成创新提供了条件，集成创新成为江苏产业向自主创新迈进的现实需要和战略选择。因此江苏在积极引进先进专利技术的同时，要围绕专利进行后期学习培训和消化吸收，积极探索先进技术的原理和特性，通过构建产学研平台，与技术领先企业结成研发联盟，控制核心技术主导权，并在高起点上进行再创新，实现自主创新能力的提升和跨越式的发展，推进江苏创新型省份的建设。

第五节 整合全球创新资源政策体系

一、构建以优势品牌整合全球创新资源的政策体系

以品牌建设为抓手，鼓励企业通过创建自主品牌、收购国内外企业和品牌等方式提高国内外品牌影响力，对具有发展优势、发展潜力、集成创新能力强的企业品牌进行重点培育，集中力量打造3—5个具有行业引领力和创新资源集聚能力的名牌企业。一方面，完善地区发展配套，加快对知名终端产品企业的引进力度，做到特事特议。对符合相关要求，在地区产业集聚、产业链完善等方面具有重要贡献及示范作用的引进企业，在土地、税收、补贴等方面给予大力支持。另一方面，充分发挥苏南自主创新示范区示范引领、聚集辐射作用，实施苏南示范区战略性新兴产业集群创新引领工程，加快供给侧结构性改革步伐，做大做强现有知名品牌，加快基于核心技术的品牌开发和产品升级，大力弘扬精益求精的"工匠精神"，积极由需求

拉动向质量驱动转变,推动企业从成本竞争优势向品牌竞争优势转变。加快产业链垂直整合和兼并重组,积极探索支持企业做大做强的有效路径,激发企业品牌建设的主动性和创造性。鼓励龙头企业按照总部经济模式,实现跨区域、跨国并购和联合重组,培育一大批在全球具有话语权、影响力的领军企业,提升苏南示范区在全球产业链和创新链中的地位和话语权,为建设具有全球影响力的产业科技创新中心奠定坚实基础。将品牌建设与地区企业和产业发展紧密结合,将重点发展的南京软件、苏州纳米材料、无锡物联网、泰州生物医药等列入品牌发展计划,加快地区产业实力提升和品牌塑造,积极发掘和培育成长性较好的新兴领域品牌。

二、构建加速整合全球创新资源的政策体系

深化外商投资管理体制改革,推行负面清单管理制度,鼓励和引导更多的境外创新资本引入江苏创新创业领域。鼓励境外资本对国内高成长性科技企业通过并购、技术入股等方式进行投资。根据2015年3月新修订的《外商投资产业指导目录》,进一步放宽境外创新资本投资领域,鼓励外商投资高新技术、先进制造、节能环保、新能源、药物研发等领域;鼓励和支持跨国公司在江苏设立研发中心、研发机构、实验室、企业研究院等,实现引资、引智、引技相结合。

根据国家科技计划对外开放的管理办法,扩大省科技合作计划支持范围,鼓励和引导企业开展高附加值原创性研发活动。推动有条件的企业与麻省理工学院、剑桥大学、牛津大学等国际知名高校,以及劳伦斯伯克利国家实验室、斯坦福杰贝里先进材料实验室、以色列魏兹曼科学院等境外知名研究机构建立研发合作关系,在若干优势领域形成一批具有鲜明特色的世界级科学研究中心。进一步吸引支持跨国公司在江苏设立研发中心,鼓励其升级成为参与母公司核心技术研发的大区域研发中心和开放式创新平台。鼓励外资研发机构通过人才交流、研发联动等方式加强与本土研发机构的交流合作,支持外资研发机构参与江苏研发公共服务平台建设,共建实验室和人才培养基地,联合开展产业链核心技术攻关。积极为相关企业牵线搭桥,形成一批开放共享、资源整合能力强的技术创新服务平台,建立健全技术研发及科技成果转化机制,帮助企业共同攻克行业前沿技术,共担风险。

完善政府扶持的长效激励机制,积极发挥政府资金的引导作用,综合运用财政贴息、税收优惠、政府采购、资金参股等多种方式,完善企业研发费用计核方法,调

整目录管理方式,扩大研发费用加计扣除优惠政策适用范围。完善高新技术企业认定办法,进一步健全政府资金对科技创新主体,尤其是创新型中小企业扶持模式,重点鼓励中小企业加大研发投入力度,提高资金的使用效率。引导和鼓励本地企业建立和壮大研发中心,加大企业创新投入,大力引进和培育创新型企业及跨国公司研发职能部门。鼓励优势产业、骨干企业加大创新资源整合力度,提高企业研发层次。

三、构建整合全球创新资源的保障政策体系

在当前江苏技术发展相对成熟的阶段,政府应当负责重大产业技术政策的决策与统筹协调,积极营造地区创新生态。在基础性研究、竞争前应用技术研究、共性技术开发等方面积极发挥作用。加大对高校、研究院所基础性研究方面的投入,加快产学研合作发展速度,提升发展质量,鼓励企业、高校、科研院所围绕竞争前应用技术、行业关键技术等领域开展合作,积极参与大型国际科技合作计划。发挥政府引导资金作用,探索通过股权投资、人才引进及产业化载体相结合的国际技术转移新模式,推动国际重大技术成果在江苏转化和产业化。

制定专项政策引进前沿性、原创性人才及人才团队,进一步集聚以人才为核心的高端创新资源,加强创新资源与本地创新体系的匹配。加强人才政策法规体系顶层设计,制定"特定区域、特殊政策、特殊机制、特事特办"的方针,结合科技创新发展的重点领域和重点产业的人才需求,汇聚一批具有国际视野、高度专业知识和技能的高层次人才。完善高层次创新人才所需配套政策,落实医疗、社会保障、子女教育、居住等相关人才引进制度,重点支持海外高层次人才(团队)和外国专家享受关于居留与出入境、落户与国籍变更、配偶安置、子女就学、医疗、住房、税收和股权奖励等各项特殊政策。进一步加强重点实验室、工程技术中心以及科技创新孵化器等人才载体建设,为各种创新人才提供更优质的科技创新服务和舒适的创新活动空间,增强人才的吸引、集聚能力。

建立严格的知识产权保护制度,加强对外资企业和研发机构创新和知识产权的保护。实施知识产权战略行动计划,提高知识产权的创造、运用、保护和管理能力。引导支持市场主体创造和运用知识产权,以知识产权利益分享机制为纽带,促进创新成果知识产权化。充分发挥知识产权司法保护的主导作用,增强全民知识

产权保护意识，强化知识产权制度对创新的基本保障作用。完善知识产权保护的预警和维权机制，以新兴产业为重点，定期发布相关技术领域的知识产权发展态势报告，对知识产权侵权隐患以及可能发生知识产权争端的事件提出预警，及时有效控制和组织应对。健全维权援助机制，帮助市场主体依法应对知识产权侵权纠纷，鼓励引导企业、行业和地区之间建立知识产权维权联盟，推动市场主体特别是中小企业依法联合维权。

四、构建整合全球创新资源与自主创新能力提升相协调的政策体系

以集成创新为特色发展之路，尽快研究出台《江苏省鼓励引进消化吸收与再创新实施办法》，根据江苏省产业和技术发展需要，鼓励企业引进符合产业技术政策的专利技术、专有技术和先进管理技术，进一步优化技术引进的质量和结构。研究调整外国企业向境内转让技术获取的特许权使用费减征、免征所得税的范围，研究完善引进技术过程中的费用分摊、加速折旧等税收政策，建立消化吸收再创新专项资金和企业资金匹配制度，引导企业增加消化吸收投入。建立多层次的项目风险共担机制，帮助企业开发具有自主知识产权的高新技术装备和产品，促进其推广消化吸收创新成果，鼓励产学研合作组建科技平台承担重要技术引进消化吸收再创新任务。

以消化吸收引进技术、形成自主再创新能力为目标，实施优先使用引进消化吸收与再创新产品和自主创新产品的采购政策，将本地科技企业生产的创新产品纳入政府采购范围，建立健全符合国际规则的支持采购创新产品和服务的政策体系，落实和完善政府采购促进中小企业创新发展的相关措施，加大创新产品和服务的采购力度。鼓励采用首购、订购等非招标采购方式，以及政府购买服务等方式予以支持，促进创新产品的研发和规模化应用。不断完善使用首台（套）重大技术装备鼓励政策，健全研制、使用单位在产品创新、增值服务和示范应用等环节的激励和约束机制。

第九章　新格局下江苏科技创新生态系统研究

党的十八大以来,创新已经成为党中央提出的新发展理念的重要组成部分,在推动经济社会高质量发展的过程中发挥着重大作用。江苏省委省政府高度重视科技创新工作。2019年3月6日,省委书记娄勤俭同志强调,"以创新驱动高质量发展,江苏全省上下都有共识,有很好的基础,也蕴藏着磅礴的力量""要围绕产业链部署创新链,围绕创新链培育产业链,着力增强原始创新能力,实现关键技术、核心技术自主可控,确保科技创新走在世界前列"。从系统的角度看,开展科技创新离不开良好运行的创新生态系统。当前,国际国内环境剧烈变动,外部市场不确定性增加,以美国为首的欧美国家的科技封锁日益加剧,国内经济下行压力加大,区域间竞争加剧,必须厘清外部环境变化对江苏科技创新的影响,积极做好应对。因此,应从创新生态系统角度切入,深入研究外部环境变化对江苏科技创新的影响,并提出针对性的政策建议。

第一节　创新生态系统的内涵、构成要素与运行机理

一、创新生态系统的内涵

近年来,以苹果公司的巨大成功和硅谷的持续领先为标志,创新范式开始了新一轮的变革与升级,在经历了线性范式(创新范式1.0)、创新体系(创新范式2.0)之后,开始进入创新生态系统(创新范式3.0)的阶段。在创新范式3.0阶段,企业不仅需要关注内部的创新行为,还需要考虑同其他企业的有效协同创新、用户的参与、对创新成果的有效传递和应用,更需要关注整个"创新生态系统"的构建和持续运行。[1]

---

[1] 王钦、赵剑波:《步入"创新生态系统"时代》,载《中国社会科学报》,2013年07月31日。

综合相关理论研究共识,创新生态系统描述的是一种状态,即在一定的区间范围内各种创新主体之间及与支持体系和创新环境之间,通过协同创新,形成共生竞合、动态演化的开放、复杂网络系统。该系统的根本目标是在可持续发展理念下促进创新持续涌现,通过创新投入、创新需求、创新基础设施与创新管理在创新过程中的有机结合,实现价值创造和区域经济高质量发展。

二、区域创新生态系统的构成要素

创新生态系统的构成要素包括企业、大学及科研机构这样的核心主体,也包括政府、金融机构、科技园、孵化器和中介机构等辅助主体,诸多要素之间并不是独立存在的,通过各种复杂的相互作用,形成了区域创新生态系统的核心生态系统、扩展生态系统和完整生态系统三个层面。

(1)核心层:企业、研究机构是技术转化为生产力和价值的核心媒介,面向市场需求,承担技术开发、技术转化,开发产品与服务的功能。

(2)中间层:资本、专业服务机构等多方与创新主体紧密合作,通过开放与贡献自身资本、专利、专业服务等相关资源能力促进创新成果的迸发与诞生。

(3)外围层:主要包含制度环境、经济环境、产业环境、科技基础设施和文化环境等多重内容。

三、区域创新生态系统的运行机理

创新创业生态系统运行机理是指系统各构成要素之间及其与外部环境之间相互作用、相互影响、相互制约的机理、过程与方式。创新创业生态系统是一个复杂的社会经济系统,不仅涉及各个创新创业主体,而且包括各种影响因素和各种反馈过程,其运行机理主要包括其发展动力机制、平衡协调机制、竞争机制和共生机制。

(1)发展动力机制。创新创业生态系统的发展动力机制是充分调动各创新创业主体参与创业创新活动的积极性、能动性和创造性,充分发挥各主体的功能,不断增加整个系统的社会价值,主要包括基于利益驱动促使区域提升核心竞争力和经济发展的内在自动力,基于制度建设和财税政策营造良好创新创业环境的外在诱导力,基于融资渠道和社会关系网络提供的重点支柱力,基于创业精神、创业团队形成的协同推动力以及基于中介服务机构和媒体机构提供的辅助催化力。

(2) 平衡协调机制。所有生态系统都处于动态发展中,系统构成要素不断发生变化甚至进行重组。创新创业生态系统的不同主体也会不断进入或退出,其外部环境也不断发生着各种各样的变化,这些不确定性都推动整个系统打破自身稳定的状态,并通过系统变异机制和重组机制找到新的平衡。内外部因素的变化促进和制约系统变异,而重组机制促进系统结构升级和优化,提升系统整体适应能力和核心竞争力。

(3) 竞争机制。创新创业生态系统中的资源是有限的,所有不同主体之间存在资源利用性竞争,面对公用资源短缺时,不同主体之间存在彼此抑制效应,这种用关系促使一个主体相对另一个主体形成创新创业竞争优势,使得具有更高资源利用效能的主体优先获得创新创业资源,从而释放各主体的竞争活力,提高系统资源利用效率,也提升了系统整体的创新创业能力。

(4) 共生机制。创新创业生态系统基于各主体的广泛合作和资源整合,形成了优势互补、互利共赢的共生关系,其中,政府、企业、大学、科研院所、金融机构、服务机构等主体构成了共生单元,政策制度、管理经验、资金技术等资源构成了共生基质,能量、物质、信息传导的路径和载体构成了共生界面,共生单元外部的所有因素构成了共生环境,它们彼此协作和调适,提高了整个系统的共生能量,实现了系统稳定、健康发展。

第二节 创新生态系统的发展现状

2012年,江苏省提出建设以企业为主体,市场为导向,产学研相结合技术创新体系,科技创新创业环境加速改善。2012—2018年,全省全社会研发投入由1 288.02亿元增长至2 504.4亿元,占地区生产总值比重由2.3%提高到2.7%;高新技术产业产值占规模以上工业产值比重由37.5%提高到43.1%;科技进步贡献率由57%上升至63%。全省区域创新能力连续多年位居全国前列,创新生态环境持续优化。

一、创新生态系统核心层建设情况

一是企业创新能力不断增强,不断筑牢区域创新生态系统的核心基础。江苏坚持企业创新主体地位,企业创新集群不断壮大。2018年,全省新登记各类企业54.96万户,总数达321.16万户;全省企业的研发投入超过了2 000亿元,占到了全省的80%以上;企业专利申请量达到了40万件,授权量达到了16万件,占全省的80%以上;全省高新技术企业总数超过18 000家,通过评价的科技型中小企业超过15 000家;全省80%的省级研发机构建在企业。2018年12月,达伯舒(信迪利单抗注射液)成为第一个经国家药监局正式批准用于治疗复发/难治经典型霍奇金淋巴瘤的PD-1抑制剂,改变了国内患者除放化疗外无药可用的现状,在中国新药研发史上具有重要意义。2019年7月,由恒瑞医药自主研发的PD-1(程序性死亡受体1)单抗注射用卡瑞利珠单抗在国内获批,成为继君实生物(拓益)和信达生物(达伯舒)后,第三个获批可上市的国产PD-1单抗药物。

二是产业技术创新水平进一步提升,不断形成创新生态系统的有力支撑。近年来,江苏围绕产业链部署创新链,聚焦13个先进制造业集群,推进技术攻关、成果转化、载体建设、应用示范协同联动,产业技术创新整体水平不断提升。通过实施前瞻性产业技术创新专项,开展产业前瞻与共性关键技术研发;2018年全省重大科技成果转化专项设立9个产业专题,推进124项重大成果转化,培育50多个高附加值的标志性产品。建设重大载体设施,未来网络试验设施和高效低碳燃气轮机试验装置可行性研究报告获国家发改委批复;纳米真空互联实验站一期竣工并投入使用;国家超算无锡中心发布国内首个"超算云";22个重点创新平台建设取得明显进展。

二、创新生态系统中间层建设情况

一是区域创新载体建设进一步加快,不断推动区域创新要素加快集聚。江苏坚持因地制宜、分类指导,探索各具特色的创新发展路径,区域创新发展的协调性不断增强。积极推进苏南国家自主创新示范区建设,省市联动实施20项重大项目,苏南整体创新发展水平加快跃升。推动高新区争先进位,安排专项资金5亿元用于奖励补助,根据科技部公布的年度评价结果,全省国家高新区排名平均提升2.8位。白马农业科技园区通过科技部组织的国家农业高新技术产业示范区现场考察,江苏7家农业科技园区在国家创新能力监测评价中位列第一序列。国家创新型城市累计达11家,5个县(市)入围首批国家创新型县(市)。

二是创新平台建设进一步强化,不断完善层次丰富的科技服务体系。坚持统筹布局、分类指导,着力打造充满活力的创新创业生态系统。建设科技公共服务平台。为科技型中小企业提供研发设计、检验检测认证、成果转移转化、科技创业、科技金融、科技咨询等共性技术或中介服务。目前,全省累计建有省级各类科技公共服务平台近300家,面向科技型中小企业创新需求年均服务超过30万次。建设产学研合作平台。目前已建设各类产学研合作创新平台与载体4 000多个、"校企联盟"1.2万多个,每年实施产学研合作项目超过2万项,有8万多名专家教授常年活跃在创新创业一线;校企共建了4 000多个研究生工作站、博士后工作站和院士工作站。建设国际创新合作平台。进一步拓展与重点国别地区的创新合作,新建挪威科技大学(中国)创新研究中心、剑桥大学-南京科技创新中心、牛津大学高等研究院(苏州)等国际化平台。建设科技孵化服务平台。以专业化众创空间、众创社区等新型科技创业载体为抓手,加快完善多层次创业孵化服务体系,产业技术联盟、面向中小企业的创新服务体系、多地各类科技创新孵化器蓬勃发展,省级以上创业孵化载体超过1 600家,在孵企业超3万家,经孵育企业中有近1/10已成长为高新技术企业,途牛、美新半导体、苏大维格等一大批新兴企业从孵化器中脱颖而出,众创空间、科技企业孵化器已成为科技型中小企业成长的摇篮。建设科技金融服务平台。聚焦科技型中小微企业融资难题,构建形成了以风险补偿为特色、"首投、首贷、首保"为重点的科技投融资体系,累计发放"苏科贷"贷款475亿元,天使投资机构数量稳步增加,科技保险覆盖范围进一步延伸,创投机构管理资金规模达2 300亿元。

三、区域创新生态系统外围层建设情况

一是深化科技体制机制改革,不断释放创新创业活力。2016年发布推进产业科技创新中心和创新型省份建设"40条政策"。2018年出台深化科技体制机制改革"30条新政"。在加大对基础研究财政投入的同时,支持研究机构自主布局科研项目,扩大学术自主权和个人科研课题选择权,科技成果使用、处置和收益权逐步下放到相关项目承担单位,科研单位、企业科研人员在知识产权归属、利益分享机制方面的权利提升,对企业等类别科研人员的股权、期权、分红等激励方式运用逐步扩大。一批技术开发类科研院所转制成为企业化单位,通过引入社会资本或上市等方式,发展成为具有活力的市场主体。

第三节 创新生态系统存在的问题

一、企业在创新生态系统中的主体作用亟须增强

一是区域创新生态系统中缺乏具有影响力的创新主体。江苏科教资源丰富，创新主体品类多元、层次丰富，新主体不断涌现，但厚实的创新"家底"却难以顺畅转化为现实生产力，科技创新有高原无高峰成为一个突出现象，关键性创新主体缺乏，创新引领力亟待提升。在省级层面，江苏拥有的创新主体在数量、种类和丰裕度上均处于全国前列，但与广东等国内先进地区相比，缺乏像华为、腾讯、阿里巴巴等行业领军企业。与国际先进水平相比，江苏现有创新主体仍存在关键性短板，如缺少世界一流的大学和全球知名的科研院所；企业结构中缺少"顶级掠食者"，缺少具有全产业链控制力的领军型企业。

二是企业的主动创新意识不强，创新活力不足。多数企业认识到创新的重要性，但在创新实践中，面对创新中的风险，顾虑较多，热衷于搞一些技术成熟、产业化周期短的项目，缺乏敢为人先、敢冒风险的创新精神和勇气。与广东、浙江相比，江苏不少企业都是在政策激励和引导下被动地进行技术改进，原创技术不多。

三是企业研发投入强度低，结构不尽合理。2017年江苏省规模以上工业企业中，中小企业研发经费投入占主营业务收入比重仅为1.26%，虽然高于全部规模以上企业比重0.03个百分点，但不及发达国家的1/4，尤其是小微企业，研发经费投入强度仅为1.13%。从创新投入结构看，更多地集中于技术开发（技术和设备引进）环节，基础性、前瞻性研究环节投入偏低，导致原创性重大成果不足，具有国际影响力的成果较少，PCT专利申请量仅为深圳市的1/5。

二、产业创新生态系统技术支撑能力相对薄弱

国际经验表明，对于一个企业或一个地区而言，任何产业想掌握全产业链控制权都不可能依靠单兵突进获得，而有赖于构建适宜创新要素集聚、创新主体活力迸发的产业生态体系。苏南地区最早从国际代工模式中受益，也较早意识到国际代工模式的局限，并开始突破西方跨国公司设置的战略性隔绝机制，超越国际代工模

式的探索,但仍面临转型升级的结构性障碍,产业链控制力的不足,限制了产业集群向创新集群转换,产业中低端锁定尚未取得实质性突破。在更深层次则是现有产业群落生态仍未实现创新化、生态化、体系化转变。此外,大中小企业融通发展不够,大企业对小企业带动发展不足,无论是从区域布局还是产业链配套,大中小企业并未形成一个良好的融通机制,不少小企业都是"单打独斗""孤军奋战",导致应对外界环境变化能力较弱。

三、区域创新生态系统适宜度仍需进一步提升

区域创新生态系统适宜度是指创新主体在一定区域内开展创新活动时,创新主体所需的最适资源位与创新环境所提供的现实资源位之间的贴近程度。虽然江苏已经具备研发、转化、生产各环节所需的产业体系,但各区域和城市间缺乏科学合理的分工合作,导致产学研脱节,企业获取创新要素的成本仍然较高,不同区域创新生态系统建设差距明显,直接影响了创新效率的提升。南京科教资源丰富,但科技型企业规模普遍较小,缺乏大型科技龙头企业,企业技术创新能力不足;苏州创新型企业较多,在生物技术、通信设备制造等领域集聚了一批有实力的科创企业,科研成果转化能力较强,但缺乏高质量的研究型大学以及世界级的基础性和前沿性研发平台,知识创新能力不足。从全省情况看,目前主要以市场为导向的企业间分散的、自发的合作为主,企业、高校和研发机构间缺乏深层次、高效的合作机制,尚未形成完整的创新链条,制约区域整体创新效率。区域内高端复合型人才、具有企业家精神的创业者以及具有工匠精神的高级技工、工程技术研发人员、高层次科技创新人才仍然缺乏。全省工业企业研发机构人员中硕士以上学历人员占比低于全国平均水平,还有不少企业科技人员占从业人员的比例没有达到50%,科技型中小微企业招揽高层次人才存在不愿来、留不住等现实情况。此外,江苏缺少在检验检测、技术转移等领域专业、高水平的科技服务机构,影响科技服务供给。

四、金融机构在创新生态建设中的作用有待加强

目前,江苏在沪深两市上市的企业多数为传统产业,新经济行业领域内的企业占比不高,远低于美国纳斯达克市场和纽约证券交易所的比例。全省在深交所创业板上市企业数量只有几十家,且规模较小,资本市场对高技术产业支持不足。虽

然科创板首批上市企业中江苏有4家,但数量仍然偏少,中小企业直接通过资本市场融资难度较大。在股权投资方面,全省创业投资管理资金规模虽有2 300亿元,但每年实际投资额仅占管理资金规模的5%左右,多数机构还是更加倾向于关注成长期、成熟期企业,对种子期、初创期企业投资偏低。债权融资方面,科技型中小微企业由于"轻资产、高风险"的特征,银行"惜贷"现象普遍存在,对科技型小微企业投放动力不足,科技型中小微企业融资难、融资贵问题依旧存在。

第四节 国内外区域创新生态系统建设经验

作为创新3.0核心要义的创新生态系统,其兴起和发展的重要驱动力在于科技进步、国际竞争和生态发展。进入21世纪以来,越来越多的国家和地区开始认识到培育和营建优良创新生态系统的重要性,都开始探索运用通过营造良好的创新生态来提升创新能力。

一、美国创新生态系统建设情况

1. 国家层面

作为世界上创新水平和能力最高的国家,美国最早认识到创新生态系统的重要性。21世纪初,美国政府在决策层面上率先应用了"创新生态系统"的概念。2004年,美国总统科技顾问委员会(PCAST)发布了《维护国家的创新生态体系、信息技术制造和竞争力》和《维护国家的创新生态系统:保持美国科学和工程能力之实力》两份报告,正式将创新生态系统作为总括性核心概念,强调美国长期保持国际竞争力领导地位的关键在于创新生态系统的构建,其动态演化与运行更是美国继续保持科技领先地位的决定性因素。2010年,美国能源部启动了"创新生态系统计划",在全美选择了能源效率与可再生能源领域的五个领域,意在打造更具自组织和竞争力的新兴能源产业。2012年,《崛起的挑战:美国应对全球经济的创新政策》提出,企业与大学之间密切的合作,公共和私人的风险性投资以及鼓励研究者创办公司的技术,构成了美国创新生态体系的主要特征。在农业科技方面,2012年12月,美国总统科技顾问委员会发布了《农业预应对和美国农业科研事业》报告,建议增加农业科研投入,成立由农业部牵头负责的跨学科农业综合类研究机构,营造新型创新生态系统,以应对农业面临的挑战。2012—2013年间,美国出台《崛起的挑战:美国应对全球经济的创新政策》和《国家与区域创新系统的最佳实践:在21世纪的竞争》,强调创新政策的制定应着力于打造充满活力的创新生态系统。2015年美国发布《美国创新战略》,强调培植独特的创新生态系统重点在于建设服务型政府、培育极具冒险精神的企业家、加大创新基础要素投入等。2017年世界经济论坛发布的《2017—2018年全球竞争力报告》指出,美国在基础条件、效能提升和创新成熟度等三个层面的竞争力指数位列全球第二,仅次于瑞士,并明确指出这得益于美国国家创新生态系统在提升经济效率方面发挥的积极作用。

2. 地方层面

美国硅谷之所以能诞生一大批世界著名的高科技企业,在很大程度上得益于多元主体协同互动的网络创新模式的形成,该模式以大学、企业、研究机构为核心要素,以政府、金融机构、中介组织、创新平台、非营利性组织等为辅助要素,通过知识创造主体和技术创新主体间的深入合作和资源整合,产生"1+1+1>3"的非线性效用。硅谷的成功,根在人才,起于技术,成于资本,创造了富有硅谷特色的"创新—创业—创富"三级跳的发展模式,形成了"科技引领创业、创业驱动创新、创业创造财富"的体制机制,其实质在于形成了创新生态系统。

位于纽约曼哈顿的"硅巷",被誉为继硅谷之后美国发展最快的信息技术中心区域,拥有高科技企业集群,是一个横跨地理与虚拟网络的庞大科技创新生态系统,已成为纽约新的经济增长极。纽约相关政府部门为硅巷的发展提供了良好的政策环境,设立初创基金、制定税收优惠政策;提供分享型办公场地和孵化器,降低创业商务成本;搭建一站式信息平台,打通投融资渠道;注重本土人才的阶段培养,鼓励高校强强合作。美国能源部建立了可再生能源创新生态系统,通过"Cyclotron Road"项目促进国家实验室科研人员与行业领先企业对接,实现最新研发技术的商业化应用。

3. 美国的主要经验

综合已有研究看,美国国家创新生态系统构建主要具有以下几个方面特征:一是完备的法律法规与政策体系为国家创新生态系统构建提供制度环境;二是高效的创新资源要素(创新人才、创新基础设施)投入为国家创新生态系统构建提供关键支撑;三是基础研究成为创新生态系统构建的基础性要素;四是全方位科技投融资体系成为创新生态系统构建的支撑性要素。

二、欧盟创新生态系统建设情况

2013年,欧盟发布了《开放式创新2.0》报告,认为开放式创新2.0将成为"新的官方语言",提出欧盟创新生态系统视角下基于"政府(公共机构)—企业(产业)—大学科研—用户(市民)"四螺旋的开放式创新2.0新范式。2016年,欧盟组织召开"欧洲创新生态系统:良好治理与有效支撑智能专业化"会议,对智能专业化(Smart Specialization)背景下提高创新生态系统的有效性和效率进行了深入研讨。2017年,在创新生态系统理论指导下,由欧盟"地平线2020"计划资助的创业加速器项目"Data-Pitch"启动,旨在将既有的企业、组织与初创公司联系起来,经验丰富的企业可以利用积累的数据帮助初创公司剖析信息价值,面对产业发展和社会挑战。该启动器为50家欧洲创业公司和中小型企业提供10万欧元的股本免费资金、创业指导、投资机会以及来自成熟企业和公共部门的数据访问机会,营造了良好的创新创业环境。

作为欧洲大陆科技创新实力较强的国家之一,德国的经济繁荣和在全球经济中的领导地位得益于一个精心打造的创新生态系统,这一生态系统的本质是追求卓越,主要是由科技人才、富有成效的研发中心、风险资本产业、政治经济社会环境、基础研究项目等构成。在国家层面,通过组建技术创新联盟,形成长期伙伴关系;推动产业集群计划,构建区域创新网络;搭建技术交易平台,盘活创新资源;直接对话创新主体,提高政府服务效率。地方层面(以巴登-符腾堡州为例),一是建立科学研究和产业发展联系通道。德国巴登-符腾堡州有两座"桥"(巴符州创新联盟和史太白国际技术转移机构),将科研与产业更为紧密地联系在一起,其主要合作对象都是中小企业。二是建立应用型研究所,扶持发展中小企业。在区域创新生态系统中,中小企业的财力、人力都无法与大企业相提并论,却是整个系统中最具活力的因子。在德、美两国的创新生态系统发展中,都建立起了以扶持中小企业为主体的创新孵化机构。三是发展技术交易平台,推动创新资源的利用。四是寻求多方合作,建立战略长期伙伴关系。以"科研校园:公私创新伙伴联盟"为例,2011年8月,德国联邦政府在高科技战略框架下发起该计划并设立行动基金,致力于促进企业、大学和其他科研机构之间形成中长期伙伴关系,促使他们深化合

作,以加快科研成果转化利用。

三、以色列创新生态系统建设情况

以色列以其良好的创新创业生态被称为创业的国度。以色列政府通过顶层设计法规、制度改革、民间风险投资资本加盟、企业借助资金发展并反哺、高校科技公司商业化运作,实现科技成果、知识产权的转化,政府、风投、企业、高校这些生态因子相互促进,共同形成了以色列创新创业的生态系统,加速了以色列创新创业的快速发展。具体来看,在创新文化氛围营造方面,植入血液的创新精神,塑造坚韧不拔的创新文化和精神;在政府资助方面,建立创业保障机制,创造良好的创新环境;在创业投资方面,集聚民间资金,保障创业实践资金来源;在企业创新网络构建方面,发挥社会功能,实现生态系统的资源互补和信息流动;在产学研协调方面,建立专门机构,共建高校创业教育生态系统。

四、我国创新生态系统建设情况

与欧美等发达国家和地区相比,我国创新生态系统建设启动较晚。2011年11月,国家科技部举行"创新圆桌会议",讨论"创新生态系统"议题。2012年国家科技部、上海市政府共同举办的"浦江创新论坛"第一次把"创新生态"作为会议主题。2013夏季,达沃斯论坛以"创新,势在必行"为主题,强调经济体系、发展环境、行业企业等在面对移动互联、云计算、治理体系等新兴产业、技术和管理的不断创新时,应成为一个开放、吐故纳新、动态的系统,一个有强健生命力的"生态系统"。2018年,李克强总理在政府工作报告中提出"优化创新生态,形成多主体协同、全方位推进的创新局面",将构建创新生态系统正式作为国家层面的政策安排。近年来,各地也不断探索创新生态系统的建设路径。

1. 上海市创新生态系统建设情况

近年来,上海市区域创新能力一直位居全国前列,在建设具有全球影响力的科技创新中心过程中,将创新生态系统建设作为重要的着力点。2015年,上海市时任市长杨雄指出,"上海科创中心建设中最大的困难主要有两个,一个是激发创新活力,一个是创新生态系统的建设",并提出建立符合创新规律的政府管理制度、建立积极灵活的创新人才发展制度、健全企业主体的创新投入制度、构建市场导向的科技成果转移转化机制、推动形成跨境融合的开放创新机制等5项政策措施。2017年2月,启动成立了上海科创联盟,促进创新生态圈各环节共享共赢,助力上海打造具有国际影响力的科创中心,联盟及创新中心除了提供创新创业场所之外,还为初创企业提供政策支持、基础服务、筹资协助、专家导师辅导,帮助初创企业优化商业模式、开拓国际市场、对接合作伙伴、提升运营管理水平等。

2. 深圳创新生态系统建设情况

深圳作为全国最具创新活力的城市,在科技创新方面始终走在全国前列。2012年,深圳提出"构建充满活力的创新生态体系",并向全国科技创新大会提交了"营造创新生态加快建设国家创新型城市"的典型交流发言。近年来,深圳市以"创新生态系统"理念布局创新产业、营造创新环境,产业链龙头企业与各类创新要素高度集聚,"基础研究+技术开发+成果转化+金融支持"创新链逐步成熟,实现从要素集聚到生态跃升的转变。目前,"深圳湾"科技园区产业创新生态系统建设成效明显,已构建多个要素联动、多种主体协同的综合创新生态体系,为科技型企业提供全链条、全周期、全要素、全流程产业创新生态服务体系,形成"金融+园区+中小微企业+人才=创新"的完整创新生态链和产城融合科技综合体。2017年11月,深圳湾科技园区产业创新生态系统正式上线,该系统旨在为科技型企业提供全链条、全周期、全要素、全流程的产业创新生态服务,构建起包括金融、园区、中小微企业以及人才在内的完整创新生态链和产业闭环。深圳创新生态系统运行机理就是明确人才是创新生态系统运行的原动力,资金是维持创新生态系统运行的核心动力,政策优化是创新生态系统运行的持续动力。在这个有机整体中,政府通过制定相关政策为创新创业生态系统提供体制、机制保障,通过协调国家财政资源吸引市场创新资源,引导和支持科技人员和高科技企业开展创新创业活动,通过加大知识产权保护力度,降低企业创新创业风险,营造良好的市场环境;企业作为创新创业的执行者和受益者,其利用政策、人才、资金、技术等创新资源,通过产业化将科技创新成果转化市场所需产品或服务,直接创造经济价值和社会价值,其创新能力与创新绩效直接反映了整个创新生态系统的效能;高校和科研机构是高科技人才的重要输出基地,通过科研活动为整个创新创业生态系统提供大量科技成果,通过产学研合作与企业保持良性互动,增强企业创新能力,并通过创新创业教育直接向社会输送优秀的创业者;创业投资与服务机构是创新创业生态系统的重要支

撑,为创新创业个人和企业提供宝贵的资金支持,解决初创企业生存与发展中面临的资金困难,同时,提供法律服务、管理咨询、科技评估、技术扩散等专业服务,为初创企业发展提供重要支持。

第五节 创新生态系统构建面临的挑战

1. 贸易投资壁垒愈发严苛,技术获取型对外投资受限

2017 年美国特朗普政府上台以来,对美国的对外贸易政策进行了较大幅度的调整,在全球范围内挑起贸易摩擦,尤其是频繁地针对中国出口采取反倾销、反补贴等常规性的贸易救济措施,同时还运用美国国内的贸易法针对中国发起"301 调查"等非常规性的贸易救济调查。2018 年 9 月,美国对华又开展了新一轮征税,征税规模在 500 亿美元的基础上新增 2 000 亿美元,征税范围显著扩大,中美贸易升级战打响。2018 年 6 月,美国宣布对约 340 亿美元的中国商品加征 25% 的进口关税,主要集中在航空航天、信息技术、汽车零件等高科技领域。这给江苏高科技企业出口增加了贸易风险和不确定性。中美贸易摩擦的爆发除了影响此类企业直接出口外,出现在征税名单中的相关制造业必然导致出口量严重受挫,价格优势丧失,外部市场流失。更值得注意的是,高新技术产品的垂直化程度更高,对其上游中间品的依赖度更高,江苏高新技术产品出口还将影响到其上游中间品的配套产业。贸易争端主要影响了机械行业中电子、通信等产品企业,对于机械设备整体出口企业的直接影响较小。这与中美两国产品在产品质量和附加值存在差异有关。高端产品如高端机床、半导体制造设备等领域,美国占尽优势;而美企在我国制造业投资主要以非核心工艺及部件的设计、生产制造和整体组装为主,目的是利用我国"世界工厂"高性价比劳动力并减少进入我国市场的关税。集成电路、LED 产业、汽车产业、新能源等高新产业是这次中美贸易战的重点领域之一。从长远来看,会大大延缓国内相关产业的技术进步和发展进程。

在投资方面,美国以"政府支持下的境外投资和并购"为由对中国海外投资行为进行限制,美国监管机构正在收紧对美国技术企业的收购,以吸收先进技术为目的,中国对美直接投资将面临严格审查。特朗普政府的关税措施主要针对中国高技术产品对美出口,特别是针对未来将出现的有竞争力的产品。中国难以通过收

购并购买获得先进技术,中国的高技术出口产品也难以大规模进入美国市场。除美国外,包括德国、英国、意大利和法国在内的欧洲多个国家也加强审查中国对其高科技领域和重要基础设施的投资,防止中国通过海外收购获得先进技术。中国的对外投资战略将面临重重阻碍,技术封锁会给中国制造麻烦,但也会倒逼中国走自主创新之路。江苏有不少企业正处于输出资本获取高技术的阶段,当前不确定的外部市场环境对江苏企业"走出去"形成了较大的限制,企业海外投资难度加大、投资风险增加、投资周期延长,对企业投资意愿和投资成本产生了一定影响。中美贸易战也对中国对外投资路线产生影响,基于"一带一路"倡议的良好发展,中国可以深化与沿线国家的合作。比如美国对中国的高新技术实行封锁,中国则可以扩大从其他国家的进口,特别是从欧盟的进口。欧洲芯片产业发达,进口替代性高,能够满足中国的芯片需求,同时这为中国与欧盟的经济合作创造巨大的机会。

2. 全球科技与产业竞争日益加剧,竞相争夺金融和科技主导权

世界前沿科技不断发展,科技创新的步伐不断加快。2008 年金融危机过后,西方国家都把发展重心移向了科技创新。经过这十多年的积累,目前以云计算、大数据、人工智能、物联网和机器人为代表的新技术在不断地发展和成熟,并且正在推动着第四次产业革命。目前世界各国提出的各项发展计划,实际上都是围绕着这五个新技术进行的。科技的影响力正引领着新一代的革命,甚至金融领域的发展模式也发生了很大变化。目前,中国在人工智能、量子计算、超级计算机等方面都在国际上占有了重要的位置,量子计算领域发展也很快,与美国的差距已大大缩小。中国的科技投入也跃至世界第二位,2017 年美国的科技投入为 5 274 亿美元,中国则达到 4 295 亿美元。此外,发达国家大都建立了大型的国家基础科研平台,开展前沿和交叉基础科学研究与创新,俨然成为发达国家科技创新和国际竞争力的重要力量,是促进学科交叉、促进新兴和边缘学科的发展,以及突破重大新技术的强大力量,解决重大国家与国防安全所需科学与技术问题。比如美国的布鲁克海文国家实验室作为美国高能物理研究的大型设备建造与实验基地,承担了美国核反应堆、能源和环境保护,以及纳米技术等一系列关乎国家战略的项目。瑞士的国家实验室位于瑞士北部,是瑞士最大的国家研究所,主要从事核反应堆、生命科学、同步辐射纳米技术、一般能源、核能与安全、粒子与物质、中子和缪子以及大型研究装置的研究。法国的格勒诺布尔实验室拥有 5 个大型的国际实验室和 8 个国

家级研究中心,从事同步辐射光源、中子源、强磁场、基因克隆平台、全自动蛋白质结晶平台、高分辨率技术研究平台以及纳米特征平台等。英国的哈维尔科学和创新园区中的计算机中心主要从事能源、生命科学、环境、材料和物理方面的模拟和建模;国际空间创新中心与欧洲航天局(ESA)合作,主要从事空间机器人技术和气候变化研究;德国的于利希研究中心是欧洲最大的研究中心,主要从事能源、信息、物质结构、生命科学和环境科学的研究。

在新一轮科技革命和产业革命的历史交汇之际,科技的国际竞争日益激烈,谁占据了科技的制高点,谁就掌握了国际竞争的主导权。国际人才争夺战方兴未艾,美国为吸引和留住发明创新人才使出浑身解数。特朗普新移民改革计划标志着美国移民体系和结构发生重大颠覆性改变,将移民人群向高学历、高技术、高收入人群转移。欧洲非传统移民国家也进一步放宽政策,加快吸引全球高端人才。一向反对由国家制定系统性产业政策的德国也公布了"国家工业战略2030"草案,标志着德国产业政策从传统的自由放任向保护主义的转变,与中国竞争的意图非常明显。中美贸易战引起的逆全球化思维进一步影响到了全球范围内的资金、技术、人才的重构和分布,江苏企业和研究机构获取创新要素的渠道持续收窄。除了在技术并购方面有所限制外,创新型企业在开展技术交流、国际产学研合作以及跨国配置创新资源方面都受到了制约,企业对国际先进技术和知识的获取广度和深度受限。此外,经济全球化导致了资本、技术和人才在全球范围内的流动日益加剧,全球范围内配置创新资源成为重要的竞争手段,特别是对高端科技人才的争夺更加激烈,基于政府角度的"人才＋项目"的"引智"模式将不可持续,对企业来说,引进国际创新人才、进行国际研发合作的难度更大。

3. 省际竞合呈现新趋势,科创引资挑战与机遇并存

十九大报告提出"实施区域协调发展战略",进一步深化区域协调发展战略。先后设立的18个自贸区构筑起开放新版图;G60科创走廊不断扩容升级,引领长三角地区融合发展和区域一体化不断深化;粤港湾建设和京津冀协同发展、长江经济带发展等同时推进,省际竞合发展渐成共识。各省、区、市抓住战略机遇期,纷纷出台从人才吸引、技术创新及政务服务水平等各方面促进科技创新发展的相关政策,特别是各地区对科创政策的新举措,都力图创造良好的创新生态以吸引科创资源。"广州科创12条"特别提到设立粤港澳大湾区开放基金,每年投入8 000万元

支持粤港澳地区基础和应用基础研究;并打造开放式科技成果转化基地,加速盘活创新资源,提供人才保障,推动政策机制软环境建设。上海按照达标即准原则,支持企业建设工程技术研究中心、企业重点实验室、企业技术中心;落实高新技术企业所得税优惠、研发费用加计扣除等普惠性政策,加大对科技型中小企业的支持力度;积极推进实验室开放、仪器设施共享、研究人员流动,发挥产业技术创新联盟在产业技术创新、技术标准制定、产业规划与技术路线图编制、专利共享和成果转化等方面的作用,培育集群竞争优势。以科创板补贴政策为例,全国已有超过17个省市在积极推动地方企业登陆科创板,补贴从200万元到2 000万元不等。省际竞争就整体而言有利于激发各地谋求发展、向中央靠拢的积极性、主动性,形成"百舸争流千帆竞"的局面。就个体来说,一个地方的发展在一定时间和一定程度内,必然会削弱另一个地方,特别是同向发展之地的发展优势。全国来看,科创企业将迎来发展的新契机,但省际竞争加大也是不争的事实,为江苏在下一阶段集聚创新要素增添了难度。

表 9.1 与兄弟省市对科创板企业的补贴政策比较

省市	时间	政策	具体内容
上海	2018.11.25	徐汇区《关于建设人工智能发展新高地打造徐汇高质量发展新引擎的实施办法》	经认定,可给予落地项目建设单位不超过项目总投资50%,且每年最高不超过2 000万元的补贴
北京	2018.5	北京市《关于进一步支持企业上市发展的意见》	市级财政给予每家拟上市企业总额不超过300万元的资金补贴,区级财政资金补贴不低于市级标准,即北京市区两级财政给企业的上市补贴合计最高可达600万元
江苏省	2019.1.2	南京市发布《关于深化创新名城建设提升创新首位度的若干政策措施》	充分利用上海科创板,打造瞪羚企业等一批高成长型企业,对在科创板上市的企业,一次性给予300万元资助
安徽省	2018.11.26	安徽省《关于大力促进民营经济发展的若干意见》	对在科创板等境内外证券交易所首发上市民营企业,省级财政分阶段给予奖励200万元

续表 9.1

省市	时间	政策	具体内容
河南省	2018.12.25	郑州市出台《关于促进民营经济健康发展的若干意见》	对于在沪深交易所主板(中小板)、科创板、创业板上市以及在境外交易所上市的企业,给予500万元奖补;在全国中小企业股转系统(新三板)挂牌的,给予100万元奖补;在区域性股权交易市场挂牌的,给予10万元奖补
山东省	2019.2.10	济南市出台《济南市加快现代金融产业发展若干扶持政策》	对在上海证券交易所科创板上市挂牌的企业一次性补助600万元

资料来源:各地政府网站

地方发展已悄然步入大区域竞争时代,区域协作、差异化、互补式发展,将成为推动本轮经济发展的特色手段。在创新、协调、绿色、开放、共享五大新发展理念导引下,经济发展、城市建设、生态治理、科技创新、转型发展等多领域的区域协作,将依托区域和城乡一体化发展规划、定期会晤联席会议、数据信息交换共享、人事布局、市场机制等得以落实,带动各地经济社会发展进入一个前所未有的新阶段。与之前各自为政、产业同质化度高的高耗能、高污染、高成本区域发展模式相比较,这无疑是一种巨大的进步。大区域规划至少可以极大程度上缓解区域内部的产业同质化、重复建设问题,回归理性发展,减少恶性竞争,节约集约利用区域内的经济要素,比如土地,降低区域内的总体交易成本。同时,伴随交通、通信的日益发达,区域内人口流动、商贸活动、文化交流合作越来越频繁,这将使得大区域合作日益紧密,为新的繁荣进步积蓄不曾有过的力量。从发展角度看,哪个区域的内部协作机制好,可以集聚人才、降低交易成本、提供优质公共服务(政务、教育、医疗、文化等),哪个区域就可能在人口规模及素养、GDP、综合服务能力、民众满意度上胜出,碾压、吸附其他区域的资源要素包括人才、资本、技术等,出现强者愈强的局面。江苏在长三角三省一市中经济体量最大,产业基础雄厚,区域创新能力强,营商环境好。除了习近平总书记赋予江苏"一带一路"交汇点的定位之外,江苏更是处于长江经济带江海联动的特殊区位。在新一轮发展中,江苏更应加强自身政府服务创新建设,全方位提升政务服务能力,融合创新政务服务模式,为经济赋能、为政务支撑、为发展添彩。

当前,新一轮技术革命和产业变革处于重要的交汇期,新冠疫情叠加美国对华实施"全面竞争战略",给江苏经济发展和科技创新带来较大的风险和不确定性,直接关系到企业研发活动要素选择、产业链的重构、科研院所研究领域的重新审视、金融机构投资领域的调整及政府科技政策选择。

第一,影响创新要素选择和资源配置。在要素供给有限的情况下,企业竞争优势的提升越来越依赖其所处的创新生态系统。在全球化、环境动荡性的背景下,单一组织很难拥有创新所需的全部资源,企业与企业、企业与其他类型组织之间的协同共生成为研究与实践的新趋势。近年来美国发起的贸易战,引发各国对境外投资的限制和知识产权的严格保护,打破了原有的创新生态平衡结构。江苏区域创新系统内企业研发和创新活动所需要的知识、技术、设备等要素和资源受限,不得不寻求替代品或者替代市场,倒逼企业调整研发战略。

第二,加快推动产业链重构和融合。在应对贸易战的过程中,江苏区域产业链耦合性不强的短板也显现出来,很多中小企业都是从事代加工环节,而且都是"单打独斗",与上下游厂商并没有建立紧密的联系。小企业与同产业领域的大企业融通、创新协同不够,没有形成配套协作的供应链关系。国际国内环境的变化,促使我们要推动产业链重构,建设产业生态链,引导企业专注于识别长期的创新合作伙伴,并逐步改进企业的合作和采购管理体系,创造双赢和多赢的合作关系,进而实现小企业与大企业的价值共创。在江苏现有产业生态体系中,各类开发区是最重要的核心枢纽和价值载体。新形势下,江苏要丰富拓展开发区功能价值,推动开发区由传统工业区向产城融合的新城区、配置资源的大平台、涵养产业的生态圈转变。当前的重点是推动产业聚合与城镇发展的有机融合,构建要素匹配、功能齐备、服务完善的"产业—城市"空间复合体。

第三,促使科研院所重新审视研究领域。科研院所作为新知识创造的源泉,在区域创新体系中发挥基础性作用,但与全球领先技术相比,我们在光刻机、高端芯片、操作系统、触觉传感器、核心工业软件、核心算法等方面还受制于人,面临诸多"卡脖子"技术,在高端装备制造、集成电路、高端软件等领域还有很多核心关键技术需要突破,这些核心技术是"买不来"的,需要科研院所去重新审视研究领域,加大研发投入,加快核心技术攻关,在产业关键技术上不受制于人。对于科研院所产生的技术成果,要加快在企业中实现转化,实现与企业的价值共创。

第四,推动金融机构调整投资领域和方向。发达国家的科技创新经验表明,金融在科技创新中起到重要的助推作用,尤其是在3.0创新范式下,金融更是连接各种要素的纽带。但当前无论是银行还是风险投资机构因为对创新项目和产品市场前景判断不准,都对科技创新领域的贷款和投资保持谨慎的态度。外部环境变化要求金融机构更多地关注面广量大的科技型中小企业,提升主动服务意识,创新机制和模式,加大投资和辅导,实现与企业的价值共创。

第五,转变政府在科技创新中的角色。创新生态系统理论表明,技术创新不是"管"出来的,更应该发挥市场在资源配置中的决定性作用。要营造良好的创新创业环境,激发企业家精神,提升创新活力。从法律和制度层面进一步加大对科技企业和企业家权益的保护,持续优化营商环境,让科技企业家有恒心、有信心持续开展创新活动。鼓励企业加强技术创新,积极获取和维护知识产权,有效提升以发明专利为主的核心自主知识产权产出。由政府主导科技孵化器的传统孵化模式转型为市场化运作、专业化机构自发建立新型孵化器提供开放共享服务的孵化模式,促进人才、技术、资本等各类创新要素高效配置和有效集成,吸引更多科技人员投身科技型创业企业,通过高水平的专业服务孵化,打造一批高成长性科技型中小企业。

第六节　积极构建科技创新生态系统的对策

1. 拓展合作的国别区域,深化科技创新交流合作领域

更加重视与欧洲、"一带一路"沿线国家的科技合作,形成与"重要大国""关键小国"的国际科技合作布局。系统梳理国家、部委层面与世界各国的科技合作规划、协议和项目,广泛组织江苏的高校、科研院所和企业参与其中。加强与德国、法国、英国等欧洲主要发达国家的合作,由单向技术转移为主向人才联合培养、技术联合研发转变,本着平等互利、双向合作、资金共担的原则,申报欧盟"地平线2020"计划以及后续研发框架计划项目。建立和拓展与北欧国家、中东欧国家以及瑞士、以色列等国的联系,跟踪这些国家在某些领域的特有优势,充分挖掘潜在的合作机会。落实好"一带一路"科技创新行动计划,加快与"一带一路"沿线国家在科技创新领域的规划对接、资源共享,编织更加紧密的"科技创新朋友圈"。进一步

激发地方积极性,与"重要大国""关键小国"的省(州)、市签订合作协议,构建更加灵活、高效、务实的工作机制。

2. 创新国际科技合作模式,构建多层次全方位的合作关系

支持有条件的江苏科技型企业以独资新建、收购兼并、合资合作等方式,在海外设立研发机构或技术推广中心。在谨慎评估的基础上,鼓励江苏企业海外并购一些拥有先进技术的企业。鉴于欧美保护主义抬头,江苏企业应当采取相对灵活、迂回的策略,循序渐进,不冒进,保持低调,不要急于求成。从小的标的、少数股权投资开始,最好先进行绿地投资,要尽量减少对知名的、规模较大的高科技企业的一次性完整收购,同时尝试收购一些前景较好的初创的科技型公司。在并购东道国的目标企业时,可以采取分步渐进的方式,先进行合资或合作,树立起良好的企业形象,之后再考虑并购。可以先不全资并购,而是控股性并购或接近于控股性并购,待条件成熟后再进一步并购。也可以先少量持股,通过逐步增持的方式谋求目标企业的控股权,既减少欧美国家政府和大众对中国企业突然冒进的陌生感以及企业自身的资金压力,也规避了中外企业合并中经常出现的诸多冲突和操作风险。

发挥江苏在开发区、高新区的建设、运营和服务方面的经验和优势,推动江苏在海外建设国际科技与产业园区,支持中外高科技企业、研发机构、行业中介组织入驻,开展技术研发项目对接。帮助江苏科技型中小企业消除"走出去"的疑虑,为企业搭建全方位服务平台,解决企业国际化过程中面临的实际问题。探索与国外在省(州)、市层面建设联合实验室,汇集各方资源,发挥最大效益,共享研发成果。要建立和完善企业开展重大国际科技合作的绿色通道制度,简化政府审批程序,提高项目审批效率。

全省现有科技计划中增设"一带一路"科技创新合作专项,用于支持合作研究项目和合作创新平台建设。根据不同国家的发展水平、科技实力、优势领域、合作基础、发展问题和合作目的等,发挥特色优势,选准主攻方向,对特定国家和领域采取行之有效的分类施策方式。优先支持已纳入或应纳入双多边政府间合作协议的重大科技合作任务、共性关键技术转移国际合作任务和发起国际科学研究计划的合作任务。

3. 更加积极主动融入国际学术和科技创新网络,打造以我为主的新平台和新品牌

鼓励江苏著名高校和科研院所发挥优势学科的影响力,发起成立国际性学术团体、创办国际学术期刊、举办国际性学术会议,支持江苏学者参加国际顶级学术会议,进入世界顶级学术期刊编审委员会,在世界著名学会、协会担任领导职务。提高江苏各高校主办、承办世界知名学术团体的年会、专业研讨会的积极性,增强办会能力和水平。鼓励江苏高校与国外院校建立友好关系,特别是加强在院系层面的对接,互派访问学者,设立联合科研项目,形成常态化、可持续的交流合作关系。在江苏省的部属、省属高校设立讲座教授,邀请国外知名学者定期前来讲学和从事科研工作。创办大型综合性或专业性科技展会,打造江苏科技面向世界的新平台。积极争取有关国际教育、科技组织在江苏设立分支机构或办事处。以江苏省科技厅或知名高校为依托,发起国际大科学计划,组织实施国际招标科研项目。支持江苏高校和科研院所"走出去",在海外设立分校、分院。持续扩大中国留学人员南京国际交流与合作大会品牌效应,坚持人才与项目并重,举办江苏国际创新创业大赛,吸引有技术的外国专家团队来江苏创业,争取海外知名科研院所、跨国公司来江苏设立研发机构。各级政府要给予专项经费,支持实施一系列国际化的战略举措,使江苏突破国际保护主义的阻碍,逐步占据引领国际学术和科研发展方向的制高点。

4. 厚植国际科技合作的人文精神,筑牢互信合作的社会根基

要讲好中国和江苏的创新理念和创新故事,筑牢社会根基。开展国际科技合作是与各国共享科技成果和创新发展经验,最大限度地发挥科技创新的引领和支撑作用,促进世界的共同繁荣和可持续发展。通过科技交流与合作,以科技创新为引领的新型发展模式得到越来越多国家和地区的高度认同,促进发展理念和愿景相通。要大力塑造中国创新品牌,倡导科技支撑、强调义利兼顾、坚持平等互利、追求共同发展的正面形象。要发挥民间力量的传播效应,例如,以色列科技创业之父索尔·辛格与美国人丹·塞诺合著的《创业的国度——以色列经济奇迹的启示》在中国企业界和科技界走红,对于近年来中以创新创业合作热潮的形成功不可没。

要深化各层次科技人文交流,增进民心相通。要秉承和平合作、开放包容、互学互鉴、互利共赢的精神,与世界各国科技创新界、科技创新政策界和科技智库界

持续加强广泛、多样的交流互动,鼓励和支持国外青年科研人员和大学生开展创新创业合作和交流,形成多层次、多元化的科技人文交流机制和平台,培养一批互知互信、知华亲华、举足轻重的科技创新人才和政策人才,为促进江苏开展国际科技合作奠定广泛、良好的人脉基础。

5. 加强国际科技合作的政策评估、战略研究和风险防控

由科技主管部门牵头,联合重点科研机构、企业和中介服务机构,拟订工作计划和方案,建立江苏国际科技合作进展跟踪评估机制,重点针对合作项目、合作创新平台、科技人文交流、重点合作领域进展状况进行评估检查,定期发布江苏国际科技合作发展报告,及时发现问题,总结经验,提出促进举措,推动江苏国际科技合作的稳步开展。

依托省内知名智库,加强江苏国际科技合作战略研究,重点针对世界重要国家的科技创新现状、发展潜力、重点科技领域进展等问题开展研究,提出与江苏开展国际科技合作的可行性分析报告,探讨双边或多边国际科技合作路径,制定江苏国际科技合作行动规划和路线图,提出针对性强、可操作的政策建议。

开展国际科技合作也面临不同程度的风险,要将风险防范意识贯彻于国际科技合作的全过程和每个环节。在政府层面加强风险防范宣传教育,充分利用使领馆、驻外机构等渠道,加强对合作国政治、经济、社会、文化、科技等信息的全面搜集和整合分析。相关科研机构和企业要充分考虑国际科技合作风险防范问题,加强对合作国政策法律的研究,完善国际科技合作风险防范机制,增强知识产权意识,制定知识产权保护规划,加强涉外知识产权队伍建设。

6. 加强长三角科技创新协同攻关,共建共享区域创新体系

抢抓长三角一体化的重大机遇,通过区域协同,提高区域整体科技创新能力,以更高姿态和水准参与国际竞争。加强长三角科技主管部门的对接,在区域性政策法规制定、联合攻关等方面,建立定期会商机制,着力在国际人才引进与使用、产学研合作政策、科技招商政策、科技金融政策等领域联合出台一批含金量高的改革举措,适应当前形势的变化。加快创新基础设施建设,建立科技资源开放共享机制,有重点、有步骤地联合建设一批高水平的、资源共享的基础科学和前沿技术研究基地。提高科技服务业保障支撑能力,建设以技术检测、专利代理、技术咨询等为重点的中介服务平台,促进江苏优秀科技服务机构获得国际相关组织的授权与认证。推动长三角优势资源整合,加强国家层面的战略研究,深入分析科技、产业领域的现状和发展趋势,找准真正容易被西方国家"卡脖子"的核心技术和产业领域,按照急需、短期、中长期需求分阶段突出重点,联合开展跨地区、跨学科的技术联合攻关行动。借助长三角各自贸区建设的契机,打造"国际人才先行区",探索技术移民的模式与配套政策。共同推进与有关国家开展职业资格互认和行业执业许可,提高跨境执业的便利度。

7. 瞄准科技和产业革命前沿,提升江苏企业科技自立能力

加强江苏企业科技研发能力,对于企业中已经设立研发机构的,要给予财政专项补助或税收优惠等重点扶持政策,着力打造高水平的工程技术研究中心、重点实验室、科研中试基地等创新基础设施,努力培育一批具有世界领先水平的企业技术研发机构。对于中小企业,要充分整合同行业、产业链上下游各企业资源和技术优势,鼓励采取企业联合出资、共同委托等方式合作建设技术中心。建立重点科技型企业名录库,并进行动态管理、精准培育,促进一批中小企业"专精特新"发展,大量培育高新技术企业,重点打造一批高成长性创新型企业,提高江苏的瞪羚企业和独角兽企业的数量和质量。加大政府采购科技型企业产品的力度。设立企业技术创新和自主品牌产品目录,对列入目录中的产品,政府要坚持以优先采购的原则给予企业必要的支持。根据科技和产业革命发展前沿,在人工智能、新一代信息技术、高端装备、新能源、新材料等战略性新兴产业优势行业或细分领域,通过政策宣讲、费用资助等方式,不断提高企业、高校、科研机构和专利代理机构对PCT国际专利申请的重视程度,大力支持江苏企业国际专利申请与布局。

8. 创新优化金融扶持政策,支撑科技型中小企业做大做强

发挥省市产业发展专项资金、科技成果转化引导基金等的杠杆作用,撬动金融和社会资本参与,与国外企业、科研机构和大学开展双边合作,增强技术交流,促进先进技术及成果的引进、输出和转移转化。积极争取亚洲基础设施投资银行、金砖国家银行和丝路基金等金融机构的支持,实施重大国际合作科技攻关项目。

加强对科技型中小企业的融资支持。建立省级融资服务平台,主要是收集科技型中小企业各方面的信息。融资服务平台由线上信息系统和线下服务工作站构成,拥有科技金融体系中企业和金融机构两大主要参与主体的数据库。企业方面的数据库包括融资需求信息库、信用档案数据库及上市企业数据库,金融机构方面的数据库主要包括产品和服务信息库。融资服务平台应具备信息服务、信用服务、决策咨询服务、债券融资服务、股权融资服务及上市培育服务六大服务功能。此外，服务平台还要定期举办融资对接、项目路演，邀请金融机构走进开发区、高新区等活动，增加面对面交流的机会，提高对接效率。

探索建立金融系统共享的企业信用信息网络系统。在央行征信系统的基础上，推动其联动其他银行的中小企业授信系统，建立全省金融系统共享的科技型中小企业信用档案库。同时，根据科技型中小企业的成长规律，联动其他金融机构、投资机构、信用评级机构、会计师事务所等机构研究建立适合科技型中小企业特点的、科学合理的信用风险评级体系，将评定结果纳入档案库，客观反映科技型中小企业的发展状况，为科技型中小企业融资提供支撑依据。健全"无形资产"市场体系。加快建立无形资产专兼职评估机构，出台评估管理办法，将科技型中小企业的无形资产评估制度化、规范化、常态化。以国家级开发区、高新区为试点，建立无形资产产权交易市场，为各种产权主体之间无形资产的资本化流动和重组提供便捷化支撑平台。

研究建立适合科技型中小企业特点的贷款总量定向宽松机制，适当提高对科技型中小企业不良贷款比率的容忍度，建立"尽职免责"的银行信贷人员考核体系。提升银行对科技型中小企业贷款损失的税前核销比例。对为科技型中小企业服务力度大的银行，给予一定的税收减免支持或奖励，有效提升商业银行为科技型中小企业贷款的积极性。

上交所新设的科创板坚持面向世界科技前沿、面向经济主战场、面向国家重大需求，主要服务于符合国家战略、突破关键核心技术、市场认可度高的科技创新企业。江苏的科技型中小企业，特别在新一代信息技术、高端装备、新材料、新能源、节能环保以及生物医药等高新技术产业和战略性新兴产业领域初具规模的"硬科技"企业，要积极抓住机遇，对照科创板的上市条件，加快上市申报准备。建议有关部门研究制定加快推进江苏企业科创板上市的扶持政策，支持企业提升资产证券化水平，对企业在税收、改制、核心技术人员股权激励等方面给予奖励政策，推动江苏科技型中小企业在科创板上市，尽早享受直接融资的红利，并做大做强。

第十章 江苏产业"走出去"战略研究

2008年全球金融危机之后,江苏省经济增速出现明显下行,经济发展开始进入从增量扩能为主转向调整存量、做优增量并存的结构深度调整期,经济迈入新常态发展阶段。各级政府为争取发展的主动权,提升区域竞争力,各地都在积极打造发展新平台,推进经济转型升级,培育下一轮经济增长点,抢占发展制高点。在此背景下,充分利用江苏现有产业基础,积极响应"一带一路"发展倡议,加快优势产业"走出去"步伐,对促进江苏经济提质增效具有重要意义。

第一节 产业"走出去"的现状与优势

一、产业"走出去"的现状分析

从江苏最近几年海外投资的项目总额和项目数量来看,民营企业是江苏对外直接投资的主力军,海外投资的行业主要集中在制造业、租赁和商务服务业、批发业和零售业、房地产业等四大行业,钢铁、水泥、光伏等优势产业境外转移步伐加快。企业通过国际资本市场,购并国外知名品牌、销售服务网络,加快融入国际生产营销体系。江苏承建的柬埔寨西港特区和埃塞俄比亚东方工业园2个国家级境外经贸合作区建设进展顺利,服务功能日益完善,招商引资成效明显。

(1) 装备制造业。全省装备制造业"走出去"成效初显,境外投资项目、中方协议投资额增长显著。2014年1—10月,全省通用设备制造业、专用设备制造业、交通运输设备制造业、电气机械及器材制造业境外投资项目55个,中方协议投资额8.60亿美元,占全省制造业的近一半比例,同比增长156%,项目平均规模达1 563.6万美元。行业内部企业主要通过扩大出口、海外并购、产业链延伸、外设职能部门等方式扩展企业规模、提升技术水平,部分企业积极向产业链前后向延伸,积极打造自主品牌,带动产品竞争力和附加值提升。

(2) 农业。江苏省农业"走出去"发展历史虽然不长,但发展速度较快。农业"走出去"的主要形式也由单纯的农产品贸易逐步向资本、技术、人才等多种形式转变。2014年,江苏省农产品进出口总额达到139.4亿美元,同比增长1.8%,其中农产品出口额为31.6亿美元,同比增长14.4%。农业境外投资金额为4 886万美元,项目平均协议投资金额达到1 138.43万美元。2013年江苏省农业新批项目数达到7个,中方协议投资金额达到7 969万美元,接近8 000万美元大关,均较"十二五"初期有显著增长。全省20家农业境外投资企业2013年底资产总额超过5亿美元,当年营业收入3 576万美元,同比增长570%和330%。

(3) 文化产业。江苏文化产业"走出去"步伐逐步加快。《非诚勿扰》成为中国首个模式和内容输出的节目。《全能星战》成为中国首个模式输出的音乐节目。凤凰出版传媒集团成功并购美国国际出版集团,交易总价款达8 500万美元,成为我国文化企业有史以来最大规模跨国并购。大型龙头企业带动引领作用持续增强,民营企业"走出去"也逐步形成规模。对外文化贸易不断拓展,2014年江苏广播影视产品和服务出口额2 720万美元,其中产品出口1 124万美元,服务出口1 596万美元。数字出版产品出口势头强劲,印刷复制业积极拓展国际市场,工业美术产品、艺术品出口态势良好,版权输出工作总体趋势向好。国际文化交流合作不断扩大,"精彩江苏"已成为江苏较具影响力的对外文化交流活动品牌。新闻出版单位主动参加各类国际书展,将"江苏书坊"建成为实物贸易和文化交流并举的多功能"走出去"基地,探索实现"以出带进""以进养出""进出互补"的良性循环模式。

二、江苏产业"走出去"的优势分析

"走出去"战略成功实施的基本依托是经济的比较优势,对于江苏产业"走出去"来说,则是区域经济的比较优势。

(1) 要素禀赋优势。要素禀赋不仅是现实经济的基础,也是潜在比较优势的表现。江苏是劳动和资本要素的丰裕地区,劳动力素质相对较高,2014年新增专业技术人才44.19万人、高技能人才30.56万人,固定资产投资增长15.5%。

(2) 产业基础优势。经过多年的开放发展,江苏的产业水平有了极大的飞跃,传统制造业稳定发展,并快步迈向中高端,新兴产业和服务业等迅速发展,逐渐成为新的亮点。如高端装备制造业、农业和文化产业都走在全国前列,产业规模较大,产业水平较高。以文化产业为代表的特色服务业也需要并能够"走出去"。

(3) 技术创新优势。近年来江苏全面推进企业研发机构建设,加快了创新资源向企业集聚,企业专利特别是发明专利申请年均增幅超过40%,企业专利申请量和授权量均保持全国第一。有不少产业的技术水平全国领先,有一些填补了国内空白并达到国际先进水平。

(4) 产业集聚优势。开放型经济中,工业园区建设是江苏经济成功飞跃的载体,也是江苏的一大特色。工业园区较好地实现了产业集聚,产业集群不断完善,还形成了一批特色产业基地,集聚区创新载体建设和金融服务能够更好地推动产业"走出去"。

(5) 企业竞争优势。随着产业的发展,江苏已培育了一批具有国际竞争力的行业龙头企业,能够很好地带动江苏优势产业"走出去",缓解国内的产能过剩,增强企业核心竞争力。

第二节　国内外产业"走出去"的成功经验

一、美德日韩对外直接投资经验

1. 美国对外直接投资——垄断优势

美国是世界上开展对外直接投资最早的国家之一,同时也是成功利用对外直接投资推动国内产业结构调整和优化升级的国家。二战结束后,美国利用世界各国恢复本国经济的契机,进一步强化对外资本输出,并在奠定其美元金融中心地位的同时,巩固了其作为世界对外直接投资第一大国地位。

美国的对外直接投资总体上具有以下特点:第一,海外投资竞争优势突出。美国拥有全球最先进的技术以及知名的品牌等知识产权优势,完善的生产管理体系、组织体系和销售体系,以及世界最高水平的信息技术手段。美国的世界500强跨国企业比重超过1/3,能有效地避开东道国的股权控制、税收差异及其他不确定风险,通过差别定价掌握市场。美国通过全球产业布局和投资,形成对本国最有利的国际分工格局。第二,投资布局以发达国家为主。美国大公司在对外直接投资中,技术专利许可和转让占有很大的比重。为了保护自身的利益，美国对外投资企业会要求受让方或合作方必须严格履行合同，保护他们的专利，防止侵权行为的发生。因此，美国公司在选择投资区域时，通常把有较好的知识产权保护环境的国家和地区作为首选条件。此外，很重要的一点是，美国对外直接投资的产业多为技术密集型产业，只有投向经济发展和科技水平相近的国家才能充分发挥规模优势，为此，美国企业投资布局以经济发展水平和法律环境相近的欧洲国家和加拿大为主。第三，对外投资企业大型化特征明显。经过同业兼并、纵向兼并、混合兼并、上市公司兼并以及强强联合兼并，美国大型跨国企业的产业资本与金融资本不断联合，逐步实现了规模巨型化、功能完善化和实力垄断化。因此，美国的对外投资企业基本上以大财团型跨国公司为主体，即以进入世界500强的大型跨国公司为主进行海外投资。

2. 德国对外直接投资——内部化

德国的对外直接投资充分体现了对外直接投资的内部化理论，即所有权优势、内部化优势和区位优势，这三者决定了跨国公司的行为和对外直接投资。德国大众汽车早期对华直接投资的成功经验就反映了这一点。

在所有权优势方面，德国大众汽车通过与中国合资，成功转让其在德国已被淘汰而在中国仍有巨大优势的技术和模具设备，获得了巨大的利润。同时保证桑塔纳国产化率达到85％，符合中国国家政策的要求，最终使得大众能够在中国继续扩大生产规模。内部化优势指为避免不完全市场给企业带来的影响，将其拥有的资产加以内部化而保持企业所拥有的优势。在这方面，德国大众对华投资的160亿元中，超过一半来自银行的贷款，这些贷款由所建的合资企业在经营期间按计划逐年偿还。大众汽车还通过不断的产品研发，将在本国市场已经淘汰的整车技术进行分级并且以收取技术转让费的形式转让给合资企业。在区位优势方面，在整个20世纪80年代，中国有关部门最焦虑的是如何用国产车代替进口车。德国大众深刻领悟中国的意图，始终高举"帮助中国建立民族汽车工业"的旗帜，推进相关车型本土化和高产化，大大改善了德国大众进入中国的环境。

3. 日本对外直接投资——边际产业

日本是一个国内市场相对狭小，资源相对稀缺的国家。日本经济的发展不仅高度依赖国外市场，而且对国内产业结构具有特殊的要求。因此，日本高度重视对外直接投资的产业选择,以边际产业的顺次转移为主要战略,推动国内产业结构的优化升级和实现国家经济的稳定发展。日本的对外投资模式也被总结为边际产业转移论,即随着一国比较优势的变化,逐渐将过去具有比较优势而现在已经不具有比较优势的产业通过对外投资转移到国外。

日本经济主导产业经历了轻工业—重化工业—电子业依次转移的过程,相应地,纺织、钢铁、化工等产业依次成为边际产业,需要向发展中国家转移,以腾出空间来发展优势产业。日本对中国的直接投资就可以印证这一点。当日本的国内成本快速上升时,劳动密集型产业成为边际产业,即日本的比较劣势产业,而中国的劳动力价格较低,劳动密集型产业恰是中国的比较优势产业,因此,当时日本对华投资也多集中在劳动密集型制造业,如纤维服装、食品饮料、电机、机械等。而随着两国经济的进一步发展,边际产业也在发生变化,日本逐渐向中国进行依次的梯度转移投资。日本对华直接投资的主要领域制造业呈现出产业内升级和产业间升级的特点。产业内升级即由中低技术劳动密集型制造业转向高技术劳动密集型制造业,产业间升级即由一般制造业转向装备制造业、由轻型制造业转向重型制造业、由传统制造业转向高技术制造业,化学工业、运输设备、钢铁及有色金属等产业的对华投资比重明显上升。

4. 韩国对外直接投资——市场占领

韩国在对外直接投资中,成功地培育了三星、现代等国际知名跨国公司,走出了一条跨国经营的道路。其对外投资的最重要特点是市场寻求型投资。20世纪80年代末,随着贸易保护主义的抬头,韩国政府开始鼓励企业对北美和欧洲投资以绕开贸易壁垒,对外直接投资从原先的资源寻求型转向市场寻求型。尤其是90年代以来,东亚地区如中国、越南等国的经济快速发展,形成强大的市场吸引力,韩国政府又积极鼓励企业向这一地区直接投资。在1993年,韩国对中国的投资额首次超过美国。中国跃居韩国对外投资对象国首位。韩国对外投资中制造业比例不断上升的同时,对批发零售业的投资比例保持稳定,反映大型企业集团以此来保障在发达国家的市场份额。

韩国的跨国公司多是由出口导向型企业发展而来的。由于韩国国内市场狭小,韩国企业选择劳动力资源丰富的发展中国家进行投资,利用当地的人力和物力,结合东道国的技术水平,开发适销对路的产品。这样既利用本国优势打开了国外市场,又为受资国创造了更多的就业机会,并在一定程度上带动了当地产业的发展,受到了东道国的欢迎。

二、中国台湾对外直接投资——升级驱动

台湾对外直接投资经历了三个过程,都与台湾产业结构转型升级紧密联系。台湾原本为发达国家的出口加工区,在工资与土地价格等生产成本逐渐上升的情况下,原本以劳动密集型为主的出口加工产品已无法生存,因而转往东南亚等工资、土地相对便宜的地方进行投资,因此第一波对外投资以劳动密集型制造业为主。

劳动密集型产业的出走,使得岛内产业结构顺利调整,制造业逐渐向高技术、资本型产业发展,信息电子工业迅速兴起。为降低生产成本,这些产业也将劳动密集部分转向东南亚等国制造,因此第二波的对外投资开始转为与电子产品有关的产业。

1987年新台币升值之后,产品的出口竞争力面临极大的考验,因而促使岛内厂商积极向外投资。随着台湾的产业结构逐渐从以制造业为主转为以服务业为主之后,金融服务业逐渐兴起。由于台湾对东南亚投资金额愈来愈多,对金融服务业的需求与日俱增,为了开拓在东南亚地区的市场,金融服务业逐渐成为第三波对外投资的主力。

三、对江苏的启示和借鉴

总结其他国家和地区的成功经验,对江苏产业"走出去"具有重要的启示和借鉴意义。

第一,始终从自身优势和需求出发来选择投资区域和目标市场。抓住优势产业的比较优势,同时确定目标国或地区的比较优势。市场开发型的产业在选择投资区位时应以目标市场所在地为导向;资源开发型的产业可将东南亚、拉美和非洲资源丰富的发展中国家和不发达国家作为投资重点;追求高新技术和研发的产业可在西欧、北美拥有先进技术和经验的发达国家和地区进行投资;追求效率型的产业应以经济发展水平高的较发达国家或发达国家为投资重点。从江苏的发展阶段来看,在"走出去"产业选择方面,日本、韩国和我国台湾的经验都可以借鉴,在产业

已经"走出去"后,德国的经验就显得非常重要,可以帮助江苏产业从"走出去"到"走进去",在目的国站稳脚跟。

第二,结合江苏产业转型升级调整对外投资方向。国际经验表明,产业结构的转型升级可以在国际直接投资中实现。一方面将江苏成熟的产业转移到经济相对落后的国家中去,延长产品的生命周期,为自身产业结构转型升级争取时间,同时也带动当地经济社会发展。另一方面在发达国家投资高新科技产业,利用其研发和管理优势,生产新技术产品,从而推动江苏产业结构的提升,促进经济增长。

第三,以江苏优势产业"走出去"带动一批江苏企业抱团"走出去"。从产品输出转变为产业输出,从单个企业"走出去"转变为整个产业链"走出去",这种抱团"走出去"的模式效果更好,将改变过去单个企业在海外单打独斗、孤军奋战的局面,也可以避免同行业企业恶性竞争。同产业的企业抱团"走出去"有利于信息共享,资源整合,增强抗风险能力,提高国际谈判中的议价权和话语权。

第三节 产业"走出去"的战略目标

当前,经济全球化趋势向纵深发展,国际资本流动和产业结构调整步伐加快,产业竞争日趋激烈,无论从开拓市场空间,优化产业结构,获取经济资源,争取技术来源,还是突破贸易保护壁垒,培育具有国际竞争力的大型跨国公司,"走出去"都是一种必然选择,也是对外开放提高到一个新水平的重要标志。江苏作为沿海经济大省,在"引进来"的同时,加快实施"走出去"战略,有利于在全球范围内优化资源配置,更广泛地参与国际分工合作,避开国际贸易壁垒,带动资本、产品、技术、劳务输出,对于江苏构建全方位、高水平对外开放体系,拓展经济发展空间,增强综合实力和国际竞争力,具有重要的战略意义。因此,江苏优势产业"走出去"的战略目标主要包括以下几个方面:

1. 参与国际资源配置,利用国外资源和市场

资源是现代经济社会发展的基础,是经济社会发展的重要制约因素。开放型经济要求立足全球,把国内外的各种资源有机地结合起来加以利用,以实现资源的最佳配置。在全球化大背景下,贸易投资的自由化仍是主流趋势,世界上每个国家都在不同程度上利用别国资源作为国内资源的补充,国内外市场日趋一体化,而全

球和区域经济投资和贸易自由化的政策和环境也正在不断消除各种经济技术贸易合作的障碍,使全球资源的整合成为可能,但也造成对国际资源的争夺更加激烈,国际竞争更加深化。当前,我国环境和各类要素资源的约束日益趋紧,中国已成为不少矿产资源的世界第一消费大国。人力资源成本持续上升。江苏主要资源的人均占有量,都大大低于世界平均水平,且改革开放以来江苏经济保持较高增长速度,各种资源的消耗量将进一步增长,面临着土地、劳动力短缺、环境容量有限等日益趋紧的要素瓶颈。随着全省经济进入新一轮增长期,经济发展与部分自然资源短缺的矛盾进一步显现。江苏作为开放型经济大省,更需要统筹国内国际"两种资源、两个市场",树立全球资源配置的战略思维,主动融入世界经济,抢抓发展新机遇,充分利用国外的资源和要素优势,更好地从全球获取人才、资金、技术、市场、资源,拓展发展新空间,在国际间实现资源和要素的合理流动与重新组合配置,全面参与国际资源配置领域的产业分工和市场竞争,形成资源全球化配置的新格局。

2. 推进国际产能合作,有效转移富余产能

对外直接投资产生的出口替代效应,在一定程度上减少与东道国之间的贸易顺差,从而改善与该国的双边贸易关系。我国优势产能"走出去",推动开展国际产能合作,成为今后对外经济合作的新模式。在我国推动产业升级的过程中,传统产业的生产能力大量过剩,如不能及时调整,既影响整个产业结构的升级,又会使企业处境困难。应当看到,这些过剩生产能力中的相当一部分并不落后,技术水平和产品质量符合一些发展中国家甚至发达国家的市场需求。因此,通过对外投资,在全球范围内重新配置这些生产能力,是继续使资产发挥作用,促进国内结构调整,减少调整振动的重要途径。从一些发达国家的经验看,当它们处于中国目前这个结构转换时期时,也是靠大量设备向海外转移,促进国内结构调整和升级的。江苏在船舶、光伏、纺织、服装等行业都具有较大的优势,产业发展水平较高。而同时,前期巨大的投资热情加之金融危机带来的全球经济疲软导致的需求下降,这些行业也存在一定的富余产能未能得到充分利用,形成了资源的巨大浪费。新常态下,江苏迫切需要积极地"走出去",扩大对外投资,在更广阔的空间进行产业布局,使优势产能"走出去"既能促进其他国家的经济发展,也为很多企业找到新出路,为优质富余产能提供海外发展空间,促进江苏对外贸易从"大进大出"转向"优进优出",使产能合作能够"各得其所、互利共赢",在国际经济合作中进一步树立江苏良好的国际形象。

3. 增强企业国际竞争力，培育江苏本土跨国公司

产业"走出去"的关键是企业"走出去"，企业是国民经济的细胞，具有国际竞争力的跨国公司是全球化时代配置资源的主体，是各国参与国际经济竞争的主导力量，是赢得国际竞争优势、获取支配全球资源的主要工具，一个国家和地区的经济实力和国际竞争力，越来越集中体现在跨国公司的实力和竞争力上。江苏省开放型经济发展30多年来，在产业和贸易发展上均取得了一定的成绩，然而却存在行业龙头企业少、重贸易轻投资、重加工轻品牌的现象，大型企业在数量、规模、技术、管理和经营能力等方面与发达国家相比还有明显差距。江苏企业和相关产业"走出去"，直接进入国际市场，可以在更大的范围和更大程度上参与国际经济合作与竞争，从全球获得生产要素和战略资源，不断开拓自身的发展空间，提高国际市场的占有率，最大限度利用和分享经济全球化的机遇和利益，增强在国际市场上的主动权和话语权，增强江苏企业的国际竞争力。江苏通过产业"走出去"，可以在一些代表技术发展方向、市场前景广阔的产业中培育具备技术开发能力和形成世界级品牌的大型跨国公司，从被动嵌入全球价值链转向主动实现全球价值链的控制力，将本土企业打造成全球价值链的链主，增强企业全球价值链整合与国际化经营能力。

4. 抢抓"一带一路"机遇，加快开放大省向开放强省转变

2013年9—10月，习近平总书记在出访中亚和东南亚国家时，提出了共建"一带一路"的重大倡议。依托边境地区互联互通，"一带一路"倡议的实施，为我国产业"走出去"创造出了难得的历史机遇。一方面，"一带一路"大多沿线国家尚处在工业化初期阶段，不少国家的经济高度依赖能源、矿产等资源型行业，本身具有发展的客观需要。另一方面，美欧等西方国家在经历了金融危机后，经济发展出现了资本和产业的回流，即"再工业化"的情况，大规模资金外流的状况很难出现。江苏省具有良好的产业优势和充足的产业资本，轨道交通、工程机械、新型电力机械等装备制造行业发展基础雄厚，拥有大规模基础设施建设的能力。江苏又处于"一带一路"陆海交汇的枢纽位置，是陆上丝绸之路向东延伸、海上丝绸之路向西拓展的重要门户，在促进中国东西双向开放中具有重要的战略地位。江苏"走出去"近年来虽然步伐加快，但与世界贸易强国和周边沿海兄弟省份相比，仍是开放型经济发展中的"短板"，提升的空间还很大。江苏要构建开放型经济新体制，增创开放型经济新优势,实现开放大省向开放强省转变,就必须充分利用"一带一路"倡议机遇,促进更多的江苏优势产业和企业"走出去",形成"走出去"的产业优势,创新"走出去"的方式和途径,带动江苏产品出口、资本和设备等输出,把"走出去"和"引进来"更好地结合起来,不断扩大开放领域,优化开放结构,提高开放质量,形成内外联动,互利共赢的开放局面。

第四节 产业"走出去"的战略路径

1. 优势产业扩张与富余产能转移同步

加快实施产业"走出去"战略,不能仅仅向国外扩张江苏的优势产业。从全球看,由于不同国家资源禀赋、经济发展阶段、生产力发展水平差别巨大,某些行业的产能在一国可能显著过剩,但从某一国际区域来看并不过剩。因此,积极主动地创造外需,不仅需要加大优势产业的扩张,还要与富余产能的转移同步进行,加快江苏产业资本"走出去",积极推进"产能输出"战略,缓解内部的供需矛盾。重点加快江苏传统制造业"走出去",推动钢铁、有色、建材、石化等重化工企业在有条件的国家和地区建立境外重化工园区。加快江苏对发达国家风电设备、多晶硅、光伏太阳能电池等新兴行业的投资并购力度,鼓励国内企业与境外研发机构和创新企业加强技术研发合作。

2. 重点企业领跑与中小企业抱团并举

加快实施产业"走出去"战略,需要重点企业领跑与中小企业抱团并举,充分利用企业集群优势提升整体产业的国际竞争力。建议江苏按照"统一规划、企业集聚、资源共享、整体优化"的思路,依托特色产业,加快推动海外特色园区建设,实现产业升级。中小企业可利用龙头企业的海外渠道,获取信息、承接订单、沟通合作,将产品打入国际市场,避免恶性竞争。建议江苏准备跨国经营的企业,尤其是民营企业可以龙头骨干企业(比如苏宁、沙钢等)为主体,采取集约式合作投资方式,形成规模效应,结成松散型联合体,创造联合体的整体品牌,提升江苏"走出去"企业产品在国际上的整体竞争力;在价值链上某环节有相对优势的中小企业可以充分利用集群优势,依托大企业,以合作投资方式,共同开发国外新市场;也可直接与境外跨国经营主体对接,争取有利的经营环境。

3. 创新驱动目标与投资要素导向并重

加快实施产业"走出去"战略,在积极吸引国外创新要素的同时,还要注重投资要素的导向,形成创新驱动目标与投资要素导向并重。在工业化初、中期阶段,经济发展和产业升级主要依靠要素投入和投资拉动;当发展到工业化中后期阶段,创新驱动逐渐成为推动经济发展和产业升级的主要动力。在进入经济发展的新常态以前,江苏经济增长驱动主要依靠投资要素驱动,依赖外部资源输入及庞大的外需市场,实现经济快速增长。到目前,江苏经济增长的原生优势和良好的外部经济环境已经不复存在,经济增长的动力亟须向创新驱动转换,通过基于完整产业链的多环节系统的技术创新,掌握整个产业链中的各个环节的关键技术,突破国外产业链高端产业的封锁,同时考虑到江苏土地、劳动力、能源等生产要素的大量投入不可持续,仍旧要保持投资要素导向,从而实现整个产业、产业链的升级。

4. 推进海外载体平台建设,提升产业集聚

加快海外园区载体建设,一是坚持精细化和特色化发展路径,加快海外开发园区发展形态创新,重点支持科技创新型园区的发展,提升开发区创新能力;二是支持海外特色产业园区发展,提升海外开发园区集聚能力,积极转移江苏有特色、有优势的传统产业,积极培育和建设先进制造业类、现代服务业类、区域特色类的产业园区;三是支持海外生态工业园区发展,提升海外开发园区可持续发展能力,大力推进开发区发展绿色经济和循环经济,推动产业与生态和谐发展。推进国际化信息平台建设必须两手抓。一方面,提供国际化经营的信息服务。加快建立健全信息服务体系,建立以政府服务为基础、中介机构和企业充分参与的信息网络。建立"走出去"项目信息库,加强对重点国家和地区市场环境、投资环境的分析研究,为企业提供准确、及时的投资环境和市场信息服务。另一方面,推行"走出去"电子政务管理。建立"走出去"业务管理信息系统,实现"走出去"业务信息化管理;逐步实行网上申报和批准证书网上发放;在政府管理平台上搭建各项业务管理子系统。

5. 借鉴成功经验,走多元化"走出去"模式

美国拥有全球最先进的技术以及知名的品牌等知识产权优势、完善的生产管理体系、组织体系和销售体系,以及世界最高水平的信息技术手段,因此美国"走出去"主要通过全球产业布局和投资,形成对本国最有利的国际分工格局,对外投资企业大型化特征明显;德国更多的利用其技术等所有权优势,与发展中国家采取合资办厂形式走出去;日本以边际产业的顺次转移为主要战略,推动国内产业结构的优化升级和实现国家经济的稳定发展;韩国"走出去"主要采取市场寻求型投资以避免贸易壁垒。江苏可以借鉴这些国外"走出去"发展经验,积极探索多元化的"走出去"模式。一是海外工程承包。在拓展海外工程承包业务时,可以采取先易后难、由点及面、从发展中国家边缘市场到发达国家主流市场的推进路径。二是到资源丰富的国家和地区参与资源探测、开采、储备,由此形成通过收购海外资源走出国门开拓国际业务的模式。三是立足于企业核心技术和关键产品,依托产业链收购他国企业,进而在扩张企业规模的同时沿产业链低成本拓展国际市场。四是可以到技术、人才密集的国家和地区设立研发机构。五是依托技术输出拓展国际市场。江苏企业在走出去时也结合技术升级和产业结构调整,通过把原有相对低端的生产环节和流程转移到低成本国家或地区,从而有效实现国际化发展。

第五节 "走出去"的重点产业与领域

一、装备制造业"走出去"

装备制造业是为经济建设和国防安全提供各类技术装备的战略性基础产业,其发展水平是一个地区工业化、现代化水平和国际竞争力的综合反映。江苏经济发展逐渐步入新常态,工业经济发展也处于转型升级的关键时期,为加快转变经济发展方式,优化产业结构,深入实施开放提升战略,江苏装备制造业应更加积极地实施"走出去"战略,主动融入国际市场,拓展资源要素利用空间,积极开展国际产能合作,引导装备制造业巩固现有优势,增强创新优势,培育国际优势,加快本土装备制造业竞争力提升。

1. 江苏装备制造业优势

产业结构持续优化。江苏着力推动装备制造业向产业链高端环节攀升,启动一批重大产业和技术攻关项目。2014年,全省高端装备制造业实现销售收入达11 210亿元,其中新型电力装备、汽车、船舶与海洋工程装备、工程机械等产业链规模超千亿元,轨道交通装备产值636.7亿元。产业上下游配套能力不断增强,协同发展水平明显提高,大型装备集团总成套、总承包能力提升。

创新能力持续增强。现已建立国家级、省级企业技术中心超过300家,占全省总数的50%左右。企业引进吸收创新能力增强,支撑装备产业发展的技术基础逐步巩固,锻造、热处理、表面处理等基础工艺可逐步实现装备产业发展需求。研制开发了一大批国内首台(套)重大装备及关键部件,1 000MW级大型核电机组继电保护设备等填补国内空白,超高压数控万能水切割机等产品的质量标准达到国际先进水平。

集聚发展态势明显。大批装备制造企业向开发区、工业园区集中,先后创建了徐州工程机械等一批国家级新型工业化产业示范基地、张家港石化装备等省级新型工业化产业示范基地,占省级示范基地总数的1/2,培育发展了常州农机制造等一批百亿级特色产业集群。

优势特色产品地位突出。装备行业骨干企业优势增强,以徐工、双良、远东等为代表的行业排头兵,主业更加突出、产品核心技术优势显著提升。起重机械等工程机械产品国内市场占有率第一,城轨和动车牵引制动系统等产量居全国首位,数控成型机床占全国市场的41%,水处理等环保设备的研发制造能力处于国内领先水平,精密模具等一批关键零部件在国内市场保持领先。

2. 装备制造业"走出去"重点发展领域

重点发展轨道交通装备、船舶与海洋工程装备、智能制造装备、新型电力装备和工程机械五大领域。积极提高产品质量、拓展产品应用领域,扩大优势产品和优势成套设备出口。鼓励企业通过并购、独资、产融结合等方式设立贸易、生产、技术和研发机构进行境外投资,积极推动国际产能合作,强化装备制造业领域配套服务发展。针对存在富余产能的装备制造业领域,鼓励企业在国外建立生产基地,加快富余产能转移。加强与"一带一路"及周边国家、新兴经济体国家的合作,紧抓基础设施建设、智能装备、海运贸易和海洋资源开发等方面的需求,积极进行产需对接。

轨道交通装备:加快产业链上下联动、协作配套和市场推广,扩大优势产品的出口销售,进一步拓展产品应用领域,加快推进优势成套设备出口。加大优势领域海外并购、投资力度,积极发展轨道交通装备在国外高速铁路、城际铁路以及城市轨道交通工程的总集成、总承包应用,加快工程设计咨询等现代生产性服务业配套,推进业内产融结合新模式。将轨道交通产业"走出去"从单纯的产品出口向铁路等整体项目建设,再向行业系统和标准输出转型,加快轨道交通制造和海外工程承包两大优势叠加,产生"1+1＞2"的共赢结果。巩固南美、东南亚、非洲等重点市场,加快行业本地化进程,实现互利共赢发展。深入拓展发达国家市场,优化海外产业布局。紧抓"一带一路"倡议机遇,加快谋划布局,加强与沿线国家和地区在轨道交通等基础设施建设方面的交流与合作,支持省内轨道交通装备企业以产业链联盟形式"抱团出海",增强产业整体市场开拓能力。

船舶与海洋工程装备:鼓励企业国际化、跨国化发展,加快整合船舶行业富余产能,提升海洋资源开发前端工程设计和基本设计能力。加快骨干企业数字化、自动化技术改造力度,适应国际造船新标准、新公约、新规范,稳步提升优势产品市场占有率,巩固成套设备出口。健全完善海洋工程装备行业全球销售和服务网点,稳定和扩大船舶出口规模。推进油船、集装箱船、散货船等三大主力船型向规模化、高端化发展,鼓励产能富余企业利用现有造船产能向海洋工程装备领域转移。重点开发各类大型、超大型船舶产品,新型钻井平台,浮式生产储卸装置等,加快海洋关键技术发展。与国外公司开展多种形式的合作以降低生产成本、充实研发设计力量,强化以海洋工程装备出口、境外投资为基础的售后维修等配套服务。依托自身海洋装备产业综合技术优势,加强与"一带一路"及周边国家、新兴经济体国家的合作,紧抓海运贸易和海洋资源开发需求,在研发、制造、贸易、物流等多方面进行对接。

智能制造装备:把握装备产业数字化、网络化、智能化发展趋势,以先进制造技术、信息技术和智能技术在装备产品上的集成和融合为发展方向,重点发展高端智能制造装备产品。突破资源环境要素约束,强化物联网技术在各工业领域的应用,积极开展智能管理、智能装备、数字化车间的综合集成创新,推动生产方式变革,提高产业生产效率。探索智能制造装备行业开放式发展模式,加快智能制造装备输出,通过并购、合作开发等方式,在国外设立研发、技术中心,充分整合与利用全球创新资源和要素资源,集中力量求发展。建设智能装备生产基地,加快实现高精度运动控制等关键技术突破,积极开拓第三方市场,集中优势资源加快全球布局,打造智能制造装备江苏品牌。

新型电力装备:以产业链发展为重点,推进智能电网装备发展,加快超超临界火力发电系统、风电整机、变频变压调速电机等产品和超高压、特高压交直流大型高效节能变压器、全封闭组合开关等输变电成套设备发展。积极参与沿带沿路国家基础设施建设，加大新型电力装备出口，支持重大技术装备直接出口。鼓励超高压、特高压特种及专用（复合）电缆，高强度高等级电气绝缘子及智能化电网关键核心设备开发，提高出口产品质量及产品附加值。积极转移富余产能，鼓励新型电力装备企业通过工程承包等方式参与国外新能源电站建设运营，间接带动省内新型电力装备出口。支持骨干企业在境外建立装备生产基地、研发中心和销售服务中心，扩大江苏新型电力设备国际影响力，鼓励通过境外收购实现企业优势互补。

工程机械：扩大优势产品出口，重点发展大吨位装载机、大吨位汽车起重机、港口机械等产品，提升产业自主配套能力，加大对关键零部件、智能控制系统、液压元件等技术的投入，完善产业链发展。积极发挥徐工集团等行业龙头企业的带动作用，鼓励工程机械企业加快实施国际化发展战略，形成江苏工程机械行业全球布局。设立研发或工程技术中心，充分利用国外尤其是发达国家智力资源和科研设施装备。在海外设立工程机械制造基地，友好和合理利用当地资源，加快本地化发展，为当地提供就业岗位。灵活运用并购、合资等境外投资方式，利用国外企业品牌、技术、销售渠道等资源，扩展产业链，提高企业研发水平，扩大国际市场占有率。

二、农业产业"走出去"

农业由于受自然条件影响较大，又要从外部导入现代要素，发展中的制约因素更多，过程更复杂，是现代化建设中的"关键变量"，在一定程度上也是"慢变量"。当今世界发达国家大都是具有较高农业现代化水平的国家，而农业发展是制约一个国家迈入现代化阶段的重要因素。目前，江苏省已进入后工业化阶段，虽然与国内其他省市相比，农业发展具有一定优势，但农业现代化已不可避免地成为江苏现代化发展的"短板"。因此，通过农业"走出去"实现农业全面对外开放，增强农业国际竞争力，加快农业现代化发展成为江苏当前面临的重要任务。

1. 江苏农业产业优势

企业国际化经营能力不断增强。2014年，农业项目平均协议投资金额达到1 138.43万美元，是2010年的3.28倍，项目平均协议投资金额有较大增长。全省20家农业境外投资企业2013年底资产总额超过5亿美元，当年营业收入3 576万美元，同比增长570%和330%。其中，玖久丝绸股份有限公司境外营业收入达2 100万美元。

农业载体建设水平不断提高。如皋双马化工有限公司、江苏大宏纺织集团股份有限公司等在公司现有产品基础上积极向产业链两头延伸,分别在投资地建立了集种植、加工等为一体的现代农业产业园。

产业总体风险较为分散。农业投资主体分布相对分散,境外农业企业数量排名前两位的是苏州和南通,占比分别为30%和25%,其总和略超过全省企业总数的1/2,其余企业主要分布于盐城、无锡、南京、徐州、淮安和连云港等地。

2. 农业产业"走出去"重点发展领域

种植业:发挥农业种植企业前期优势,加大种植业境外投资力度,建立发展境外种植业基地和现代农业产业园,促进农业企业空间集聚。以水稻、大豆、黄麻、大蒜等基本农作物种植为基础,重点发展葡萄、甜菊叶、兰花等高效园艺作物及油棕、橡胶等工业原料种植和培育。在此基础上,大力发展以相关种植业农产品为原料的农业加工业,加快配套产业建设,提升农产品增值能力,打造江苏农业品牌。

农产品加工业:鼓励农产品加工业"走出去",利用国外优质的农业专用原材料,提高农业制成品质量。引导农产品加工企业向国外优势产区集中,形成境外投资企业之间相互配套、功能互补的产业集群,使农业生产经营主体按照加工需要组织生产,促进农业专业化、标准化、规模化、集约化生产。强化与发达国家农产品加工企业的交流与合作,加快农产品加工技术提升。提高储藏、保鲜、烘干等农产品初加工水平,推动农产品加工向纵深发展,延伸农业产业链和农产品价值链,加强农产品加工副产物和农业剩余物综合利用,推进绿色农业发展。

农产品流通业:在农业技术领域进行合作的基础上,重点建立、健全、完善境外农产品流通体系,尤其要加强农产品加工、储运、贸易等环节合作。打破垄断经营状况,加快农产品市场化进程,鼓励农业相关的生产主体、流通中介组织等逐步嵌入国际农产品流通体系,构成以境外农产品基地为中心、流通中介组织为节点、运输物流企业为链条的农产品流通体系。

农机装备业:充分发挥农机装备产业的技术和品牌优势,在智能化、农产品产地商品化处理、高效节能等农业装备领域进行突破,加大农机装备出口数量。转变农机装备工业发展方式,鼓励支持企业跨地区、跨行业、跨所有制兼并重组,提高产业集中度,培育国家级和世界级的农机装备产业集团。加快农机装备业本地化发展步伐,增强农机装备在投资所在地的适应性,提高农机企业创新能力。鼓励相关

中间品和配件生产企业积极进行境外投资,围绕大型跨国农业装备企业形成集聚,延伸农机装备产业链,鼓励企业规模化发展。

三、文化产业"走出去"

文化产业"走出去"既是我国实施"走出去"战略在文化领域的贯彻落实,也是"中华文化走出去战略"的重要组成部分。文化产业"走出去"包括国际文化贸易、国际文化直接投资,同时也是包含中华文化特质、承载中华文明知识的中国文化产品或服务的"走出去",是提升国家影响力、软实力和国际话语权,塑造良好国际形象的重大战略。

1. 江苏文化产业优势

江苏是文化大省,文化产业发展迅速,产业竞争力不断增强。2014年,全省文化产业增加值突破3 000亿元,占地区生产总值比重超过5%。全省有32家文化类企业、18个文化类项目和9个文化出口项目获国家文化产业引导资金支持,资助金额比2013年分别增长81%、93%、47%,项目数和金额数连续三年居全国之首。由文化部和中国人民大学联合发布的2014年"各省市区文化产业发展指数"显示,江苏文化产业综合指数在全国排名由2013年的第6名跃升至第2名,实现"四级跳",自2012年以来,江苏文化产业在生产力、影响力和驱动力三个维度均呈上升趋势。

2. 文化产业"走出去"重点发展领域

新闻出版:新闻出版业"走出去"不应满足于单纯的版权输出,而要直接在海外布点,通过独资、合资、合作,甚至并购国外出版公司等方式办社、办厂、办报、办刊。积极适应阅读方式的革命性变革,打造江苏出版"走出去"数字网络平台,通过互联网开展出版业务,延伸产品价值链,拓展市场空间,形成以数字化内容、数字化生产和数字化传输为主要特征的新业态,加强数字出版"走出去"步伐。"走出去"的目的地不应局限于韩国、日本、新加坡等与我国有文化渊源的国家,而要利用全球汉语热,进一步发现和挖掘更多潜在的国际市场。

广播影视:广播影视"走出去"要增强节目的"产品"和"市场"概念,形成广播影视"外向型"产业链,组建国际传媒集团开展国际化的节目创意、制作、推广和销售。根据国际传媒市场特点提高产业化、市场化和国际化水平,通过强化产品销售竞争力来倒逼节目的质量,并以此提升传播效果。加强电台电视台新闻机构海外本土化建设,逐步推广信息采集、编辑制作、信号传输、节目推广等环节的本土化运作。拓宽和选择合适的海外发行渠道,打造有国际影响力的影视产品品牌和形象品牌。进一步提高外语译制水平,做好影视节目配音工作,消除语言障碍。

文化艺术:文化艺术"走出去"既要看到其对文化交流、文化外宣的重要性,也要注重"走出去"对扩大对外文化贸易的积极作用,推动演艺业"走出去"的市场化、商业化,变"送出去"为"卖出去"。逐步提高演艺业"走出去"的层次,不仅节目和演员"走出去",还要建立自己的海外剧场,建立集生产、营销于一体的直营企业,除了开展本土化营销,还要进行本土化生产,形成演艺产业对外贸易的新形式,从而占据国际高端市场。大力开展跨界合作,将文化艺术与旅游业、会展业有机结合,延伸产业链,丰富盈利方式。

第六节　加快优势产业"走出去"的对策

1. 强化顶层设计和规划指导

根据国家实施"走出去"战略的总体部署、境外投资产业指导政策、国别产业导向目录和江苏省国民经济发展规划,制定江苏"走出去"的产业规划、指导政策和专项行动计划,明确重点领域和地区,搞好国别投资环境评估,指导企业规避风险,成功有效地"走出去"。各地区要深入研究分析本地区优势行业和企业,根据各自特点,做好"走出去"工作的规划指导。各有关企业要立足自身优势,制定具体实施方案,有计划、有步骤地"走出去"。成立专门的领导小组和专家委员会,为江苏加快推进"一带一路"建设进行顶层设计和总体规划,并提供指导和督导。加强统筹规划,提出江苏推进"一带一路"建设的发展战略及与沿带沿路国家和地区交流合作的规划。

2. 建立企业为主的投资格局

遵循市场原则,明确行业"走出去"过程中企业的主导地位,坚持国有与民营企业并举、大中小企业并举、传统产业与高新技术企业并举,加快培育有层次、有阶段的出口产品生产主体和境外投资主体,壮大"走出去"的队伍主体,把打造"走出去"骨干集团摆在更加重要的位置。加快培育一批具有核心竞争力和行业影响的骨干企业,形成"走出去"储备力量,鼓励通过出口、设立境外销售网点等方式对"走出去"进行"试水"。支持中小企业走"专精特新"之路,提高专业化生产、服务和协作配套的能力,为龙头和骨干企业提供行业配套零部件和服务,引导中小企业通过技术、管理等创新形成新的竞争优势,鼓励中小企业和龙头企业"抱团"组成装备制造业"走出去"产业链联盟,进行优势互补,形成发展合力,打造"江苏制造"品牌。将政府之间的各项交流合作与企业的市场化运营结合起来,以符合国际惯例的方式支持企业发展贸易、承办项目等,带动产业外向型发展。加强对企业"走出去"的分类指导,鼓励和支持有条件的国有、集体、民营、外资等各类所有制企业积极有效地参与国际经济技术合作。加大对民营企业"走出去"的支持力度,授予符合条件的民营企业对外承包工程和对外劳务合作经营资格,鼓励优势民营企业到境外上市融资,为民营企业提供政策、信息、咨询和人才支持。

3. 加大政策支持力度

用足用好各类政策,发挥财政资金引导作用。积极争取国家对外经济技术合作专项资金等各类政策性扶持资金和援外资金,用好省商务海外发展基金,把基金做大做强。优化专项资金支出结构,向"走出去"重点发展领域进行倾斜。通过专业引导资金、科技项目支撑、高新技术企业认定等方式鼓励加大研发力度,提高行业创新能力。重点加大对首台(套)装备研制和应用的支持力度,争取将农机购置补贴、农业生产基地建设补贴等国内农业发展相关支持政策向境外投资企业拓展。落实鼓励企业升级改造和自主创新的增值税转型、进口设备免税、企业研发费用加计扣除等政策,支持企业增加研发投入,通过出口、境外投资等方式主动接受国外技术溢出,开发具有自主知识产权的关键和核心技术。根据避免双重征税协定,采取税收抵免等优惠政策,同时用好减免税和出口退税等不同的配合政策。

加大金融政策支持,创新金融服务。加大金融信贷优惠政策及相关政策扶持力度,进一步加强与中国进出口银行、国家开发银行等政策性金融机构的合作,用足用好出口信贷等国家政策性金融信贷扶持。加强与中国出口信用保险公司的合作,发挥其政策性保险的功能。对高端装备制造等金额较大或能带动国内专利技术和标准出口的战略性新兴产业产品,在出口信贷和出口信用保险方面给予重点支持。在鼓励配套银行业通过新设和收购等方式积极扩大海外经营网络、为企业提供境外融资的同时,扩大境内银行服务范围。创新金融产品和融资服务模式,在提供大众金融服务的同时,重点解决中小企业"走出去"过程中的融资难问题及民营企业的融资担保等问题,为企业"量身定制"多元化、个性化的金融解决方案,逐步建立、健全面向产业"走出去"的完备的金融服务体系。省内各有关金融机构对资信和经营状况良好的企业,要放宽贷款条件,简化贷款审批手续,适当降低贷款利率;对实力强、重合同、守信用的企业经过信用评级后,授予或扩大授信额度。鼓励江苏金融企业拓展经常项目下的履约保函等业务,支持各类银行为江苏企业开办和扩展离岸金融服务,推动各类政策性和商业银行接受境外资产抵押。支持江苏进出口企业在境外设立机构,充分利用国际金融市场,达成有利的结构性贸易融资安排,提升江苏企业的进出口竞争力和财务运作能力。

深化对外投资管理体制改革,理顺政府部门对外投资核准管理体制,逐步实现对外投资由事前审批为主向事后监管为主转变,探索境外投资备案制等行政审批制度先试先行。推行电子政务,实行网上境外企业核准申报和批准证书发放。简化境外投资审批程序,推进海关、商务、外汇等部门合作,重点探索解决"走出去"过程中的资本转移问题,探索建立自由贸易账户体系,加快推进跨境人民币结算业务,为对外投资和经济合作提供更灵活用汇和结算便利。落实海关企业分类管理措施,推进分类通关改革,为企业提供便捷高效的检验检疫和通关服务。

4. 加快人才体系建设

进一步加强"走出去"人才培养引进的规划制定和实施工作,充分发挥境内外著名高校、企业、行业协会和中介组织的作用,实行政府资助和企业自我培养相结合,建立跨国投资与经营人才的综合性培训机制,加快现有人员国际化成长步伐。强化业务、语言、法律等培训,造就一批通晓国际经济运行规则、熟悉当地法律法规、具有国际市场开拓能力的复合型跨国经营管理和技术人才队伍。建立国际商务人才库,积极引进留学、就业海外对相关行业经营管理及市场发展熟悉的专业人才,注重吸纳具有丰富实践经验的"走出去"高层次人才,推动"高层次人才计划"中增加吸引高端跨国投资和经营人才。鼓励企业以岗位、项目、任务聘用等方式引进跨国经营高层次人才,逐步推进企业经营管理"本地化"。

5. 完善政府服务体系

建立和扩大与境外地方政府及相关部门的良好合作关系,充分利用多、双边合作洽谈机制,为江苏的境外投资企业提供强大的政府支持。加强对国家地区法律、法规和政策的研究,加强公共信息服务,提供可靠、权威的境外市场需求、投资环境、法律法规、企业资信信息。尝试编制《中国(江苏)企业跨国经营行为指引》,对海外投资过程中的就业和劳资关系、反腐败、风险及内部控制管理、人权及社会责任、环境保护等方面进行指引。建立"走出去"典型案例、经验教训、预测预警等各类信息的整理汇编和发布机制,发挥行业协会在信息服务、业务咨询、行业自律等方面的作用,构建市场化、社会化、国际化的涉外中介组织支持体系,推进信息共享,形成相互促进的良性反馈机制。加强省级层面国际交流,组织有意向的企业组团到海外进行投资考察,通过境外投资推介会、"走出去"企业战略联盟等方式强化与国外产业、项目的对接,激发企业投资积极性。完善境外经贸合作区等大项目跟踪服务制度与重点企业联系制度,建立大项目库和重点企业库,实行跟踪服务,协调解决重点企业对外投资和经济合作中遇到的审批、融资、保险、招商、人才培训等问题。

加大信息基础设施建设投入,鼓励江苏相关企业,充分利用我国的北斗卫星导航系统,在一带一路沿线国家合作建设北斗系统地面站的网络,积极利用中国科学院南海海洋研究所在南亚国家斯里兰卡建立的热带海洋环境监测站,为江苏在一带一路沿线国家的境外投资提供服务。与境外招商机构开展良好合作,鼓励企业参加"中国投洽会""东盟博览会"等大型投资合作展览会,对于参加国际性专业展会的企业,给予组织单位和参展企业一定补贴或减免相关费用。在省级层面主动加强与"一带一路"倡议国家的官方交流与合作,搭建良好的高层合作平台。积极进行连云港自由贸易港和苏州自贸区的申报工作,积极对接上海自贸区可复制推广的改革创新经验。大力扶持海外园区建设,打造中小企业"走出去"平台。大力推动境外经贸合作区和产业合作集聚区的建设,打造中小企业走出去的平台、产业对接的载体,吸引省内企业、国内企业进驻,以发挥双方政府与民间企业合作优势,达到"抱团出海"的功效。

6. 推进"一带一路"互联互通建设

巩固和发展与"一带一路"沿线国家的友好关系,推进与"一带一路"沿线国家开展多领域、多层次、多形式的交流与合作,签署多边或双边互联互通建设协议或备忘录,推进区域合作和次区域合作。开展各经济体之间基础设施规划的交流合作,把各自的基础设施开发规划与共同推动地区基础设施互联互通目标紧密结合起来。加强以基础设施和交通运输为基础的"硬件"建设,鼓励江苏企业参与投资海上丝绸之路国家的基础设施互联互通建设,加大自身的航空站、港口、口岸、高速铁路、公路等基础设施建设,强化国际海、陆、空大通道的枢纽作用,积极落实在江苏地区率先实施跨境、过境交通运输通道建设,改善本地区的交通通行能力,加强与国内其他区域如上海、浙江、广东等省市以及"一带一路"沿线国家的规划衔接。同时加强以机制和人文互联互通为基础的"软件"建设,推进"有形联通"与"无形链接"。

7. 健全风险防范和应急保障机制

积极探索创新境外投资企业的管理和激励机制,逐步建立与国际化经营相适应的管理机制和分配制度,增强企业对国外环境的适应能力和存续能力。充分利用驻外使领馆、经商处收集的国别信息,为企业进入境外市场提供及时、权威和针对性的投资安全指导。引导江苏境外企业和机构建立风险管理体系,形成相应的分析、防范、控制、应对工作体系,加强产业预警体系建设和信用风险防范。继续完善和推进以政府为主导,企业、行业中介组织、研究机构和驻外经商机构共同参加的海外知识产权保护服务网络,通过培训、信息支持和服务、宣传等手段,提高企业的知识产权保护意识和海外维权能力。积极利用保险工具,对产业的海外市场拓展及对外投资提供全面的风险保障和风险信息管理咨询服务。

第十一章　培育江苏跨国经营企业的战略与对策

加快培育江苏跨国经营企业,是增强江苏企业国际竞争力的重要途径,是拓展江苏开放型经济发展空间、提升江苏开放型经济发展水平的必然选择。在江苏既有的发展优势基础上,应主动适应国内外环境变化,抢抓发展新机遇,理清发展新思路,创造性地走出一条符合国际惯例、体现中国特色、具有江苏特点的跨国经营企业发展之路。

第一节　培育跨国企业的必要性、紧迫性和可行性

培育江苏跨国企业,是在现阶段国际、国内宏观背景下,综合考虑江苏省开放经济发展规律和转型现实要求的必经之路,是江苏开放经济适应宏观经济变化,适时进行战略性调整的有效手段。

一、加快培育江苏跨国企业非常必要

(1)应对国际经济环境新变化必须发挥跨国企业的主体作用。

第一,主要发达经济体对全球经济的贡献出现逆转,新兴经济体陷入低速发展困境,世界经济增长动力仍显疲弱。整体市场信心不足,"投资马车"动力不足,大宗商品市场熊市延续。

第二,美国退出量化宽松政策,在保持资产价格稳定的同时,可能引发国际金融条件变动,造成跨国资本的流动异常,带来新的市场风险,增加了世界经济的不确定性。

第三,中国通过博鳌亚洲论坛等方式参与国际体系,但这与发达国家要维护其主导地位之间存在矛盾,美国试图通过区域性双边和多边谈判来重塑全球贸易规则。

第四,金融危机的警示和新一轮工业革命的孕育使得全球产业呈现出"再工业化、数字化、智能化、绿色化"发展趋势,加之全球能源结构与供求格局的深刻变化,推动国际生产网络重构和全球价值链分工的进一步深化。

第五,美国和俄罗斯围绕乌克兰地缘政治展开角力,国际政治相对平衡被打破。加之美国国会中期选举、布鲁塞尔权力大换班、阿富汗、南非等国大选,都对各国政治架构产生影响,并进一步影响国际关系走向。

面对复杂的国际经营环境和较高的投资风险,增强江苏跨国企业经营能力是现实选择。

(2) 开放经济发展现实要求培育跨国经营企业。

第一,贸易市场风险带来开放经济不稳定性。美国、日本和韩国是江苏省最重要的三个贸易伙伴,但在金融危机中,集中的贸易市场带来了更大的风险,使得以开放经济为发展方式的江苏受到较大影响。

第二,外资市场发展进入瓶颈期。近年来江苏省外资增速呈明显的下降趋势,受国际经济环境影响,跨国公司普遍对新投资谨慎,使得江苏省外资增量大多数源于现有外资增资,外资规模发展空间有限。

第三,企业国际发展空间受限。在遭受金融危机打击后,发达国家"再工业化"趋势抬头,"双反"和特保措施频现,汇率和出口退税政策持续变动,贸易摩擦频发。加之江苏传统生产优势减弱,比较优势的空间逐步压缩。

第四,跨国企业培育要求集群化发展。目前,私营企业是"走出去"的主要主体,但其主要投资区域依然集中在亚洲,投资结构依然处于相对初始的阶段。面对复杂的国际经营环境和较高的投资风险,集群发展应当再次成为江苏跨国企业培育的系统优势。

(3) 开放型经济发展亟待"走出去"进行全球战略布局。

综合国际经验,江苏开放型经济发展大致可以划分为五个阶段。

规模扩张阶段:自1978年改革开放,江苏利用比较优势形成了以外部高级要素、外部市场需求为动力的发展方式,开放型经济发展势头迅猛,成为全球制造业转移的主要承接地,但企业生产处于国际产业价值链低端。

结构提升阶段:"外资主导、两头在外"发展模式存在的问题日益突出,江苏省大力推动以结构优化为主要内容的开放型经济增长方式转变,培育本地企业高级

要素,加快区域要素禀赋升级,逐步由外源依赖向内生为主过渡。

要素优化阶段:江苏部分企业中高级要素大量涌现,区域要素禀赋不断优化,部分本地企业逐步掌握国际分工主导权,其特征主要显示为本土企业拥有大量专利、品牌等高级要素,生产逐步占据产业链高端。

海外布局阶段:江苏本土企业逐步"走出去",利用自身高级要素与他国的比较优势相结合或获取其他高级要素,企业自身寻求更低的生产成本、更广阔的市场等,本土企业"走出去"规模、领域扩张,本土企业逐步成长为跨国公司。

全球化中心阶段:本土企业逐步具备全球化视野,能够根据全球资源环境变化对企业全球化生产进行动态调整,突破国家限制合理利用各国要素,成为名副其实的跨国公司。经济中拥有众多的成熟型跨国公司,公司规模大、涉及领域广、生产链遍布全球。

目前,江苏企业在国际生产网络中地位显著提升,部分企业已经拥有产品核心专利,技术水平达到国际前列,"走出去"和"引进来"失衡的状态已经打破,"走出去"进入快速发展时期,迈入海外布局的关键阶段。江苏跨国企业规模、层次进入新的发展阶段,具备全球化视野的大型跨国公司将大量出现,成为开放经济发展新的支撑力量。

二、以跨国企业为主体拓展开放型经济新空间

第一,土地、劳动力、能源等生产要素的大量投入不可持续,要素禀赋动态变化使得低生产成本优势难以长期持续。土地供应捉襟见肘,"民工荒"成为劳动力供应的一种常态,季节性、阶段性能源供应紧张频现,劳动力禀赋优势伴随人口红利的逐步消失和劳动力成本的逐步上升而丧失。

第二,生态环境保护的迫切要求。伴随污染排放增速降低,污染物排放规模仍持续增加,一旦触及"红线",对生态环境的破坏将进入不可逆的过程,地区发展的不均衡性可能导致部分地区加速接近生态"红线"。

第三,产品结构与国际消费结构不匹配。在江苏经济转型过程中,以加工贸易为主体的劳动密集型产品依旧是主导产品。而伴随"数字化、智能化、绿色化"发展趋势,国际市场需求也相应发生改变,传统产品越发难以满足需求。

第四,国际贸易摩擦频发使得比较优势空间逐步压缩。在经济形势疲软的大

环境下,各国出于对本国利益的维护,保护手段频出,使得江苏以加工贸易为主的产品出口受挫,企业纷纷寻求技术升级、产品转型等新的利润增长点。

第五,部分产业产能过剩和内需不足的双重压力。阶段性大力度投资使得江苏除纺织以外的光伏、钢铁等6大支柱产业存在严重的产能过剩现象,加之以外需市场为主的"两头在外"的市场格局,江苏部分产业面临更大的压力。

第六,广东、浙江等省"走出去"势头迅猛,政府和企业风险意识不断提高,发展路径、发展主体等持续创新,政府支持力度加大,鼓励层面不断深化,"走出去"竞争愈发激烈。

改变这些不利情况和被动局面,必须依靠培育跨国经营企业,走出去拓展新的发展空间,形成新的经济增长点。

三、加快培育江苏跨国企业条件具备、时机成熟

第一,江苏自然条件好,生产要素资源相对丰富,具有良好的制造业产业基础,加之紧邻上海的区位便利优势,成为跨国公司的投资热土,外向经济具有相对稳定的市场和资本来源,支撑和壮大了一批本土企业。

第二,在多年的竞争与合作关系中,本地企业接受了较多的外国管理经验、技术等溢出,地区也具有相对充裕的跨国管理人才储备。江苏开放型经济发展时间长,开放程度高,拥有高素质的开放服务人才和服务政策体系,具有较好的跨国企业发展高级要素和宏观环境。

第三,江苏在长期发展中具有较好的乡镇企业发展基础,近年来大型龙头企业不断涌现。江苏跨国企业集群培育具有系统优势,境外合作园区建设持续推进,招商引资方面成果初现,近年来受到各级政策的大力支持,具有较好的发展前景。

第四,"走出去"作为国家战略,政府推动力度不断提高,国家积极参与区域性双边和多边合作谈判和近期"一路一带"的建设启动,为江苏跨国企业培育提供了良好的市场机遇和政策红利。

第二节　发达国家培育跨国企业经验借鉴

发达国家培育跨国企业,都有抢抓时机、渐进投资和逐渐转型的阶段性特征,具有企业主导、政府扶持和创新发展的特点。跨国企业均经历了从单一贸易型或生产型到贸易、投资和金融一体化的综合性演变。

一、发达国家地区培育跨国企业的经验

美国:在二战中获益颇丰,轻重工业迅猛发展,企业规模膨胀,新技术层出不穷,资金积累雄厚,加之战后欧洲各国对美国经济援助的迫切需求,掀起了美国企业跨国经营高潮。其经验如下:第一,美国企业是以获取利润为首要目标进行跨国扩张的;第二,拥有技术优势,在跨国经营时易取得成功;第三,善于在不同阶段重点投资具有极强竞争力的部门,善于用兼并收购方式进行全球战略重组;第四,自由市场精神使得企业在监管和劳动力方面的束缚较少;第五,美元的世界货币地位给美国企业带来天然便利。

德国:1952年,在大企业被允许对外输出资本的政策利好下,德国开始向国外购买企业。20年间,德国跨国公司数量大幅增加,其世界影响仅次于美国。20世纪70年代之后,德国投资重点逐步由发展中国家向发达国家转移。德国企业跨国经营的成功,主要在于政府的强力推动和民族特征造就的企业特点:第一,在国家层面通过法律手段鼓励和保护对外投资;第二,在金融、财税政策等方面给予优惠资助;第三,通过政治和非商业风险担保防范和降低投资风险;第四,由政府和民间为对外投资提供全方位咨询和技术服务。

日本:企业跨国投资过程具有渐进性,海外投资规模在二战后逐步增长。在20世纪80年代中期之前,日本投资重点区域集中在亚非拉发展中国家,主要是资源开发及制造行业;对以北美为中心的发达国家投资多集中于商业、金融、保险等领域。此后,投资重点转向发达国家。其特点是以抢占国际市场为目的的市场导向型模式:第一,国家产业政策成为跨国经营的主要动力;第二,综合商社是跨国经营的主要组织形式;第三,跨国经营目标明确,投入符合市场需求的异质商品抢占市场;第四,注重跨国经营本土化战略。

韩国:上规模的跨国经营起步于1968年。80年代中期之前,韩国跨国经营以获得资源和利用当地廉价劳动力为目的,主要集中于亚洲地区,业务也主要以资源开发和贸易为主,制造业投资尚未成规模。此后,其跨国经营地区流向及产业分布都发生了较大变化,制造业投资逐步上升。韩国跨国经营在向日本学习的基础上也形成了独特的经验:第一,多采用小规模生产和劳动密集型的技术;第二,多采用当地原材料、零部件和设备等投入进行生产;第三,以低廉价格占领销售市场;第四,海外子公司多采用合资经营方式,但一般掌握相对的控股权;第五,随着企业发展程度的变化,对外投资的产业层次和区域具有不同的阶段性。

二、发达国家地区培育跨国企业的启示

从发达国家的经验看,跨国企业的培育和发展是有规律可循的。第一,国家宏观经济出现贸易失衡、本国货币持续升值、国际收支赤字等情况时,跨国企业发展成为打破僵局的有效手段;第二,国内企业发展达到一定层次,受到内需不足、贸易摩擦增加等内外部客观条件制约时,培育跨国企业成为企业自身生存发展的需要;第三,国家培育跨国企业时在全球经济发展过程中所处的地位,可对企业跨国经营方式、目的和战略等产生影响,并使得跨国企业培育政策重点产生差异;第四,民族特征和文化会使得企业跨国经营中出现各具特征的组织和战略结构以及企业文化等,使其与东道国进行跨文化融合是跨国经营成功的关键;第五,在跨国企业培育过程中,政府政策多关注于企业资金支持、风险控制、减轻税负等方面。

第三节　培育跨国经营企业的总体思路

主要发达国家的跨国经营历程为江苏跨国经营企业培育和经济国际化战略的实施提供了借鉴,在转变经济发展方式的主线下,合理规划跨国经营发展步骤,是成功培育江苏跨国经营企业的关键。

1. 指导思想

面向世界,面向未来,紧紧围绕"两个率先"的核心任务,深入实施经济国际化战略和"走出去"战略,以转变经济发展方式为主线,以提升经济国际竞争力为目标,以改革创新为动力,努力拓展外部发展空间,推进国内与国际产业转移相融合,

形成新一轮对外开放的前沿阵地和参与国际竞争的重要平台,显著提升利用国际国内两个市场、两种资源的能力和水平,有效参与国际产业重组,不断增强江苏经济国际竞争力和抗风险能力,为加快建设经济强省提供坚强支撑。

2. 基本原则

一是统筹规划、合理布局。坚持从长远发展和战略全局出发,统筹规划企业跨国经营发展的方向、目标、重点,优化产业、区域布局,从整体上协调把握"走出去"的步伐节奏。二是突出主业、发挥优势。坚持有所为、有所不为,立足做强主业,充分发挥企业自身优势,以产业关联和战略协同为基础,稳步探索推进战略性新兴产业发展,培育发展新优势。三是立足实际、量力而行。遵循市场经济规律和企业发展规律,把握好企业所处行业特点和资金、技术、人才等方面实力,既要积极进取,又要量力而行,做到没有技术和人才支撑的产业领域避免介入。四是合作共赢、注重实效。坚持自身发展与互利共赢相结合,既要维护企业利益,又要坚持互惠互利,谋求共同发展、和谐发展。既要不断扩大对外投资合作规模,又要注重提高质量和效益,务求发展实效。

3. 战略目标

坚定不移实施经济国际化战略,实现经济国际竞争力、全球要素配置力、对外影响力的较大提升。一是使企业跨国经营成为开放型经济可持续发展的前沿阵地。把"走出去"和"引进来"更好地结合起来,形成经济全球化条件下参与国际经济合作与竞争的新优势。二是使本土跨国企业成为全省经济增长和技术创新的主力军。让国际竞争促进企业升级,提升江苏企业在全球产业链中的地位,引领创新经济。三是使企业国际化成为参与国际竞争的重要平台。加快企业国际化步伐,不断扩大开放领域,优化开放结构,提高开放质量,为江苏开放型经济提供重要的发展平台。

第四节 培育跨国经营企业的关键举措

加快培育江苏跨国经营企业,需要政府的全方位支持,也需要企业的相互合作、努力创新,共同推进江苏经济的国际化进程。

(1) 加快海外园区载体和国际化信息平台建设。一方面,为企业提供国际化经营的各类信息服务。建立由政府牵头、中介机构和企业广泛参与的信息网络,加快建立健全信息服务体系,建立以政府服务为基础、中介机构和企业充分参与的信息网络。建立"走出去"项目信息库,加强对重点国家和地区市场环境、投资环境的分析研究,为企业提供准确、及时的投资环境和市场信息服务。及时通过网站发布政策、国别调研、项目情况等信息,为企业和社会公众提供服务。另一方面,推行"走出去"电子政务管理。建立"走出去"业务管理信息系统,实现"走出去"业务信息化管理,为企业和政府管理部门提供服务。逐步实行网上申报和证书网上发放。在政府管理平台上搭建各项业务管理子系统,更好地为企业服务,接受企业和社会公众监督。

(2) 以综合商社经营模式增强企业跨国经营抗风险能力。一是根据组建综合商社的目的制定规范化的综合商社标准,其出发点在于:具有规模效益,拥有多样化和专业化产品。二是既要限制商社的数量过多增加,又要采取措施提高综合商社质量,形成"以大(公司)带小(公司)"的战略格局。三是政府根据综合商社发展的需要,在信贷、税收、外汇管理政策上制定优惠政策,给予必要的政策支持。借鉴日韩经验,建立江苏综合商社的独立财务公司,对内起银行职能,对外起融资作用。

(3) 创新企业跨国经营的金融服务。一是积极推进银企合作,建立银行与企业的合作平台以及信息共享平台,银行为企业提供绿色便捷服务。建议对于一些特大项目可组织江苏银行牵头,形成多家银行参与的银团贷款。二是完善投资担保体系。设立以政策性融资担保公司牵头、企银担多方联动的江苏省企业"走出去"担保资金。三是大力发展金融创新。支持金融机构加快创新步伐,逐步改变传统的盈利模式,针对不同类型的"走出去"企业设计金融产品,提供差异化的金融产品和服务,如加强离岸金融服务,提供出口应收账款质押贷款、海外资产抵押贷款甚至股权融资等形式多样的产品和服务。鼓励有条件的企业发行公司债、企业债、短期融资券和中期票据等债务融资工具。推进知识产权质押融资、产业链融资等金融产品创新。

(4) 落实支持企业跨国经营财税政策。一是认真落实国家有关财税支持政策,积极支持江苏企业申请国家的专项资金。二是整合江苏现有的各项扶持资金政策,增加扶持和补助力度,创新资金使用方式。广东和重庆近年来每年有 2 亿元和 3 000 万元用于"走出去"企业及相关重点项目的资助力度,江苏的支持力度可以再大一些。充分发挥财政资金的引导作用,吸引社会资本参与对外投资。探索财政资金使用由事后补贴变为事前参与孵化。三是税收支持角度由目前主要侧重于税收抵免等直接鼓励措施,逐步过渡到加速折旧、延期纳税、设立亏损准备金等间接鼓励措施。

(5)提升企业跨国经营综合能力。一是树立明确的目标。循序渐进,先设定较小目标,通过海外投资逐渐积累经验,不断提高经营能力,再向大目标靠近。二是充分进行可行性调查。一方面,充分掌握相关的经营信息,了解产品的销售情况和当地消费者的消费习惯,正确估计产品销售状况。另一方面,掌握当地与企业经营密切相关的信息,如合作伙伴的信用、员工的流动性、基础设施情况、治安情况、当地政府效率、走私情况严重度等。三是善于选择合作伙伴。与本国资深企业联手投资,降低投资风险,选择原料供应商、产品销售商或者技术提供方等有长期合作关系的企业作为合资伙伴,或者由行业集群出资在海外建立新企业。尽量持有合资企业过半的股份,掌握企业发展主导权,在持有股份占少数的情况下,应努力做到在合作经营中拥有否决权。四是加强与地方政府合作。熟悉不同国家文化习俗和政策法律,争取地方政府和民间组织给予更多支持,努力树立良好的国际形象。

第十二章　服务业国际化的战略研究

世界经济越来越明显地体现出服务经济的特点,经济活动正从以制造业为中心逐步转向以服务业为中心,过去那种单纯以制造业为中心,通过增加制造业产值来促进国民经济增长的发展方式正面临着许多制约因素,制造业对整个经济的带动作用随着能源消耗与环境污染问题的进一步加深而逐渐削弱。

目前,我国沿海部分发展较快地区的工业发展已经率先进入"后工业化"时代,制造业发展水平较高,在通过专业化和社会分工使生产服务组织结构实现变革的同时,促使制造业内服务环节在专业化基础上从工业生产体系中分离出来,转变为社会化的第三方服务,这已经成为产业结构调整以及江苏经济进一步发展的重要手段;另一方面,通过服务行为的多样化、规范化也可以满足制造业的多样化、多角度、多层次的需求。因此,大力发展服务业,加快服务业的国际化进程,是推动国内发展较快地区经济进一步发展的重要战略举措。

服务业涉及的范围很广,鉴于生产型服务业在经济发展中具有特殊重要意义,这也成为目前社会经济生活与学界关注的重点。

国际上的服务贸易统计指标体系有两种口径:一是外国分支机构(FAT)统计,主要反映服务贸易开放度情况,如吸引外资和对外投资等;二是国际收支(BOP)统计,主要反映国际服务贸易进出口情况,如创汇与用汇等。根据各类数据的可得性与目前相关部门公认的规范,有关服务贸易方面的数据采用外汇管理局的统计数据,即 BOP 数据;有关服务业国际投资的分析采用统计年鉴中第三产业的相关数据,即 FAT 数据;有关服务业产业发展基础方面的分析也采用统计年鉴中第三产业的相关数据。

第一节　服务业国际化对经济发展的战略意义

1. 制造业整体水平和产品品质的提升，依赖于生产型服务业的发展

现代服务业尤其是生产型服务业是制造业劳动生产率得以提高的前提和基础。没有发达的生产型服务业，就不可能形成具有较强竞争力的制造业部门。有数据表明，20世纪70年代以来，生产型服务作为现代服务业中最具活力的部门，在服务业内部的比重大大增加，并且其发展速度超过了制造业。在服务业内部，发达国家生产型服务的比重超过了50%，在美国达到54.8%，欧盟达到了52.3%，日本达到54%。由于生产型服务业的异军突起，制造业和服务业之间彼此依赖的程度日益加深，传统意义上的制造业与服务业的边界越来越模糊。

经济学家强调指出，20世纪制造业的一项革命性变化就是它与服务业的一体化。而且这已成为全球经济发展的趋势。不仅如此，在现代经济中，随着专业化分工的深化和专业服务外置化趋势的发展，产业竞争力越来越依赖于设计策划、技术研发、现代物流等商务服务业的支撑。作为制造业的延伸，生产服务业为上下游的企业提供专业配套服务，其连接不同地区、不同产业共同发展"黏合剂"的功能随着其分工和专业化的不断深化有机地渗透到整个产业链和供应链之中。包括生产服务业在内的现代服务业已经成为制造业劳工生产率提高的推动剂，在改善制造业的发展环境与技术支持能力，促进制造业生产组织结构变革和分工深化方面越来越具有战略意义。

2. 经济结构高度化需要从以制造业为中心向以生产型服务业为中心转移

在整个社会经济发展的进程中，如果一个地区第一、第二产业所创造的产值占整个地区生产总值的比重过大，那么这个地区的产业结构就是低水平的。随着信息时代的到来，世界经济越来越体现出服务经济的特点，经济活动以制造业为中心逐步向以服务业为中心转变，过去那种单纯以制造业为中心，通过增加制造业产值来促进国民经济增长的发展方式正面临着许多制约因素，制造业对整个经济的带动作用随着能源消耗与环境污染问题的进一步加深而逐渐削弱。就现代工业企业生产运作的整个流程而言，附加值最高的产业链已经不是制造环节，生产服务业作为串联整个生产环节的黏合剂以其高附加值与高赢利率的特点成为企业生产中的战略环节,企业发展的重点也逐渐由制造环节向产前与产后的生产服务转移。因此,发展生产服务业有利于一个地区的产业结构优化升级,是地区经济结构高度化的必由之路。

改革开放以来,我国先后经历了发展乡镇企业、国内大型企业发展壮大和国际产业转移三次重大战略机遇,沿海地区外向型经济及高新技术产业发展迅速,地区内经济相对发达、基础设施完善,其工业总产业、人均地区生产总值与外资利用额均位列全国前列。从某种程度来说,人均地区生产总值与该地区居民对生活服务业需求高度相关,因此沿海地区较为发达的经济体系必然会带来服务业需求的扩大。而部分地区的工业发展已经率先进入"后工业化"时代,制造业发展水平较高,在通过专业化和社会分工使生产服务组织结构变革及发展的同时,促使制造业内的服务环节在专业化基础上从工业生产体系中分离出来,转变为社会化的第三方服务已经成为产业结构调整以及地区经济进一步发展的重要手段;另一方面,通过服务行为的多样化、规范化也可以满足制造业的多样化、多角度、多层次的需求。

3. 服务业国际化可为制造业国际化提供有力的支撑,同时提升产业的整体国际竞争力

在以跨国公司为主要载体的产业国际调整与转移进程中,国际产业转移的重点一直是制造业,但随着社会经济的日益成熟以及服务经济的到来,全球经济出现了由大规模生产(Mass Production)向大规模生产与大规模客服(Mass Customization)并重转变的趋势,国际间产业转移的重点也开始由制造业向服务业转移,其中以生产服务业诸如金融、保险、旅游和咨询等资本技术密集型产业为主的国际产业转移成为新热点。地方服务业通过国际间的交流与转移以获得规模效应、品牌效应,在技术支持以及管理经验、信息获取方面得到改善,这些都为制造业国际化创造了前提条件。因此,推进江苏服务业国际化发展,将为江苏制造业国际化提供有力的支撑。

从更广的角度来看,由于现代科技的迅速发展和广泛应用,金融、技术、运输、通信、信息等生产型服务上升为国际服务贸易的主体。同时,作为沟通全球经济贸易活动和企业跨国生产经营的联系纽带,在构建世界统一市场的进程中,服务业有着传统制造业所根本无法比拟的特殊功能和重要地位。知识密集型的生产型服务业正在成为企业提高劳动生产率和货物商品竞争能力的关键投入,更是企业构成

产品差异和决定产品增值的基本要素。因而,服务贸易对一国或地区物质生产和国民经济增长的调节作用日益重要,对一国或地区国际收支、就业、贸易、国际竞争力等经济生活的主要方面的影响不断加深。大力发展国际服务贸易,可以在提升服务业国际竞争力的同时,提升产业的整体国际竞争力。

4. 沿海发达地区制造业的外移为服务业提供了发展的空间

沿海发达地区工业化进程发展迅速,整个地区高新技术产业群的集聚效应初步显现,集中了电子信息、生物与医药、光机电一体化、新材料等一批高水平的高新技术产业群,高新技术带动制造业结构升级作用明显。最近几年来,为了继续保持核心区域整体经济的高速发展,沿海地区留出空间发展高新技术产业,其一般制造业开始向北转移,这客观上也为服务业的发展提供了必要的空间。一方面,为了满足保留在区域内的高新技术产业群的发展需要,区内的服务产业在运用现代经营方式以及服务技术对传统生产服务业进行改造的同时,积极扶持和发展新兴行业,加大科技在现代服务业中的含量和渗透,发展高附加值生产服务,促进生产服务业产业结构优化升级。另一方面,大批制造业的外移也可以为服务业的发展创造良好的产业政策环境、公平的市场准入环境和社会诚信环境,鼓励和促进生产服务业的市场竞争,增强服务业的辐射带动作用及发展的内在活力,使其向产业化、市场化、信息化和国际化的方向发展。

第二节 推进服务业国际化的战略与对策

一、制造业与服务业并举的产业融合战略

1. 协调制造业与服务业发展关系,重视服务业发展

先进制造业的发展是现代经济发展的根本,沿海地区是我国现代国际制造业基地。以江苏为例,其产业结构一直以制造业为主,2004 年三次产业结构比例为 8.5∶56.5∶35.0,制造业在江苏省产业中占有绝对优势地位。产业发展的棘轮效应使江苏制造业发展膨胀速度很快,从而导致挤压服务业发展的效应。而毗邻的上海市以"四个中心"和为长三角提供服务为战略定位,全力发展服务业,其服务业发展水平在全国居于前列,江苏制造业发达的苏南地区处于上海服务业的辐射之

中。江苏省重点发展制造业对服务业的挤压效应以及上海服务业对苏南地区的辐射作用必将遏制江苏省服务业的发展。由于服务业和制造业存在相互推动和支撑的内在联系,江苏生产服务业发展滞后,不能满足建设国际制造业基地的需要,导致制造业企业不得不发展与自己企业配套的生产服务,然而因为规模限制和专业化程度低的影响,制造业企业技术创新能力低,产品附加值不高,财务和管理成本高,妨碍了制造业效率提高。

所以,在建设现代国际制造业基地的同时,应该充分认识到服务业发展对于促进制造业发展的重要意义,协调制造业与服务业的发展关系,采取制造业与服务业并举的产业融合发展战略。一方面要鼓励有条件的制造业企业向服务业延伸,发展生产服务业,加强制造业两端的服务,并将部分内部服务剥离成独立的第三方服务企业;另一方面要促使服务业向制造业生产过程渗透,增加制造业产品附加值。这样促使产品与服务一体化,使制造业和服务业共同促进国际化发展。

2. 优化服务业产业结构,全面推进产业升级

优化服务业产业结构,应从以下两方面着手:一是改造传统服务业,使传统服务业转型升级。二是大力发展与制造业升级紧密相关的现代服务业。

在我国经济外向发展和经济全球一体化的形势下,传统服务业虽然占据主导地位,但是已经不能满足现代经济发展的需要。例如,目前国内多数从事物流服务的企业只能提供简单的运输和仓储服务,与真正的第三方物流无法相提并论;同时,国内物流成本高于美国。对传统服务业的改造升级应该具有紧迫感,应加大对物流业进行技术改进和生产效率提高的投入,使其改造升级为现代物流业。同样,对交通运输、批发零售、邮电通信等传统行业,也应采取积极措施加快其改造升级的发展步伐。大力发展旅游业、餐饮业等劳动密集型行业,使传统服务行业在现有基础上进一步提高服务效率和出口能力,稳定传统行业的服务贸易发展,以满足服务业结构调整中的规模发展和质量提升的需要。

现代服务业大多是与制造业发展密切相关的行业,因此,要立足于建设国际制造业基地和推进服务业发展壮大的现实需要,在政府权力配置范围内全方位地加强对现代服务业的支持。大力发展金融、保险、法律、会计、信息咨询、工程设计、研究开发等服务行业,不断提高其发展的质量和水平,努力拓展国际服务贸易出口,使现代服务业与国际接轨,使其在支撑国际制造业基地建设和参与国际竞争中真

正的发展壮大起来。

总体上,要通过对传统服务业的改造升级和现代服务业的大力培育,优化服务业的产业结构,提高服务业的整体发展水平,使传统服务业具有现代服务业的高服务水平和高附加值,现代服务业具有传统服务业的规模,从而全面推进我国服务业国际化水平。

二、产业与区域的非均衡发展战略

我国有着规模庞大的事业单位,这既加重了自身负担,又影响了服务业的健康发展。因此,要促进服务业产业化发展,首先要区分市场化服务和公共服务,对于市场化的服务领域坚持推进市场化、产业化发展,推动营利性业务走产业化道路。对于基础公共服务,即需要以政府作为主要供给者的服务领域,包括基础公共卫生、公共教育服务、基础研究、大型基础设施建设、社会安全和公民利益保障行业,政府要加大投入并加快形成保障供给的体制安排。可以预见,对服务业领域竞争性和公益性服务行业进行区分和改革,可以减轻政府负担,推进服务业产业化发展,同时,这也是实施服务业国际化必须做好的基础工作。

在全面推动服务业产业化的同时,必须确定服务业优先发展的重点行业。为了满足制造业国际化深化发展和现代服务业及其国际化的发展要求,应该优先发展具备以下特征的行业:一是当前比较薄弱的基础行业;二是对国民经济发展具有较大影响的行业;三是科技含量高,发展前景广阔的新兴行业;四是产业关联度强的行业。结合上述依据以及国家关于进一步加快服务业发展的政策意见,应该重点发展现代物流、信息服务、金融保险业、旅游会展、商贸流通业、中介和专业服务业。

我国东、中、西部服务业发展极不平衡,服务业发展明显呈现出从东到西阶梯分布的特点,且东西差距越来越大,反映出各地区服务业发展规模和水平与经济发展总体水平的相关性。由于服务业各地区和行业发展的不均衡,服务业发展要做到全面发展和重点突破相结合,参照确立的服务业重点发展行业,根据各地区的服务业发展水平和经济发展需求,规划好近中期内应当予以优先发展的服务行业。沿海发达地区要根据工业化中后期、城市化水平相对较高的特点,大力发展技术密集型、资金密集型服务业。换言之,就是要重点发展生产型服务业,这一方面可以支撑国际制造业基地建设,另一方面可以积极促进生产服务业本身的发展,使苏南地区向产业服务化、服务国际化方向发展;中部地区应根据特大工业企业集中的特点,大力发展资金密集型、劳动密集型服务业,通过为制造业企业提供专业服务来带动服务业发展;西部地区现阶段应根据制造业还不发达、服务业市场发育程度较低的特点,围绕提高城市服务功能,大力发展劳动密集型等目前比较薄弱的基础和传统的服务行业,为服务业发展扩大有效需求。

三、以服务市场开放促进服务出口的国际竞争战略

在全球化背景下,所有产业和区域都处于开放的全球市场中。在全球范围内,服务业是全球化程度最高的产业,服务业跨国投资占全球总投资的60%。我国服务业市场开放程度相对制造业而言还比较低,目前,在服务业的44个行业中,除零售、商业代理、房地产代理、旅馆、旅行社、娱乐、计算机服务等7个行业外,其他行业外商投资比重不到5%,其中20个行业不到1%。由于服务市场开放涉及国际收支、国家主权和国家安全等,因此对于相关的服务业行业——主要是现代服务业行业,如金融、信息等产业市场管制较严,开发步伐缓慢。事实证明,开放程度最低的行业往往是竞争力最弱的。我国近年来签署了一系列双边和多边经贸合作协议,服务业市场将会有进一步较大开放。

推进服务业国际化应该采取积极的市场开放的战略,主动参与国际竞争,融入国际服务业市场和产业分工体系之中,争取通过市场开放提高服务业的国际竞争力。市场开放的内涵是多角度的,从资本投入来说,既要对外资开放,积极引导外资投向服务业,也要对内资开放,允许民营资本同外资一样自由进入服务业,形成多元投资竞争合作,相互促进的发展局面。同时,要鼓励有条件的服务企业走出去,积极参与国际竞争与合作,通过与国际服务业的接轨,逐步提高服务业的国际化水平。从服务业国际贸易方面来说,要立足省内市场,以引进促进各种形式的服务出口,强化国际服务贸易战略意识,特别是以推进服务业出口为重点的战略意识。要认识到引进的目的是促进国内服务业发展以及出口,积极引进技术、知识含量高的生产型服务。

1. 加快扩大服务业对民间资本的开放

我国民营经济的发展已经从传统服务业拓展到现代服务业和制造业。民营企

业在服务业的投资有所增长,但多数行业所占比重仍然很小,这主要是因为很多服务业行业对民间资本严格限制。因此,应该加快服务业对民间资本的开放,凡是对外资开放的领域都应该对民间资本开放。不应该认为引进外资比引进内资更能促进经济增长,相反,外资由于诸多不确定性因素影响,撤资的可能性很大,引进民进资本才是服务业和服务出口发展的根本所在。要给予民间资本和外资相同的待遇,改变民间资本"非国民待遇"和外资"超国民待遇"的不公平状况。如在零售业的开放过程中,政府将黄金地段转让给外资企业,而民营企业却没有平等竞争的机会。服务对民间资本开放和承接国际产业转移并不矛盾。只有当大量的民间资本进入以后,服务业才能有发展活力,才能更好地承接国际服务业转移,并储备服务业国际化能力。

2. 积极引导外资进入国内服务业

外资在国内投资主要集中于工业,而外资对服务业的投资比重偏低。服务业中外资主要活跃在房地产业、社会服务业、交通运输、仓储及邮电运输业和餐饮业,而其他行业外资投资比重很低,大多数在 0.1% 左右。这主要是因为我国对这些领域的进入限制比较严格。另外,与上海相比,多数省份在服务业引进外资方面缺乏积极性。上海比较注重现代服务业招商引资,成立了招商信息处,并委派专人在北美、欧洲、日韩及我国港澳台地区设立办事处,专门负责针对现代服务业的招商引资。上海政府有关部门还组织海关、工商、华东银行等部门到香港去,吸引香港物流公司在上海投资。可见,引导外资进入服务业与政府部门的努力是分不开的,所以各地方政府相关职能部门要学习上海经验,充分重视服务业引进外资,根据国家承诺的及时开放,国家鼓励的尽早开放,国家未明确的要争取开放的"总体原则",积极鼓励外资投向服务业。对服务业引进外资项目在使用土地、税收方面给予一定的优于制造业外资引进项目的优惠,简化外资服务业进入的审批程序,打破服务业的行业壁垒和地区壁垒,积极引导外资投向服务业领域,通过引入外资服务业,激活国内服务企业的竞争潜能,提高服务业发展的总体水平,为企业开拓国际市场创造条件。

国内有的地区已经认识到服务业引进外资的重要性。如江苏南京市出台多项政策支持现代服务业发展,吸引外资进入服务业。凡是世界 500 强企业、世界知名品牌服务企业和跨国采购中心在宁投资,在符合城市总体规划的前提下,尽量满足投资商的第一选址要求,优先供地。因此,应该在制定政策时以实际的政策优惠积极主动地吸引服务业外资,同时,各地区应根据自己的情况,因地制宜地吸引服务业外资。

3. 开拓国际服务市场,鼓励服务业出口和服务企业"走出去"

服务业同制造业一样,有大量的外部资源和巨大容量的国际市场可以利用,因此要加大服务业对外资的引进力度,但是引进是为了促进走出去,服务业要大力开拓国际服务市场,推进服务业国际化。开拓国际服务市场具体来说,就是要积极促进服务业出口,鼓励有条件的服务企业"走出去"。

在服务业出口方面,根据前述分析可见,我国服务业出口的主力仍然是运输、咨询为主的传统服务行业,而金融、保险等现代服务业行业出口比重微乎其微。为此,我们要在继续促进传统服务行业发挥优势,扩大出口规模的基础上,重点发展生产型服务业,大力推进生产服务业的出口,要对国际服务贸易企业给予政策倾斜与扶植,尤其是加大对知识、技术密集型服务贸易企业的扶植力度,完善财政、信贷等优惠措施,致力于提高服务贸易企业的国际竞争力。由于国内服务业的产业基础比较薄弱,因此目前具备"走出去"实力的服务企业还很少。正因如此,政府部门应该在政策上扶持具备一定国际竞争力的服务企业,指导和支持它们"走出去"。通过扩大本土服务业的出口能力和优秀服务企业直接"走出去"进行境外服务业投资,我国服务企业逐步与国际服务企业接轨,从而推进服务业的国际化。

四、政府主导与市场主导相结合的管理战略

长期以来,政府直接干预或通过国有企业对服务业实行严格的管制,把服务业从市场竞争中隔离出来,导致服务业发展缓慢、效率低下,影响了服务业国际化水平的正常提升。因此,政府应尽快转变职能,从直接管理者转变为协调者,使服务业资源配置以市场导向为主,但是这并不意味着政府消极推出服务业,放任服务业自由发展。服务行业很多行业,如金融、电信等是关系国家经济与政治安全的敏感行业,加上多数服务产品生产和消费不可分割的特殊性,所以服务业主要通过国家的立法和制度环境来实现对其管理。因此,为了使服务业正常、有序的发展,并逐步参与国际竞争,政府的作用就会举足轻重。因此,政府部门之间的相互配合和扶持政策的配套实施,为服务业国际化建设一个良好的制度环境,对推进服务业国际

化具有十分重要的意义。

1. 加强现代服务业基础设施建设

现代服务业基础设施主要是信息技术设施和通信系统。计算机和通信系统给国际服务贸易带来了时空压缩效应,使服务贸易变得相对可存储或异时异地交易,给服务贸易增加了许多可贸易的途径,因而成为现代服务业国际化的基础,如跨国金融服务、医疗服务等。因此,为了推进服务业国际化,政府应加大对现代服务业基础设施的投入,提高现代服务业基础设施水平。在对外开放中,应在立足发展民族电信产业的基础上,逐步开放电信市场,引进国外新近的电信技术设备和管理服务方式,给电信业发展提供借鉴。在对内管理上,针对电信服务水平还有待提高的问题,要打破垄断,鼓励具有经营条件的民营企业进入电信市场,形成有效的竞争格局,通过对内对外的双向开放,加强现代服务基础设施建设,从而提高江苏服务业出口能力。

2. 加强人力资本与科技投入

现代服务业出口以高知识技术密集型为主要特征,人力资源是技术和知识的源泉和载体。人力资本在服务业出口中尤其重要。同时,服务业出口中的技术因素越来越重要:一方面,现代服务业中的技术含量较高,而且技术对传统服务业提高服务效率也很重要;另一方面,随着科技在生产中的应用,货物出口的技术集约化必然带动服务出口。所以,要想提高服务业国际竞争力,就要提高劳动力素质和技术水平,加大对教育与科技的投入。我国政府一贯重视在教育和科研上的投入,但是纯粹企业牵头的重大科研项目相对较少,目前的教育和科研水平与发达国家相比还显不足,应继续重视并加大对教育和科研的投入,通过培养高素质的服务业人才使我国在国际服务业市场上不断提高竞争力。

3. 完善服务业统计制度

准确的服务贸易和投资统计数据是政府制定政策的依据,关系服务业国际化的长远发展。目前,国内服务业统计不太完善,服务贸易和投资统计的数据与实际的差距很大,服务业统计急待完善。因此,在现有的统计研究成果的基础上,结合国家服务贸易统计指标体现的调整,借鉴上海的国际服务贸易统计工作经验,政府各相关职能部门应加强协调与沟通,使服务统计逐步接近实际情况。这有利于发现服务贸易中存在的问题,对修正相关政策措施,促进服务业国际化有十分重要的作用。

4. 建立服务贸易与投资的法律法规

由于服务业产品的特殊性,难以通过海关进行监管。因此,服务贸易与投资的法律法规对服务业国际化发展具有关键作用。长期以来,我国服务贸易,投资立法严重滞后,与服务贸易、投资广泛的内涵和发展要求相比存在很多不足,一些重要的服务业没有法律约束,而现有的法律法规不完善,甚至相互冲突,这在一定程度上影响了我国服务业的国际竞争力。因此,在与国家外资、外贸法以及GATS制度原则接轨的基础上,政府应加快各服务部门的立法进度,完善服务贸易、投资的各项法律。

五、加强区域服务合作的联合战略

1. 加强与地区间的服务合作

各地区除了加强本身的服务业发展外,也要通过彼此合作来加速推动服务业国际化。以地处长江三角洲经济发展板块的浙江省和江苏省为例,要实现服务业国际化发展,首先要协调好与长江三角洲地区其他省市的发展关系。长江三角洲地区目前已经成为第二个区域经济的"发展极"。随着上海作为国际经济、贸易、金融、航运中心地位的逐步确立,其对周边地区以及全国相当部分地区的辐射能力将进一步增强,长江三角洲区域经济协调发展趋势的增强对江苏服务业发展和国际化的影响也越来越大。浙江和江苏在长江三角洲地区如何更好地接受上海的正面辐射效应,建立其有效的苏、浙、沪经济发展联动机制,促进服务业外向型发展至关重要。

上海的现代服务业在全国范围领先,服务门类齐全,功能发达,在金融、保险等现代服务业领域具有突出的基础和优势,在传统的交通运输、邮电、餐饮、批发零售等行业具有较强的竞争力,社会服务业发达,科学研究及综合技术服务发展水平较高。位于上海旁边的浙江省和江苏省,现代服务业发展虽然稳步提高,但是远不及上海的发展水平,在运输、邮电等传统服务行业仅仅具有一般性优势。在科研及综合技术服务方面发展不足。因此,整体服务业发展与上海相比不在同一层次,而且差距还相当大。但是苏、浙两省的制造业发达,发展很快,对生产型服务业的需求与日俱增,在本省服务业却不能满足其需求情况下,上海服务业弥补了这个需求空白,由此导致周边城市与上海在服务业上的竞争甚至摩擦加剧。为此,浙江省和江苏省应该充分认识到自身服务业发展的不足,着眼于上海的产业发展规划和布局,要主动接受上海辐射,与上海展开错位竞争。同时要立足于本省的经济发展规划的长远目标,在建设国际制造业基地的同时,大力发展与其相适应的生产服务业,促进省内先发地区形成先进制造业与先进生产服务业相结合,相互支撑、互动发展的主导产业群,从而缩小本省服务业与上海的差距,逐步推进国际化进程。

2. 加强与香港和澳门等经济特区的服务业合作

香港和澳门在我国经济发展中占有独特的地位,其现代服务业发展水平明显高于内地,因此,在发展服务业和提高国际化程度时,要特别注重与这些地区的服务业合作。

2004年1月1日起实施的《内地与香港建立更紧密经贸关系安排》(CEPA)对服务贸易的开放要求尤其突出,涉及金融、保险、物流、会展、广告、旅游、房地产等17个服务行业,这为内地和香港服务业的双向开放,为引进香港现代服务业提供了良好的发展机遇。随着CEPA的实施,内地服务业吸收外资明显增长。因此,应该充分认识和重视CEPA给内地服务业国际化带来的发展机遇,充分利用CEPA的优惠条件推动内地服务业的国际化发展。

总之,要充分利用CEPA优惠政策和与澳门经贸合作的条件,主动加强与香港和澳门地区在服务业方面的联系,积极引进两地先进服务业,使其对内地服务业企业起到示范作用,通过竞争与合作促进内地服务业企业发展壮大,向国际服务业市场进军。

第十三章 提高外事服务水平促进企业"走出去":以南京为例

21世纪的城市化是在经济全球化与信息化背景下大规模开展的,运输和通信成本一直不断地下降刺激了商务活动和人员的流动,尤其是向中心城市的集聚。在经济全球化时代,国家发展的竞争主要是核心城市间的竞争,我国正处于从经济大国成长为经济强国的重要阶段,在新一轮城市发展中城市国际化成为内在趋势。

南京作为特大城市和长三角区域中心城市,只有不断加快城市国际化步伐、提升城市国际化水平,才能有效汇聚全国乃至全球的资金、技术、人才、市场等种种经济要素,实现各种经济要素的合理配置,提升创新驱动能力,提高经济发展质效,适应国际竞争的需要,推动南京市可持续发展。

党的十九大报告指出,我国社会主要矛盾已经转化为人民日益增长的美好生活需要和不平衡不充分的发展之间的矛盾,城市建设发展也是这样。随着生活水平的提高,南京市民对美好生态环境、开放城市功能、特色人文氛围以及先进社会治理的需求逐步增加,迫切需要与之相适应的国际化城市管理水平和国际化城市运行效率。

第一节 江苏企业"走出去"的背景

一、江苏企业"走出去"的发展过程

1. 起步阶段(1979—2000年)

20世纪80年代中期以后,尤其是1993年以后,对外投资的审批、管理和监督等方面走向规范,体制逐步完善,政策开始配套,为中国企业的国际化经营铺垫了基础。江苏在这一阶段,已有少数企业尝试"走出去",2000年共批准34个境外投

资项目,中方协议金额 1 783 万美元。

2. 兴起阶段(2001—2007 年)

2001 年中国加入世界贸易组织开启了中国企业国际化的崭新篇章。"引进来"与"走出去"相结合战略纳入中国经济发展的总体战略之中,成为中国国家发展战略的重要组成部分,国务院各相关部门制定了相关的管理法规和配套措施,涉及简化审批程序、提供资金支持、扩大进出口经营权范围、财税管理、外汇管理、外派人员审批、海外经营保险等,为全面实施"走出去"战略奠定了基础。到 2007 年,江苏的企业对外投资已有一定规模,仅 2007 年就批准了 252 个境外投资项目,中方协议金额 46 784 万美元,分别是 2000 年的 7.4 倍和 26.2 倍。其中民营企业境外投资发展尤为迅速,2007 年新批准项目 155 个,金额约 30 005 万美元。在此期间,江苏省境外投资的项目类型也呈现多样化。与 2000 年相比,贸易型项目在 2007 年增长了约 37 倍,非贸易型项目增长 24 倍,境外资源开发项目从无到有。同时,江苏对外经济合作发展迅速。江苏对外承包工程和对外劳务合作分别达到合同金额 400 569 万美元和 51 874 万美元,分别为 2000 年的 6.8 倍和 1.3 倍;实际完成营业额分别为 344 919 万美元和 71 087 万美元,分别比 2000 年增加 5.9 倍及 1.3 倍。

3. 发展阶段(2008 年至今)

江苏企业快速发展跨国经营,境外企业的平均投资规模不断扩大,境外企业持续发展能力不断增强。2008 年以后对外直接投资增长尤为迅速,每年在 50% 以上,中方协议投资额 2008 年为 6.35 亿美元,之后依次突破 10 亿美元、20 亿美元、50 亿美元大关,2014 年江苏核准对外投资项目 736 个,中方协议投资额为 72.2 亿美元,同比增长 17.6%,首次突破 70 亿美元大关。中方实际投资额 41.8 亿美元,同比增长 32.3%,居全国第四位,且大项目支撑作用显著,千万美元以上项目投资额占比近八成。从新批项目数上看,江苏对外直接投资以民营企业为主力军,民营企业的数量远远超过其他类型的企业,表明本土企业的对外直接投资意识已经增强。同时,江苏境外投资方式由新设向收购兼并拓展,企业通过国际资本市场,购并国外知名品牌、销售服务网络,加快融入国际生产营销体系,并由分散向集中拓展,境外经贸合作区建设加快,成为江苏企业境外投资的重要平台。

境外投资直接在当地进行生产、销售,可以规避贸易壁垒,带动了江苏设备、原材料及散件的出口,有利于优化外贸增长方式。通过境外投资,可以获得更稳定、更廉价的战略资源,也可加快部分高能耗、产能过剩的企业向境外转移,可缓解资源环境瓶颈压力;并购和境外研发中心建设,有利于本土企业更便捷地进入国际市场,更便利地获取国际先进技术,最终提高企业的国际竞争力。

二、推动江苏企业"走出去"的必要性

1. 江苏的企业国际化水平落后于先进的沿海省份

江苏的对外投资规模水平明显滞后于经济发展水平。与浙江、广东等地相比,江苏的对外直接投资占地区生产总值的比值仍较低,还达不到全国平均水平。可见江苏对外直接投资的总体规模不大,滞后于其经济发展水平。同样,江苏缺乏大型或者行业龙头企业,根据2013年中国跨国公司前100的排名,江苏仅有3家企业上榜,且排名靠后,而广东和浙江省均有8家大型跨国企业,山东省则有7家。排名前50名的企业中,江苏仅有沙钢一家企业,排名47位。

2. 传统的外向型经济模式不适应新的发展需要

长期以来,江苏外向型经济得到持续快速的发展,成为经济增长的引擎,特别是在经济全球化的格局下,江苏通过吸收FDI以及承接国际代工订单被纳入价值链的全球生产网络,快速调整了产业结构,实现了经济的腾飞。但在参与全球化分工过程中,江苏大多只能介入低技术的劳动密集型的生产环节,获取低端加工生产的低附加值。

在国际金融危机背景下,外向型经济面临着增长动力机制的转换和更替、产业结构的调整与升级、要素资源的优化配置,以及宏观运行环境和微观运行基础的重大变化,传统的外向型发展模式难以为继。2008年下半年以来,包括江苏在内的东部地区的出口大幅度下降,一批出口企业及配套企业减产、停产甚至倒闭,传统外向型经济的发展模式实则具有较大的脆弱性。

3. 全球资源整合能力的提升是企业转型升级的内在要求

资源的稀缺以及现有资源整合不力已成为制约我国企业走向世界,成长为跨国企业的根本原因。在以低端要素嵌入全球价值链发展的过程中,江苏的企业大多局限于生产功能的建设和完善,以大规模、低成本取悦国外订货商,对自身及其产业升级空间的选择重视不够,只有少数企业成功转向全球价值链中研发、设计、

品牌、营销等较高端的升级道路。只有主动实施国际化战略,培养国际性产业集群,构建支撑国际性产业集群的功能性平台,加强与国际同类产业集群和有关国际经济组织的联系,才能真正实现产业集群升级和企业的转型升级。

事实上,在全球价值网络模式下,海外子公司在跨国公司网络中的角色地位越来越重要,成为跨国公司全球价值网络节点,是跨国公司的创新能力来源和跨国公司持续竞争优势的源泉。由于路径依赖,江苏的企业及产业集群进入了锁定状态,进而影响了可持续发展。在产业的全球价值链中,应加快集聚国内外先进要素资源,积极走出去才是企业转型升级的有效举措。

4. 全球贸易保护主义泛滥的破解途径之一

当前,国际贸易壁垒增多,贸易摩擦增多,导致出口成本与风险增大,出口市场萎缩,出口数额下降。江苏是出口大省,面对国际上越来越严峻的贸易摩擦形势,江苏不可避免地成为"重灾区"。2012年,江苏遭遇贸易救济调查超过100起,贸易摩擦涉案金额上升至120亿美元。

发展对外投资既是一个国家经贸发展进入高水平阶段的重要标志,也是避免贸易摩擦的有效方法。20世纪60年代,为绕过贸易壁垒,减少贸易摩擦,巩固和提高日本产品的市场占有率,日本开始大规模增加对欧美各国的直接投资设厂。丰田、日产、本田、马自达等日本汽车公司相继在美国进行投资生产,直接导致美国对日贸易逆差的下降。

江苏在贸易保护的压力下,对外直接投资项目数和协议金额均呈快速增长态势,企业"走出去"势头迅猛。特别是在遭遇贸易保护较集中的行业,以通用设备制造业为例,近年来对外投资增长迅猛,2011年约为2009年的5倍,达到24 496万美元。其次在通信设备、电子与计算机及其他电子等行业,对外投资项目也有较明显的增长。

5. 缓解省内能源资源约束需要加大境外开发的力度

在成为"世界工厂"的同时,江苏也遇到相当大的资源瓶颈,全省95%以上的能源、98%以上的有色金属资源,都需要依靠省外和国外两个市场供给。特别是有色金属供给的紧张,直接影响了企业的后续发展。无论是传统的轻工业、汽车制造业,还是电子信息产业等,都离不开有色金属资源的投入。进入新一轮经济增长周期以来,一些重要大宗能源资源供给矛盾加剧,对国际市场依赖加深。未来,伴随工业化城市化的推进,特别是相当一段时间内重化工业的扩张,能源资源矛盾可能还将持续或加剧。因此,十分需要扩大江苏的"资源版图",推动有实力的企业开展国际化经营,加强海外资源的合作与利用,充分利用海外资源。

第二节 南京企业"走出去"的现状和问题

一、南京企业"走出去"的现状

南京市企业"走出去"发展经历了30多年发展,2016年度境外投资规模达30亿美元,规模增长了3千多倍;对外承包工程2016年完成营业额达到37亿美元,规模增长了近60倍。截至2016年底,在宁企业累计在世界六大洲的105个国别和地区兴办境外企业(机构)986家,中方协议投资额达到104亿美元,围绕房屋建筑、工业建设、交通运输、电力工程、石油化工、地质勘探等领域,开展对外承包工程近3 000个,累计签订合同额230亿美元,完成营业额210亿美元。

自2013年起,在宁企业的发展规模及国际竞争力明显提升,进入"走出去"快速发展期,主要特点如下:

1. **投资数量及规模增长**

2013—2016年,共计4年时间内投资项目数超过500个,中方协议投资额达75亿美元,总量占比超过70%。2016年175个境外投资项目中,1 000万美元以上的大项目数达43个,中方协议投资总额为28亿美元,当年占比超过90%。对外承包工程4年期间累计完成营业额达109亿美元,总量占比超过50%。2016年对外承包工程项目中,千万美元以上大项目135个,完成额达到30.7亿美元,当年占比超过80%。

2. **经营主体发展壮大**

"走出去"发展境外投资中,国有企业相对稳健,而民营企业保持高速发展。2016年我市民企境外投资中方协议额达到25.5亿美元,占比超过80%,成为境外投资的主力。"走出去"开展对外工程承包经营业务的企业中,依然以央企、省属企业为主。其中中材国际(南京)、江苏省建集团、中石化南京工程、中江国际、南瑞集团为代表的一批国有企业已成长为具备较强总承包实力的知名国际工程承包商,

多家企业进入 ENRTOP250 榜单。

3. 境外并购高速增长

近年来,我市境外投资模式已由最初的设立贸易类分子公司,逐步发展到开设生产加工企业为主的绿地投资,再到近期以跨境并购为主的多领域合作,投资方式不断向多元化、高端化发展。其中 2016 年我市企业在海外并购项目 43 个,中方协议投资总额近 11.6 亿美元,占全市总量的 39%。合作领域也进一步延伸,重点围绕技术合作、品牌并购、优势产能合作等领域展开,广泛开展参股并购,国际化程度显著提高。

4. 境外投资结构进一步优化

受政策影响,境外投资总量较 2016 年同期出现较大降幅,1—8 月统计数据显示,全国、全省均下降 40% 左右。我市得益于较为完整的产业结构提供了大项目支撑,整体形势略好于全省同期,1—8 月中方协议投资额 16 亿美元,同比下降 25.5%,但产业结构得到进一步优化。2017 年以来的境外投资项目中,制造业投资中方协议投资 10.2 亿美元,占比 64%,房地产、娱乐业等限制类领域"0"投资,符合国家境外投资结构调整方向。其中南京埃斯顿先后收购英国翠欧公司,参股美国巴瑞特公司,以及设立意大利研发中心等,在智能制造行业与欧美国家进一步加强技术合作;三胞集团 8.19 亿美元并购美国丹德里昂医药公司项目已顺利交割,成为我市单体最大海外并购项目,也是我国企业首次收购美国原药开发生产企业,加快了三胞集团在大健康领域的布局。此外,落实国家发改委及省政府要求,中江集团主导、投资 2 亿美元设立中国-阿联酋产能合作示范园一期项目。这些重大项目在一定程度上反映了我市"走出去"投资发展新方向,未来将围绕产能合作、高端制造、生物医药等领域,加快国际市场的参与程度。

5. "一带一路"基础建设合作加强

我国在"一带一路"沿线国家地区基础设施互联互动领域的合作不断加强,"一带一路"合作项目保持增长。2017 年 1—8 月份我市企业积极赴"一带一路"沿线国家承揽对外承包工程项目,新签合同额达 18.7 亿美元,占全市新签合同总额的 58%,同比增长 137%。其中南化建设承揽的文莱 PMB 千万吨炼油石化一体化项目一期基础工程,合同总额近 25 亿人民币,成为 2017 年该地区最大承包工程项目。同期赴"一带一路"沿线国家和地区投资项目11个,中方协议投资额2.78亿美元,同比增长70%,其中最大项目为中江国际牵头落实的中国-阿联酋产能合作示范园项目,在境外投资整体趋于收缩的态势下,该区域发展较为突出。

6. "走出去"合作发展热点地区变化

境外投资在经历了早期设立贸易平台,开展基础资源合作为主的初期阶段以后,投资的热点方向已由原来的新加坡等地区,逐步转向技术更为先进、市场成熟度较高的欧美地区。2017年1—8月,我市投资欧美地区的中方协议投资总额超过10亿美元,占比超过60%。此外,受政策引导,也开始了在"一带一路"沿线地区以开展国际产能合作为目的的境外产业园项目等。对外承包工程方面,作为我市传统热点地区的亚洲和非洲市场出现了分化,其中亚洲市场完成营业额达17亿美元,同比增长40%,延续了去年以来的快速发展势头,而非洲地区同期完成营业额7亿美元,同比下降4%,总量规模进一步缩小,但降幅有所减小。

二、南京企业"走出去"的问题

1. 法律法规与监管体系不完善

长期以来,发展外向型经济被理解为对外贸易和吸引外资,对外投资未得到应有的重视,对外投资的立法滞后,从现有的法律法规来看,只有法律效力较低的部委规章和政府有关主管部门的内部政策,且这些规章和政策缺乏整体设计,相互之间有机联系不足,系统性、长期性、稳定性较差,不适应对外投资的发展需要。同时,商务部门与其他职能部门特别是一些垄断型行业部门之间利益的冲突缺乏一定的协调机制,使得商务部门在推动企业"走出去"中的作用受到影响。

2. 融资担保制度不完善

境外融资担保支持不力是江苏企业对外投资遇到的主要难题之一。国内市场没有及时接轨国际惯例与贸易投资规则。一方面由于国别性金融管理差异,特别是江苏企业在当地没有信用记录,江苏企业在境外融资渠道单一,只能向国内银行申请贷款,难以获得国外金融机构全方位的金融支持和服务;另一方面国内银行由于无法对境外企业进行评估而不愿接受境外企业资产担保,尤其江苏对外投资大多是中小型项目,达不到中国进出口银行、国家开发银行等贷款利率比较优惠的政策性银行的政策门槛,企业融资困难更大,导致企业的投资风险和成本进一步增加,有的项目甚至由于缺乏后续资金不得不暂停。

3. "走出去"支持服务体系不完善

国际经验表明,在企业海外投资经营的初期,政府的政策支持和合理引导是非常必要的。目前南京总体对外投资尚处于起步阶段,与之匹配的政策和支持体系却尚未完善。企业普遍感到境外投资基础信息、技术培训等公共服务的需求得不到满足。大多数企业,尤其是民营企业很难享受到政府在财政、信贷、税收等方面的支持,在激烈的海外市场竞争中难以取得有利的竞争地位。承担重要服务角色的中介机构有助于有效地降低交易成本及投资风险,但江苏面向主要对外投资市场的中介服务平台建设仍不健全,部分地区依托当地骨干企业建立中介服务平台,但建成后的平台主要为本企业服务,很难发挥资源共享的公共服务平台作用。

4. 境外载体层次有待提高

境外经贸合作区是降低企业投资风险、扩大走出去规模的有效渠道。从对外投资的行业分布来看,江苏对外投资主要集中在加工制造、批发零售、商务服务、房地产和采矿产业。但从江苏拥有的两个企业投资平台——柬埔寨西港特区和埃塞东方工业园区两个境外经贸合作区来看,不仅都位于极不发达国家,而且都集中在加工制造领域,属于降低生产成本的成本导向型对外投资,而在同样具有对外投资需求、层次更高的资源导向、市场导向、技术导向对外投资领域则缺乏相应的企业投资平台。相比之下,在我国现有 19 个境外经贸合作区中,有不少立足于资源导向或市场导向,更好地解决了国内资源短缺、易受贸易壁垒缺乏营销平台等问题。

5. 民营及中小企业融资困难

如今民营及中小企业是扩大国际业务往来的重要力量,包括"走出去"等企业国际化战略,更是离不开中小企业的积极参与。但和大型跨国企业相比,中小企业在国际化经营中确实存在短板,特别是缺少融资渠道。大部分中小企业规模不大,成立时间短,且经营组织形式多样,无疑使得金融机构平均成本和边际成本比较高,增大了银行审查、监管的难度,银行直接发放贷款较少。同时中小企业由于资信水平低、经营风险大等固有缺陷,很难达到直接上市融资的要求,而在企业债券市场上看,中小企业很难取得发行债务融资的资格,只能在非公开的资本市场上,小范围发放企业债券,以满足对资金的需求。

6. 企业自身技术能力有限

企业国际化需要企业拥有较为先进的技术。尽管近几年南京企业"走出去"的质量和档次有所提高,出现了一批技术含量较高的生产项目,但总体来说,南京产业目前正处于从传统经济向现代经济的转轨过程之中,现代工业部门大部分属于劳动密集型产业,资本密集型产业和技术密集型产业刚刚起步。多年来制造业领域关键技术依靠国外的状况没有得到根本改变,大多数企业还不具备强大的对外投资所需的所有权优势。同时,多年来出口劳动密集型产品和利用外资相结合的成功使企业缺乏对外直接投资的积极性,忽视对外直接投资规避贸易壁垒、开拓国际市场的积极效果,特别是在产业层次上的积极意义。虽然少数企业成功实施了海外投资项目,但大部分企业仍然缺乏对外直接投资的动力。

7. 企业缺乏必要的对外投资策略

目前,南京的境外投资主要是由企业自发地、零星地产生和进行的,带有一定的偶然性,对海外经营的产业和投资区域策略研究深度不够,企业海外投资路径选择的战略研究较为鲜见,对企业对外直接投资所面临的种种风险尚未进行深入的透视与理性分析,容易导致海外直接投资跟风,实施过程中问题重重、投资失败。原因主要有两类:一是以国有企业为主的一部分大型企业只知迎合政策,盲目冒进,在对外投资过程中缺乏全局性的战略理念,更有不少企业仅为贪大求功,不计成本,急功近利,因此导致企业对外直接投资的失败率比较偏高。二是有不少中小企业"走出去"意识不强,更不愿花成本请专业的服务机构对对外直接投资做可行性分析或产业定位、市场调查等,对海外子公司或分公司的目标定位不高,单纯满足于短期内的利益,往往不容易成功。

8. 企业对外投资的信息和人才获取不对称

尽管有不少企业走上了国际化经营的道路,但信息获取的不对称,是他们遇到的一大瓶颈。特别是在国际行业、重大经济背景变化等方面,企业本身尤其是中小企业往往不能及时补充信息,企业和行业协会、商务部门等的沟通仍需较大改进。国际化人才十分匮乏,同时具有国际化视野和国际资源整合能力的人才难求,也是江苏企业在"走出去"道路上的无奈。从目前的情况看,江苏缺乏一批专业化、国际化水平较高、专门服务于企业对外投资的行业咨询公司、会计师事务所、律师事务所等中介机构,企业海外信息获得渠道不畅通,多依靠从经销商处获得,在没有合作伙伴的市场收集信息比较难,且无法判断信息的准确性。

9. 企业缺乏国际直接投资和经营的经验

整体来看,江苏企业的对外直接投资仍处于摸索阶段,主要表现在以下几方面:一是合作伙伴选择不当。如江苏飞达、小天鹅电器公司、开源机床厂等都曾有过因合作伙伴选择不当而影响投资成功和效率的教训。二是企业的管理水平难以适应海外投资的需要。一些企业自身的组织机构不够健全,公司治理结构不规范,导致企业对海外分支机构缺乏有效的监督和管理,特别是在财务方面存在较多的问题。三是本土化能力差。目前,境外投资企业大多使用本国的员工,这样不仅提高了成本,也影响了企业的本土化经营。

第三节 推动企业"走出去"的经验借鉴

一、典型国家(地区)的经验

1. 美国

美国是世界上最大的对外直接投资国家。美国企业能顺利地进行对外直接投资与美国政府的大力支持密切相关。美国政府通过设立有关机构如美国进出口银行、美国海外私人投资公司、美国贸易发展署、美国小企业局等向美国企业提供融资、信息及其他服务,通过采取鼓励政策和措施,扶持有关企业开拓国外市场,进行对外直接投资。美国政府对投资的保护与鼓励政策体系健全完善,主要包括健全的法律体系、税收优惠与鼓励、对外直接投资保证制度、资金扶持与援助和提供信息咨询服务等。特别是在信息与咨询服务方面,美国政府主要通过国家行政机关或驻外使(领)馆所设的经济、商业情报中心,以及海外私人投资公司等机构来实现对投资者的情报服务,以便其抓住商机,提高其投资的经济效益。这些部门形成了健全的信息网络体系,为企业提供从项目考察设计、论证到组织实施全过程的信息咨询和操作服务,从而降低了企业对外直接投资的风险。

美国政府为本国企业提供的信息服务,不仅包括提供有关东道国的宏观经济状况、法律制度、行政管理制度和要素成本等信息,而且还通过建立美国对外直接投资企业的数据库等方式为一些发展中国家的企业服务,为双方企业寻找投资伙伴提供方便。此外,美国政府还通过政府机构的出版物,组织研讨会、投资洽谈会等方式为本国计划对外直接投资的企业提供服务,或组建赴海外投资考察团,为投资行为牵线搭桥,直接帮助跨国公司寻找投资机会,有时还提供某些东道国特定产业和特定投资项目的信息,为本国企业寻找特定的投资机会。

2. 日本

日本政府自20世纪60年代根据国内经济发展的需要,鼓励企业投资国外发展,随后的支持、援助力度不断加大。其海外投资促进体系包括健全的法律体系、对外直接投资保险制度和资金支持、信息提供等。海外经济合作基金是日本政府促进和扶植国内私人对外直接投资的专门机构。其主要职能是向投资者提供国内进出口银行及其他金融机构难以提供的资金援助。日本继美国之后于1956年,在世界上第二个创立了对外直接投资保险制度。除提供外汇险、征收险、战争与内乱险三种一般政治风险担保外,还特别对资源开发领域给予保险。日本贸易振兴协会及各级地方政府所属的企业振兴协会等组织为企业提供了周到的对外直接投资咨询服务。民间组织的商工会议所、商工会和中小企业事业团等机构也通过举办讲座和进修班、进行专家咨询和建立信息网络等多种形式,积极为对外投资企业提供各种帮助。

3. 新加坡

为了促进对外直接投资,新加坡对对外直接投资企业提供税收优惠和直接的金融支持,通过设立对外直接投资保证(或保险)制度和对外直接投资国际法律保护来保护对外直接投资企业、避免政治风险损失。新加坡还利用现有的或新设的对外投资促进机构为对外直接投资企业提供信息咨询、劳工培训和技术援助等服务。例如,新加坡经济发展局从20世纪80年代后期开始,为对外直接投资提供便利,在海外办公室建立了投资机会数据库,为企业提供对外直接投资信息和机会。1992年新加坡制订了鼓励对外直接投资(尤其是对亚洲地区投资)的"2000年地区化"计划,成立了国际企业发展战略事务局分析国外投资市场潜力,帮助新加坡企业抓住投资机会。

二、启示与借鉴

从总体来看,国际上通行的对外投资母国政策措施大致可以分为两类:一是旨在鼓励本国对外投资的各种优惠政策措施;二是旨在引导和保护本国投资者的信息咨询和保险保障制度。从前面一些国家(地区)对外直接投资的分析可以看出,这些国家(地区)的政府在促进对外直接投资过程中发挥着不可或缺的作用。这些国家(地区)的政府都有一套较为完善的促进服务对外直接投资的政策体系,政府通过建立必要的对外直接投资保证(保险)制度,签订双边投资保护协定和避免双重征税协定等措施来保护本国(地区)投资者的合法权益,提供财政金融支持、信息咨询服务,鼓励和引导企业对外直接投资。在企业对外直接投资的过程中,政府对企业的扶持和鼓励起着十分重要的作用。这对于南京构建和完善海外投资促进体系具有重要的借鉴意义。

第四节　企业"走出去"的风险与障碍

1. 政治风险

政治风险是指东道国由于发生战争、政变、内乱、破坏和恐怖活动、政权更迭等状况,也包括政府征收、政府违约、延迟支付等行为而导致的不确定因素和造成损失的可能性。例如,2011年2月爆发的利比亚政治危机就是典型的政治风险。当时我国在利比亚开展投资合作的企业共有75家,包括中国铁建、中国建筑、中国中冶、葛洲坝集团等13家央企,在利比亚承包的大型项目一共有50个,涉及合同金额188亿美元。动乱使中资企业在人员安全、企业财产等方面都受到了威胁,多家中资企业的项目驻地遭袭,中方驻利比亚的项目基本都停止了施工,我国政府还进行了大规模的撤侨行动。

政治风险是企业"走出去"面临的最大风险,是最不可预期、最难掌控、最难应对的风险。对我国企业而言,政治风险可以分成两类:一类是没有特定针对性的,在东道国投资的任何国家的企业都会面临的风险;另一类就是特别针对中国企业的风险,尤其在一些西方发达国家,"中国威胁论"甚嚣尘上,往往对来自中国的投资抱有偏见,认为投资行为有政治背景和战略意图,会"危害国家安全",因而对中国企业的投资并购百般阻挠。2005年中海油并购美国优尼科的失败就是例证。在未来,针对我国对外投资的政治风险和政治因素干扰还会继续增加,并将长期影响我国企业"走出去"。

2. 经济风险

当前国际政治经济格局深刻调整,发达国家经济复苏缓慢,我国经济实力大增,对外投资的快速增长就明显地反映了这一特点。出于维护本国经济利益的考虑,一些国家的产业开放度和投资自由化、便利化程度下降,对来自国外的投资采取了限制性措施,主要体现在准入政策的变化上。例如,澳大利亚曾在2009年提出把外资对澳大利亚主要矿业公司的投资比例限制在15%以内;2011年巴西出台法令,禁止外国人、外国企业和外国控股的企业购买或并购拥有土地所有权的巴西企业。一般而言,发展中国家更加注重扶持本国民族产业的发展,希望外资能帮助解决劳动力就业和技术转移等问题。发达国家则担心并购后技术被拿走、工作岗位丢失。这些对外来投资的矛盾心态和实际阻碍都增加了我国企业"走出去"的困难和成本。

经济利益的调整和争夺还会导致汇率、利率、债务违约等风险。近几年来,美国等国家出于本国经济利益的考虑实施量化宽松的货币政策,对全球市场注入流动性,加剧了企业的汇率风险,使企业的海外资产缩水、利润下降。

3. 对外投资的信息不对称风险

尽管我国已有不少企业走上了国际化经营的道路,但信息获取的不对称,是他们遇到的一大瓶颈,特别是在国际市场、行业发生变化的情况下,企业自身尤其是中小企业往往不能及时补充信息,企业和行业协会、外事、商务等部门的沟通仍需进一步加强。

4. 融入当地社会的障碍

每个国家都有各自不同的国情,到国外投资就要面对新的制度、文化和环境。(1)法律制度不同,特别是在税收和劳动用工方面,中资企业遭遇的困扰不在少数。很多企业在投资前没有对东道国的税收制度进行详细了解,出了问题往往只能选择忍气吞声。如果说不熟悉税制带来的是资金的损失,那么不熟悉劳工法律还会产生不良的社会效应,特别是涉及员工工资、解雇与裁员、工作时间、工作环境、休假等问题时，处理不好就会引发纠纷、罢工、抗议示威，严重的还可能发生冲突，不仅导致企业利益受到损失，对企业形象也是巨大打击。因此，了解和遵守东道国法律是企业"走出去"的必然要求。(2) 文化的不同，既包括国家和民族的文化传统，也包括企业和商业文化。在跨国并购中，70%的并购没有实现期望的商业价值，而其中70%失败于并购后的文化整合，这就是著名的跨国并购"七七定律"。如果不能应对好文化差异，就可能造成误解和误判，甚至导致水土不服。(3) 生态环境问题，我国有些海外投资项目被叫停就是因为可能会破坏自然景观或造成环境污染。入乡随俗要求企业融入当地社会，成为当地社会中的一员，切实承担起企业社会责任，将企业发展与当地经济社会发展和民众利益结合起来。

第五节　外事服务推动南京企业"走出去"的主要举措

外事部门作为全市对外开放合作的最前哨、建设国际化大都市的第一线，具有工作涉外程度最高、外事资源最多、国际合作信息最灵、干部国际交流经验最丰富等特点。要以"最先一公里"的理念推动工作重心前移，发挥对外交往的探路者、对外合作的先遣队、海外利益的维护者的特色功能，拓展地方外事工作的内涵和外延，从传统的以外事接待为主转向新的发展目标，把服务国家外交战略和南京发展有机结合起来，促进南京在对外交往中资源的集成、优化和配置，推动外事与全市涉外部门业务的深度融合，构建开放型、协同型、创新型的大外事工作格局，从而进一步集聚资源、拓展渠道、构建平台，为南京企业"走出去"牵线搭桥、保驾护航。

1. 用足用好国家外交战略布局中蕴涵的发展机遇，加强南京对外工作的谋篇布局和总体设计

国家外交战略统筹发展与安全，涉及双边、多边、区域和次区域合作，在维护国家安全的同时，蕴涵着丰富的发展机遇。特别是"一带一路"倡议包含了政治、经济、文化、科技、人才、教育、旅游、智库等多方面的合作内容，是我国扩大对外开放的重大战略举措和经济外交的顶层设计，也为南京的发展带来重大机遇。外事部门应主动对接，积极融入，充分发掘国家外交战略中蕴含的发展富矿，深入研究各个对外战略中经济和人文的合作项目，结合南京的发展需要，政府、企业和社会三轮驱动，将一系列发展机遇转化为南京经济社会发展的强劲动力。在服务国家外

交方针大略的基础上,争取来自中央层面的更多支持,利用各类合作机制、合作平台等国家资源更好地发展自己。例如,紧跟国家的外交节奏,紧贴国家领导人的出访路线开展高层交往,形成"国家＋地方"的国际合作之路,充分借助国家间合作的"东风",促成高水平、高质量的合作和交流项目在南京落地,使南京企业受益。

2. 加强城市外交,拓展城市外交的广度和深度

充分发挥国际友好城市在对外交往中的桥梁作用,进一步优化友城布局,增加结好的针对性,分层次、分类别、分特点地稳步发展友城关系。

梳理友城资源,精准对接各领域产业合作,推进南京外事资源信息大数据库建设。首先,对南京市的友城进行建档,录入该市经济政策、产业结构、经济状况等数据资料,特别是按照不同领域、不同行业、不同专业建立友城动态优势产业库。其次,根据友城基础数据库对友城类型进行研判分析,根据"友城优势点、南京需求点、双方互补结合点"原则,制定相应的拓展规划与之对接,有序推动南京和友城之间在重点领域的精准合作。最后,要在友城基础数据库的基础上建立南京外事资源信息大数据,与企业共享共建数据库资源。

3. 充分发挥外事部门资源优势,积极搭建交流机制和平台,为企业"走出去"发展牵线搭桥

要增强开发利用驻沪领馆资源的主动性和积极性。以互惠共赢为目标,充分发挥驻沪领馆的桥梁中介作用和资源规格高、渠道广、联系多、成效好的优势,积极推进与驻沪领馆的互动合作,强化牵线搭桥和联络协调功能,将合作延伸至领馆派遣国,深挖资源、扩展合作。加大与重点合作区域国家领馆的互动合作力度,在经贸商务、人文交流、科技创新、社会管理等领域,着力谋划一批重大合作项目,打造一批常态化的互动合作平台,组织一批具有重大影响力的交流活动。

充分利用驻外机构及其官员等外交资源帮助"走出去"企业降低和化解风险。针对我各驻外使(领)馆、外交官员、华商社团等外交资源,一方面要熟悉各国情况,发挥其信息前沿优势,收集投资对象国的经济发展信息,如政策法律环境、经济收入水平、产业投资信息、优惠政策、市场需求及文化背景等,使南京"走出去"企业能够获得较准确、全面的信息,从而防范风险;另一方面,还可凭借其良好的人脉关系为"走出去"企业化解风险,并在企业"走出去"的过程中,充分发挥其"四两拨千斤"的作用。外事部门应加快工作机制的转型,促进外事资源向商务资源的转化和利用。

积极建设海外展贸平台,在海外设立具有南京特色、品牌优势的商品展示交易中心或商贸城。加强推动政府资源、行业协会组织服务与企业产品资源相结合,形成以行业为主导、以企业为主体、由商协会整合本行业优势资源整体进入,市场化运作,政府适当资助,政府、商协会、企业联手开拓海外市场的新模式。继续加强与国(境)外政府投资促进机构、商协会、展览机构等的广泛联系与合作,联合各国政府投资贸易促进机构,组织针对性强、符合企业需要的专场经贸推介会和交流洽谈活动,定期或不定期举办联席会议及跨国投资论坛,为企业"走出去"对外投资合作创造机会,提供互动交流平台。

4. 提供信息服务和政策咨询,帮助企业有效规避海外风险

进一步加强政府信息服务,利用信息网络等多种渠道,定期收集、发布关于东道国的投资环境、产业指引、海外风险、法律法规等信息,帮助"走出去"企业了解国外市场的投资机会,为企业和相关人员提供对接服务和基础信息,减少投资风险。加快形成企业与政府进行信息交流的直通渠道,建立有效的信息传输、交换和反馈机制,最大限度地发挥经济信息的商业价值。

加强对企业国际经营和合作的统计和监测,搭建互联网统计平台,重点针对对外投资、对外贸易、对外承包工程和劳务合作的统计工作,加强统计分析,监测对外经济合作运行情况,为制定促进企业"走出去"的政策和实施监督提供可靠依据。

组织有关部门及专家学者,研究有关国家和地区的投资环境、政策法规、经济结构、资源条件、宗教文化及民族心理,研究南京与其政治、经济交往情况以及经贸条件、经济互补性等,提出"走出去"发展地域的指导意见。

高度重视企业国际投资经营的系统性风险,加强风险预警,协调相关部门,对重点投资国别,特别是"一带一路"沿线部分政治经济格局尚不稳定的国家和地区,建立关于经济、社会、政策稳定性、法律体系的综合评估和风险防范体系,研究建立评估指标体系,发布评估指数,非经营性风险预警提示,健全风险预警和信息通报制度,切实做好安全监管和服务保障工作。引导南京"走出去"企业加强与我国驻外使领馆、经商处等办事机构的联系,加强中资机构和人员安全管理,指导企业做好预警、防范和安全生产工作,督促境内投资主体加大境外企业安保设施投入,配强安保力量,同时对所有外派人员进行安保知识和技能培训,提高安全防范和保障能力。境内主体应按规定参加工伤保险,为出国(境)外派职工缴纳工伤保险费,鼓

励有条件的企业为出国外派职工购买人身意外伤害保险。

加强知识产权风险预警。动态追踪南京"走出去"企业的知识产权布局,及时发布知识产权风险预警。编制企业"走出去"知识产权指导手册,建立快速响应的境外知识产权纠纷应对救助机制,完善涉外知识产权预警和应对机制。强化知识产权运用,开展知识产权分析评议,突出南京国际产能和装备制造合作重点领域专利技术分析,绘制发展路线图,挖掘南京特色技术和空白技术,加强知识产权国际合作、转化与运用,提高知识产权服务能力,指导和推进南京企业技术创新和知识产权布局。

积极组织培训活动,邀请长期从事经济工作、外经外贸工作的专家为"走出去"的典型企业授课,帮助企业了解政策,吸取经验,增强对外投资信心。定期开展"走出去"企业海外安全风险防范与应对宣传教育,加强对企业海外安全风险自我防范工作的指导监督,妥善处置境外企业突发事件。

更加注重研究和制定企业"走出去"的后续政策支持,延长政府政策的支持链条,使其贯穿企业境外投资的全过程。与企业"走出去"的前期主要以金融和税收等支持政策不同,后续支持政策则主要在信息、咨询等方面。对于大型对外投资项目应有专人负责跟踪服务,及时了解企业信息和诉求,协助企业应对各类可能出现的风险。

5. 增强服务意识,提高政府效率,为企业"走出去"提供更加便利的条件

进一步规范民企人员因公出国执行公务和持用因公护照工作,推动外国驻华使领馆为相关企业人员出国开展业务提供签证便利,充分利用双边领事磋商机制及 APEC 商务旅行卡等途径,着力疏通民企人员出国签证渠道;加大与外国商签针对持用因私护照人员的互免签证或简化签证手续协议力度;进一步加大 APEC 商务旅行卡宣传,为更多符合条件的民企管理人员办卡、用卡提供更优质服务。

加快"走出去"企业人员出入境审批制度改革。争取国家政策支持,简化跨国经营企业因公出国(境)审批手续,支持因项目需要且符合有关条件的企业人员办理"一次审批,多年多次有效"的出国(境)批件,允许为本土跨国公司各类海外从业人员办理 APEC 商务旅行卡。

加强领事保护能力建设,最大限度地保护南京"走出去"企业和公民的利益。变被动的领事保护为积极的预防措施,尽可能减少需要保护的事件发生。

6. 积极利用海外华商的资源,助力企业"走出去"

海外华商网络资源包括信息网络、市场网络、合作伙伴、金融服务、技术和人才、生产协作等,它们相互作用构成资源系统,可以充分发挥其优势,加以综合利用。华商网络有助于投资者克服由于制度不完善带来的信息壁垒,尤其是海外直接投资初期阶段,华商网络对于企业国际化时机选择和顺利进入市场具有直接的正面影响。此外,还有利于获得市场信息和投资机会,寻找到合适的合作伙伴和协作企业,节约市场开发成本,降低市场和投资风险,拓展境外投资的融资和金融服务渠道,提高市场开发和投资经营成效。外事部门应进一步加强与华商的联系,建立长效机制,增进沟通、促进合作,通过华商把南京企业带到世界。

7. 加强部门协调,形成工作合力

要有效利用外事资源,还要充分调动各方面的积极性,整合企业、外事部门和其他部门的力量。一是加强政府部门的协调意识。面对竞争日益激烈的国际市场,需要政府各部门在政策上协调一致,合力推进"走出去"战略的实施。外事部门要加强与商务、侨务、金融、保险、科技、人才等部门的沟通与合作。加强政策协调,设立有关政策主管部门的协调机制,构建各主管部门都可接入的管理信息平台,加强与主管部门的沟通与交流,及时发现和解决问题。加强对政策的跟踪和监督,定期对各类政策进行跟踪调查,发现政策的不足之处,及时调整,增强政策连续性和稳定性。加强对政策执行情况和政策效力的监督,对执行中的问题,及时纠正和解决,对不具时效性的政策,及时取消和调整。二是增强企业尤其是中小企业、民营企业的自觉意识。国有企业利用外事资源的支持,企业和外事相互配合,成功的例子非常多。但随着企业市场主体地位的确立,民营企业"走出去"的势头越来越强,大量的中小企业、民营企业走向海外,和大型国有企业相比,这些企业主动寻求外事机构给自己提供支持的意识也将进一步增强。民营企业数量众多、情况各异,外事部门要增强分类指导,对各种可能出现的问题做好预案。

8. 加强宣传和推介,塑造南京企业在国外良好形象,营造企业"走出去"的氛围

做好在海外市场的宣传工作对于优化企业"走出去"的外部环境,促进企业不仅能"走出去",而且能"走得稳""走得远"具有重要的意义。第一,对外宣传应当以

塑造企业形象,打造品牌效应为重点,强调"互利共赢"的理念,积极展示企业在海外的发展对促进当地的经济社会发展的重要贡献,尤其应大力宣传企业实现的社会责任,通过企业从事的各类公益事业和活动来提高企业在当地的知名度和认可度。第二,外宣工作要善于用当地民众熟悉的语言和方式,增强针对性,对于当地媒体一些带有偏见的报道,要秉持对话、开放的态度,摆事实、讲道理,做出有理有节的回应。第三,创新宣传方式,加大宣传力度。利用各种传统和现代媒体,适当加大企业在海外市场媒体的曝光率,使当地民众更加了解企业。可以定期邀请当地社会的各界人士来企业参观,企业也可以走进当地的学校、社区举办各种形式的宣传介绍活动。加强企业的外文网站建设,用所在国的语言发布企业的年度报告。积极参加所在国的各类展会和推介会,包括大学生就业招聘会,利用一切有利的时机增加企业的知名度,展示企业的亲和力。

同时,也要注重企业国际化在国内的宣传,树立南京企业国际化的典型和标杆,积极总结南京企业"走出去"的成功经验,从而形成示范效应,增强其他企业"走出去"的勇气和信心,带动更多的南京企业"走出去"。

参考文献

一、英文文献

[1] Adams, Gangnes, Shachmurove. Why is China so competitive? Measuring and explaining China's competitiveness[J]. The World Economy, 2006, 29(2):95-122.

[2] Aitken, Harrison. Do domestic firms benefit from direct foreign investment? Evidence from Venezuela[J]. American Economic Review, 1999, 89(3):605-618.

[3] Alan. Bevan, Saul Estrin. The determinants of foreign direct investment into European transition economies[J]. Journal of Comparative Economics, 2004, 32(4):775-787.

[4] Amsden A. Asia's Next Giant:South Korea and Late Industrialization[M]. Oxford:Oxford University Press, 1989.

[5] Appebaum. Moving up:Industrial upgrading, social networks and buyer-driven commodity Chains in east asian Chinese business firms[J]. International Studies Review, 1999, 3(1):21-41.

[6] Balassa B. Trade liberalization and "revealed" comparative advantage[J]. The Manchester School, 1965, 33(2):99-123.

[7] Barney J. Firm resources and sustained competitive advantage[J]. Journal of Management, 1991, 17(1):99-120.

[8] Barry N. China's emergence and prospects as a trading nation[J]. Brookings Papers on Economic Activity, 1996, 2:273-343.

[9] Bensidoun I, Lemoine F, Ünal D. The integration of China and India into the world economy:a comparision[J]. The European Journal of Comparative Economics, 2009, 6(1):131-155.

[10] Birnik A, Birnik A K, Sheth J. The branding challenges of Asian manufacturing firms[J]. Business Horizons, 2010, 53:523-532.

[11] Branstetter L, Lardy N. China's embrace of globalization[J]. NBER Working Paper, 2006, No. 12373.

[12] Bravo-Ortega C, Martin A G. R&D and productivity: a two way avenue[J]. World Development,2011,39(7):1090-1107.

[13] Buckley P, Clegg J, Wang C. The Impact of Inward FDI on the Performance of Chinese Manufacturing Firms[J]. Journal of International Business Studies,2002,33(4):637-655.

[14] Buckley P, Pass C, Prescott K. Measure of international competitiveness: a critical survey [J]. Journal of Marketing Management,1988,4(2):175-200.

[15] Camilla J. Foreign direct investment, industrial restructuring and the upgrading of polish exports[J]. Applied Economics,2002,34:207-217.

[16] Caves R E. Multinational firms, competition and productivity in host country markets[J]. Economica,1974,47(162):176-193.

[17] Chen C L. Responding to industrial transformation and upgrade: new concept for intellectual property management services development in Taiwan[J]. International Journal of Automation and Smart Technology,2013,3(4):207-210.

[18] Cowling K, Mueller D C. The social costs of monopoly power[J]. Economic Journal,1978,88(352):727-748.

[19] Clerides S K, Lach S, Tybout J R. Is learning by exporting important? micro-dynamic evidence from Colombia, Mexico, and Morocco[J]. Quarterly Journal of Economics,1998,113(3):903-947.

[20] Daniel Münich, Jan Svejnar, Katherine Terrell. Returns to human capital under the communist wage grid and during the transition to a market economy[J]. The Review of Economics and Statistics,2005,87(1):100-123.

[21] De Bruyn S M. Explaining the environmental Kuznets curve: structural change and international agreements in reducing sulphur emissions[J]. Environmental and Development Economics,1997(2):485-503.

[22] Dieter Ernst. Catching-up, crisis and industrial up-grading, evolutionary aspects of technological learning in Korea's electronics industry[J]. Asia Pacific Journal of Management,1998,15(2):247-283.

[23] Dunning J H, Lundan S. Institutions and the OLI paradigm of the multinational enterprise [J]. Asia Pacific Journal of Management,2008,25:573-93.

[24] Fagerberg J. International competitiveness[J]. Economic Journal,1988,98:355-374.

[25] Fagerberg J. Technological progress, structural change and productivity growth: a comparative study[J]. Structural Change and Economic Dynamics,2000,11(4):393-411.

[26] Feenstra R. Integration of trade and disintegration production in global economy[J]. Journal of Economic Perspectives,1998,12(4):31-50.

[27] Fu X. Exports,technical progress and productivity growth in a transition economy: a non-parametric approach for China[J]. Applied Economics,2005,37(7):725-739.

[28] Gereffi G. A commodity chains framework for analyzing global industries[Z]. Working Paper for IDS,1999.

[29] Gereffi G. International trade and industrial up grading in the apparel commodity chain[J]. Journal of International Economics,1999,48(1):37-70.

[30] Gereffi G,O Memedovic. The global apparel value chain: what prospects for upgrading by developing countries? [R]. United Nations Industrial Development Organization, Vienna: 2003:5-14.

[31] Goto A,Suzuki K. R&D capital,rate of return on R&D investment and spillover of R&D in Japanese manufacturing industries[J]. The Review of Economics and Statistics, 1989, 71 (4):555-564.

[32] Greenstein S,T Khanna. What does industry convergence mean? [M]//Competing in the age of digital convergence. Boston: Harvard Business School Press,1997:201-226.

[33] Hall R E,Jones C. Why do some countries produce so much more output per worker than other countries? [J]. Quarterly Journal of Economics,1999,114(1):83-116.

[34] Hanson G,Mataloni R,Slaughter M. Vertical production networks in multinational firms [J]. Review of Economics and Statistics,2005(87):664-678.

[35] Hausmann R, Hwang J, Rodrik D. What you export matters[J]. Journal of Economic Growth,2007,12(1):1-25.

[36] Liu H H,Yang T. Explaining the productivity growth gap between China and India: the role of structural transformation[J]. The Developing Economies,2015,53(2):100-121.

[37] Helpman E, Melitz M J, Yeaple S R. Export versus FDI with heterogeneous firms[J]. American Economic Review,2004,94(1):300-316.

[38] Hobday M. The Project-based organisation: an ideal form for managing complex products and systems? [J]. Research Policy,2000,29:871-893.

[39] Hummels D,Ishii J, Yi K M. The nature and growth of vertical specialization in world trade [J]. Journal of International Economics,2001,54(1):75-96.

[40] Humphery J, Schmitz H. How does insertion in global value chains affect upgrading in industrial clusters? [J]. Regional Studies,2002,36:1017-1027.

[41] Humphrey J. Upgrading in global value chains[J]. ILO Working Paper,2004,No. 28.

[42] Jeffrey D Sachs, Wing Thye Woo. Structural Factors in the Economic Reform of China, Eastern Europe,and the Former Soviet Union[J]. Economic Policy,1994,18(9):101-145.

[43] Jeffrey D Sachs,Wing Thye Woo. Chinese economic growth:explanation and the tasks ahead [R]//Joint Economic Committee of the US Congress,China's Economic Future:Challenges to US Policy. Washington D C:US Government Printing Office,1996.

[44] Jeffrey Sachs, Wing Thye Woo, Xiao Kai yang. Economic reforms and constitutional transition[J]. Annals of Economics and Finance,2000,2(1):435-491.

[45] Jan Svejnar. Transition economies: performance and challenges[J]. Journal of Economic Perspectives,2002,16(1):3-28.

[46] J David Brown, John S Earle, Álmos Telegdy. The productivity effects of privatization: longitudinal estimates from Hungary,Romania,Russia,and Ukraine[J]. Journal of Political Economy,2006,114(1):61-99.

[47] John P Bonin,Iftekhar Hasan,Paul Wachtel. Bank performance,efficiency and ownership in transition countries[J]. Journal of Banking and Finance,29(1):31-53.

[48] John Humphrey,Hubert Schmitz. Governance in global value Chains[J]. IDS Bulletin,2001, 32(3).

[49] John Humphrey, Hubert Schmitz. Governance and upgrading: linking industrial cluster and global value chain research[J]. IDS Working Paper,2000,120:1-37.

[50] Joe S Bain. Industrial Organization[M]. New York:John Wiley and Sons,1959.

[51] J K CaIbraith. American Capitalism[M]. Boston:Houghton Miffin,1951.

[52] Kaplinsky R. Globalization and unequalisation: what can be learned from value chain analysis [J]. Journal of Development Studies,2000,37(2):117-146.

[53] Kamerschen D R. An estimation of the "welfare losses" from monopoly in the American economy[J]. Economic Inquiry,1966,4(3):221-236.

[54] Kenneth J Arrow. Economic welfare and the allocation of resources for invention[M]// Douglas Needham. Reading in the Economics of Industrial Organization. New York:Holt, Rinehart and Winston,1970.

[55] Kenneth J Arrow. Social choice and individual values[M]. New Haven:Yale University Press,1963.

[56] Kornai J. The great transformation of central Eastern Europe:success and disappointment [J]. Economics of Transition,2006,14(2):207-415.

[57] Lakhwinder S. Technological progress, structural change and productivity growth in the manufacturing sector of South Korea[J]. World Review of Science Technology and Sustainable Development,2004,1(1):37-49.

[58] Lall S,Albaladejo M. China's competitive performance:a threat to east Asian manufactured exports? [J]. World Development,2004,32(9):1441-1466.

[59] Lavie D. The competitive advantage of interconnected firms:an extension of the Resource-Based View[J]. Academy of Management Review,2006,31(3):638-658.

[60] Lin J,Chang H J. Should industrial policy in developing countries conform to comparative advantage or defy it? [J]. Development Policy Review,2009,27(5):483-502.

[61] Lizbeth N A. The impact of operating in multiple value chains for upgrading:the case of the brazilian furniture and footwear industries[J]. World Development, 2011, 39(8):1386-1397.

[62] Long N V,Riezman R,Soubeyran A. Fragmentation,outsourcing and the service sector[J]. CIRANO Working Paper,2001,43.

[63] Luo Y. Determinants of entry in an emerging Eco approach[J]. Journal of Management Studies,2007,38(3):443-472.

[64] Lüthje B. Global production networks and industrial upgrading in China:the case of electronics contract manufacturing[J]. East-West Center Working Papers,2004(10):74.

[65] Melitz M J. The impact of trade on intra-industry reallocations and aggregate industry productivity[J]. Econometrics,2003,71:1695-1725.

[66] McMillan Naughton. How to reform a planned economy:lessons from China[J]. Oxford Review of Economic Policy,1992,8(1):130-143.

[67] Maria Llop. Economic structure and pollution intensity within the environmental input-output framework[J]. Energy Policy,2007,35(6):3410-3417.

[68] Michal Peneder. Industrial structure and aggregate growth[J]. Structural Change and Economic,2003,14(4):427-448.

[69] Milberg W, Winkler D. Economic and social upgrading in global production networks: problems of theory and measurement[J]. International Labour Review, 2010, 150(3—4): 341-365.

[70] Pavlínek P,Domanski B,Guzik R. Manufacturing industrial upgrading through foreign direct investment in central European automotive[J]. European Urban and Regional Studies,2009, 16(1):43-63.

[71] Peng M, Wang D, Jiang Y. An institution-based view of international business strategy: a focus on emerging economies[J]. Journal of International Business Studies, 2008, 39(5): 920-936.

[72] Peter M. Evolution in economics and in the economic reform of the centrally planned economies[J]. Oxford: Basil Blackwell Press, 1991: 4.

[73] Peter. Evolutionary and radical approaches to economic reform[J]. Economics of Planning, 1992, 25(1): 79-95.

[74] Poon. Beyond the global production networks: a case of further upgrading of Taiwan's information technology industry[J]. International Journal of Technology and Globalization, 2004, 1: 130-144.

[75] Robert D, Vandenbroucke G. A quantitative analysis of China's structural transformation [J]. Journal of Economic Dynamics and Control, 2012, 36(1): 119-135.

[76] Schmitz H. Collective efficiency: growth path for small-scale industry[J]. The Journal of Development Studies, 1995, 31(4): 529-566.

[77] Schmitz H, P Knorringa. Learning from global buyers[J]. The Journal of Development Studies, 2000, 37(2): 177-205.

[78] Stephen C S, Beom-Cheol Cin, Milan Vodopivec. Privatization incidence, ownership forms, and firm performance: evidence from Slovenia[J]. Journal of Comparative Economics, 1997, 25(2): 158-179.

[79] Saul Estrin, Jan Hanousek, Evžen Kočenda, et al. The effects of privatization and ownership in transition economies[J]. Journal of Economic Literature, 2009, 47(3): 699-728.

[80] Semih Yildirim H, George Philippatos. Efficiency of banks: recent evidence from the transition economies of Europe, 1993—2000[J]. The European Journal of Finance, 2007, 13(2): 123-143.

[81] Simeon Djankov, Peter Murrell. Enterprise restructuring in transition: a quantitative survey [J]. Journal of Economic Literature, 2002, 40(3): 739-792.

[82] Stigler. The statistics of monopoly and merger[J]. Journal of Political Economy, 1956, 64(1): 33-40.

[83] Stern D I. Explaining changes in global sulfur emissions: an econometric decomposition approach[J]. Ecological Economics, 2002, 42(1—2): 201-220.

[84] Teece, Pisano, Shuen. Dynamic capabilities and strategic management [J]. Strategic Management Journal, 1997, 18(7): 509-533.

[85] Tokatli, Ömür Kizilgün. Upgrading in the global clothing industry: mavi jeans and the transformation of a turkish firm from full-package to brand-name manufacturing and retailing[J]. Economic Geography,2004,80(3):221-240.

[86] Tullock G. The welfare costs of tariffs, monopolies, and theft[J]. Economic Inquiry,1967,5(3):224-232.

[87] Hnatkovska, Loayza. Volatility and growth policy research working papers series from the World Bank[R]. 2004.

[88] Arthur Lewis. Economic development with unlimited supplies of Labour[J]. The Manchester School,1954,22(2):139-191.

[89] Young A. The Razor's Edge:Distortions and Incremental Reform in the People's Republic of China[J]. Quarterly Journal of Economics,2000,115(4):1091-1036.

[90] Zhihao Yu. Trade, Market Size, and Industrial Structure:Revisiting the Home-Market Effect[J]. Canadian Journal of Economics,2005,38:255-272.

二、中文文献

[91] 赫希曼. 经济发展战略[M]. 北京:经济科学出版社,1997.

[92] 戴金平. 全球不平衡发展模式:困境与出路[M]. 厦门:厦门大学出版社,2012.

[93] 郭克莎,贺俊,等. 走向世界的中国制造业:中国制造业发展与世界制造业中心问题研究[M]. 北京:经济管理出版社,2007.

[94] 黄继忠. 工业重构:调整与升级[M]. 沈阳:辽宁教育出版社,1999.

[95] 黄南. 现代产业体系构建与产业结构调整研究[M]. 南京:东南大学出版社,2011.

[96] 黄南. 南京经济:运行与发展[M]. 南京:南京大学出版社,2000.

[97] 李京文,郑友敬. 技术进步与产业结构:概论[M]. 北京:经济科学出版社,1988.

[98] 李建平,李闽榕,赵新力. 二十国集团(G20)国家创新竞争力发展报告(2013—2014)[M]. 北京:社会科学文献出版社,2014.

[99] 李廉水. 中国制造业发展研究报告(2012)[M]. 北京:科学出版社,2012.

[100] 李善同,高传胜,等. 中国生产者服务业发展与制造业升级[M]. 上海:上海三联书店,2008.

[101] 林毅夫,蔡昉,李周. 中国的奇迹:发展战略与经济改革[M]. 上海:上海人民出版社,1994.

[102] 林毅夫. 新结构经济学:反思经济发展与政策的理论框架[M]. 苏剑,译. 北京:北京大学出版社,2012.

[103] 刘林青.产业国际竞争力的二维评价及演化研究:全球价值链背景下的思考[M].北京:人民出版社,2011.

[104] 刘志彪,郑江淮,等.价值链上的中国:长三角选择性开放新战略[M].北京:中国人民大学出版社,2012.

[105] 麦金农.经济市场化的次序:向市场经济过渡时期的金融控制[M].上海:上海人民出版社,1997.

[106] 罗斯托.经济成长的阶段[M].北京:商务印书馆,1995.

[107] 福布斯,韦尔德.从追随者到领先者:管理新兴工业化经济的技术与创新[M].沈瑶,译.北京:高等教育出版社,2005.

[108] 钱纳里.工业化和经济增长的比较研究[M].上海:上海三联书店,1989.

[109] 青木昌彦,安藤晴彦.模块化时代:新产业结构的本质[M].上海:上海远东出版社,2003.

[110] 罗兰.转型与经济学[M].北京:北京大学出版社,2002.

[111] 斯蒂格利茨.社会主义向何处去:经济体制转型的理论与证据[M].长春:吉林人民出版社,1998.

[112] 苏东水.产业经济学[M].肖卫东,译.北京:高等教育出版社,2000.

[113] 科马里.信息时代的经济学[M].南京:江苏人民出版社,2000.

[114] 库兹涅茨.各国的经济增长[M].常勋,译.北京:商务印书馆,1999.

[115] 杨冶.产业经济学导论[M].北京:中国人民大学出版社,2000.

[116] 邹至庄.中国经济转型[M].北京:中国人民大学出版社,2005.

[117] 植草益.产业融合:产业组织的新方向[M].东京:岩波书店,2000.

[118] 周振华.产业结构优化论[M].上海:上海人民出版社,1992.

[119] 白洁.对外直接投资的逆向技术溢出效应:对中国全要素生产率影响的经验检验[J].世界经济研究,2009(8):65-69.

[120] 保建云.经济转型的自然过程与政治控制:理论假说及其对经济转型方式与绩效差异的一个新的经济解释[J].制度经济学研究,2006(1):1-23.

[121] 陈荣耀.经济逻辑与经济转型:中国经济转型为什么这么难?[J].江苏社会科学,2013(3):12-19.

[122] 陈霞.萨克斯的"休克疗法"及其评价[J].武汉理工大学学报(社会科学版),2001,14(2):113-116.

[123] 程惠芳,唐辉亮,陈超.开放条件下区域经济转型升级综合能力评价研究:中国31个省区市转型升级评价指标体系分析[J].管理世界,2011(8):173-174.

[124] 蔡昉.人口转变、人口红利与刘易斯转折点[J].经济研究,2010,45(4):4-13.

[125] 蔡昉. 劳动人口负增长下的改革突围[J]. 经济导刊,2014(2):82-84.

[126] 陈丰龙,徐康宁. 本土市场规模与中国制造业全要素生产率[J]. 中国工业经济,2012(5):44-56.

[127] 曹晓蕾. 推进江苏服务业出口的对策研究[J]. 江苏商论,2005(10):96-98.

[128] 陈清泰. 经济转型与产业升级的几个问题[J]. 中国软科学,2014(1):24-28.

[129] 陈效兰. 生态产业发展探析[J]. 宏观经济管理,2008(6):60-62.

[130] 陈飞翔,居励,林善波. 开放模式转型与产业结构升级[J]. 经济学家,2011(4):47-52.

[131] 陈平,冷元红. 高科技企业创新问题比较研究:以苹果公司和三星公司为例[J]. 技术经济与管理研究,2012(5):50-54.

[132] 陈文奇. 加快"放管服"改革 构建创业创新生态系统:中关村发展建设情况[J]. 中国经贸导刊,2017(4):15-17.

[133] 陈雨薇. 中国高铁的政府主导集成创新模式研究[D]. 哈尔滨:哈尔滨工业大学,2014.

[134] 陈志明. 全球创新网络的特征、类型与启示[J]. 技术经济与管理研究,2018(6):51-55.

[135] 程大中. 中国生产者服务业的增长、结构变化及其影响:基于投入—产出法的分析[J]. 财贸经济,2006(10):23-29.

[136] 程大中. 中国生产性服务业的水平、结构及影响:基于投入—产出法的国际比较研究[J]. 经济研究,2008,43(1):76-88.

[137] 崔焕金,张强. 全球价值链驱动模式的产业升级效应:对中国工业部门的实证研究[J]. 首都经济贸易大学学报,2012(1):32-39.

[138] 崔世娟,刘珺,王庆. 基于多案例比较的软件企业集成创新模式研究:以金蝶中间件和华为为例[J]. 管理案例研究与评论,2013,6(1):32-42.

[139] 丁肖遥. 从马克思扩大再生产公式来研究生产资料优先增长的原理[J]. 经济研究,1956(4):23-40.

[140] 段文斌,张曦. 经济转型与增长的持续性:来自中国的经验[J]. 社会科学研究,2009(1):36-42.

[141] 樊纲. 两种改革成本与两种改革方式[J]. 经济研究,1993,28(1):3-15.

[142] 樊纲,胡永泰. "循序渐进"还是"平行推进"?论体制转轨最优路径的理论与政策[J]. 经济研究,2005,40(1):4-14.

[143] 樊纲,王小鲁,张立文,等. 中国各地区市场化相对进程报告[J]. 经济研究,2003,38(3):9-18.

[144] 范从来. 我国转型经济学的研究与展望[J]. 中国经济问题,2007(2):3-8.

[145] 范琳,刘敏,李茂林. 国外创新创业发展生态系统的构建与对我国的启示:以以色列创新创

业经济发展为例[J].北方经济,2018(12):74-77.

[146] 方健雯.FDI对我国全要素生产率的影响:基于制造业面板数据的实证分析[J].管理评论,2009,21(8):74-79.

[147] 方勇,戴翔,张二震.要素分工论[J].江海学刊,2012(4):88-96.

[148] 费艳颖,凌莉.美国国家创新生态系统构建特征及对我国的启示[J].科学管理研究,2019,37(2):161-165.

[149] 付永红,李思慧.江苏整合全球创新资源的路径与对策研究:基于京、沪、粤、苏、浙的比较[J].江苏科技信息,2017(5):1-5.

[150] 付永红,肖莺.江苏省科技型中小企业培育和创新能力提升对策研究[J].企业科技与发展,2020(4):6-8,11.

[151] 高翔.上海国家级经济技术开发区管理体制变革途径初探[J].淮海工学院学报(人文社会科学版),2016,14(7):94-96.

[152] 干春晖,郑若谷.改革开放以来产业结构演进与生产率增长研究:对中国1978—2007年"结构红利假说"的检验[J].中国工业经济,2009(2):55-65.

[153] 干春晖,郑若谷,余典范.中国产业结构变迁对经济增长和波动的影响[J].经济研究,2011,46(5):4-16.

[154] 辜胜阻,曹冬梅,杨嵋.构建粤港澳大湾区创新生态系统的战略思考[J].中国软科学,2018(4):1-9.

[155] 洪丽丽.沈阳高新园区创新能力研究[D].沈阳:东北大学,2008.

[156] 葛恒云.韩国的自主创新及其对我国未来科技发展战略选择的启示[J].未来与发展,2007,31(2):47-49.

[157] 顾乃华.生产性服务业对工业获利能力的影响和渠道:基于城市面板数据和SFA模型的实证研究[J].中国工业经济,2010(5):48-58.

[158] 贵斌威.营商环境评估:基本方法与中国实践[J].经济研究导刊,2019(18):3-5.

[159] 郭克莎.促进我国工业适度增长和结构升级的思路[J].财经问题研究,2000(9):3-7.

[160] 国风.关于产业结构调整的思考[J].管理世界,1999(5):93-97.

[161] 何洁.外国直接投资对中国工业部门外溢效应的进一步精确量化[J].世界经济,2000,23(12):29-36.

[162] 贺力平,沈侠.开放经济条件下我国产业结构调整的原则和方向[J].经济学家,1989(6):15-27.

[163] 宏结.从美国对华贸易调查新特征看应对中美贸易摩擦升级的路径选择[J].区域与全球发展,2019(3):104-122.

[164] 洪银兴. 在经济稳定增长中实现转型:经济转型理论评析[J]. 经济社会体制比较,1997(5):183-188.

[165] 洪银兴. 社会转型、体制转型与经济增长方式的转型[J]. 江海学刊,2003(5):55-61.

[166] 洪银兴. 中国经济转型的层次性和现阶段转型的主要问题[J]. 西北大学学报(哲学社会科学版),2006,36(3):5-12.

[167] 洪银兴. 中国经济转型和转型经济学[J]. 经济学动态,2006(7):26-31.

[168] 洪银兴. 向创新型经济转型:后危机阶段的思考[J]. 南京社会科学,2009(11):1-5.

[169] 侯庆国. 经济周期理论新探[J]. 经济研究,1989,24(11):14-23.

[170] 胡晓鹏. 从分工到模块化:经济系统演进的思考[J]. 中国工业经济,2004(9):5-11.

[171] 黄群慧,贺俊. "第三次工业革命"与中国经济发展战略调整[J]. 中国工业经济,2013(1):5-18.

[172] 黄建康,詹正华,孙文远. 产品内国际分工条件下我国产业升级路径探讨[J]. 江南大学学报(人文社会科学版),2010,9(4):87-91.

[173] 黄茂兴,李军军. 技术选择、产业结构升级与经济增长[J]. 经济研究,2009(7):143-151.

[174] 黄少坚. 创新集群的演化路径:产学研互动机制研究——以硅谷创新集群的演化机制为例[J]. 管理观察,2013(35):108-112.

[175] 胡益,李启华,江丽鑫. 广东营商环境指标体系研究[J]. 市场经济与创新驱动,2015(10):26-30.

[176] 姜作培. 结构调整:中国经济转型升级的取向与路径选择[J]. 探索,2009(5):100-103.

[177] 蒋家俊. 生产资料生产优先增长理论的探讨[J]. 学术月刊,1962(9):15-20.

[178] 姜彦福. 关于我国产业结构调整与改造的若干问题的思考[J]. 数量经济技术经济研究,1988,5(3):20-25.

[179] 贾苏颖,马元鹤. 世界产业结构调整和产业转移[J]. 国际贸易,1988(12):16-19.

[180] 江小涓,李辉. 服务业与中国经济:相关性和加快增长的潜力[J]. 经济研究,2004,39(1):4-15.

[181] 江小涓,孟丽君. 内循环为主、外循环赋能与更高水平双循环:国际经验与中国实践[J]. 管理世界,2021,37(1):1-19.

[182] 金碚. 论中国产业发展的区域态势[J]. 区域经济评论,2014(4):5-9.

[183] 金碚. 中国工业化的资源路线与资源供求[J]. 中国工业经济,2008(2):5-19.

[184] 金碚. 中国工业的转型升级[J]. 中国工业经济,2011(7):5-14.

[185] 金碚. 稳中求进的中国工业经济[J]. 中国工业经济,2013(8):5-17.

[186] 金碚,李钢,陈志. 中国制造业国际竞争力现状分析及提升对策[J]. 财贸经济,2007(3):3-10.

[187] 金碚,李鹏飞,廖建辉.中国产业国际竞争力现状及演变趋势:基于出口商品的分析[J].中国工业经济,2013(5):5-17.

[188] 金俊杰.浅析营商环境评价指标[J].全国流通经济,2019(31):114-115.

[189] 康继军,张宗益,傅蕴英.中国经济转型与增长[J].管理世界,2007(1):7-17.

[190] 厉无畏,王慧敏.产业发展的趋势研判与理性思考[J].中国工业经济,2002(4):5-11.

[191] 黎峰.提升我国贸易收益率的路径[J].中国国情国力,2015(6):27-29.

[192] 黎峰.完善江苏"走出去"政策促进体系研究[J].江南论坛,2015(5):14-16.

[193] 李文溥,陈永杰.经济全球化下的产业结构演进趋势与政策[J].经济学家,2003(1):50-56.

[194] 李江帆,蓝文妍,朱胜勇.第三产业生产服务:概念与趋势分析[J].经济学家,2014(1):56-64.

[195] 李江帆,曾国军.中国第三产业内部结构升级趋势分析[J].中国工业经济,2003(3):34-39.

[196] 李绍荣,程磊.渐进式与休克疗法式改革的比较分析[J].北京大学学报(哲学社会科学版),2009,46(6):60-67.

[197] 李定中.生产资料的优先增长并不一定需要积累率不断增长[J].学术月刊,1958(6):69-71.

[198] 李东霖.当前我国开展营商环境评价做法及对宁波启示[J].宁波经济丛刊,2019(1):34-39.

[199] 李强,郑江淮.基于产品内分工的我国制造业价值链攀升:理论假设与实证分析[J].财贸经济,2013(9):95-102.

[200] 李荣林,姜茜.我国对外贸易结构对产业结构的先导效应检验:基于制造业数据分析[J].国际贸易问题,2010(8):3-12.

[201] 李小平,朱钟棣.国际贸易、R&D溢出和生产率增长[J].经济研究,2006,41(2):31-42.

[202] 李旭东,高冉晖,姜迪,等.江苏建设高水平企业研发机构的对策建议[J].特区经济,2017(4):40-42.

[203] 李志军,张世国,李逸飞,等.中国城市营商环境评价及有关建议[J].江苏社会科学,2019(2):30-42.

[204] 李致平,王先柱.集中区建设与相邻区域的利益共享机制[J].安徽行政学院学报,2011(1):17-20.

[205] 林梨奎.广东省经济开发区管理体制分析[J].合作经济与科技,2015(11):80-82.

[206] 林毅夫,刘明兴.经济发展战略与中国的工业化[J].经济研究,2004,39(7):48-58.

[207] 林毅夫,蔡昉,李周.比较优势与发展战略:对"东亚奇迹"的再解释[J].中国社会科学,1999(5):4-20.

[208] 林毅夫,孙希芳.经济发展的比较优势战略理论:兼评《对中国外贸战略政策的评论》[J].国际经济评论,2003(6):12-18.

[209] 林毅夫.发展与转型:思潮、战略和自生能力[J].北京交通大学学报(社会科学版),2008,7(4):1-3.

[210] 林毅夫.自生能力与改革的深层次问题[J].经济社会体制比较,2002(2):32-37.

[211] 林毅夫,蔡昉,李周.论中国经济改革的渐进式道路[J].经济研究,1993,28(9):3-11.

[212] 林毅夫,玛雅.中国发展模式及其理论体系构建[J].开放时代,2013(5):194-211.

[213] 刘城.基于全球价值链视角的本土跨国公司培育路径探析[J].广东社会科学,2013(3):52-58.

[214] 刘刚,杜曙光,李翔.全球价值链中非生产劳动的"竞争力"[J].经济学家,2013(11):94-101.

[215] 刘元春.经济制度变革还是产业结构升级:论中国经济增长的核心源泉及其未来改革的重心[J].中国工业经济,2003(9):5-13.

[216] 刘宏,张蕾.中国ODI逆向技术溢出对全要素生产率的影响程度研究[J].财贸经济,2012(1):95-100.

[217] 刘林青,谭力文.产业国际竞争力的二维评价:全球价值链背景下的思考[J].中国工业经济,2006(12):37-44.

[218] 刘林青,谭力文,施冠群.租金、力量和绩效:全球价值链背景下对竞争优势的思考[J].中国工业经济,2008(1):50-58.

[219] 刘友金,胡黎明.产品内分工、价值链重组与产业转移:兼论产业转移过程中的大国战略[J].中国软科学,2011(3):149-159.

[220] 刘国光,沈立人.关于实现国民经济良性循环的几个问题[J].经济研究,1981,16(11):3-12.

[221] 刘伟,李绍荣.产业结构与经济增长[J].中国工业经济,2002(5):14-21.

[222] 刘伟,张辉.中国经济增长中的产业结构变迁和技术进步[J].经济研究,2008,43(11):4-15.

[223] 刘伟,蔡志洲.我国工业化进程中产业结构升级与新常态下的经济增长[J].北京大学学报(哲学社会科学版),2015,52(3):5-19.

[224] 刘志彪.全球化背景下中国制造业升级的路径与品牌战略[J].财经问题研究,2005(5):25-31.

[225] 刘志彪,张少军.中国地区差距及其纠偏:全球价值链和国内价值链的视角[J].学术月刊,2008,40(5):49-55.

[226] 刘志彪.基于内需的经济全球化:中国分享第二波全球化红利的战略选择[J].南京大学学报(哲学·人文科学·社会科学版),2012,49(2):51-59.

[227] 娄成武,张国勇.基于市场主体主观感知的营商环境评估框架构建:兼评世界银行营商环境评估模式[J].当代经济管理,2018,40(6):60-68.

[228] 吕薇.完善技术创新服务体系 提高自主创新能力[J].红旗文稿,2006(3):2-5.

[229] 吕炜.经济转轨过程中的转折点研究[J].经济学动态,2003(6):19-21.

[230] 吕铁,周叔莲.中国的产业结构升级与经济增长方式转变[J].管理世界,1999(1):113-125.

[231] 鲁济典.生产资料生产优先增长是一个客观规律吗?[J].经济研究,1979,14(11):16-21.

[232] 马常娥.对外直接投资:韩国的经验和启迪[J].郑州航空工业管理学院学报,2009,27(5):24-28.

[233] 马建堂.我国产业结构目前存在问题的初步分析[J].生产力研究,1987(5):2-10.

[234] 马名杰.全球创新格局变化的新趋势及对我国的影响[J].经济纵横,2016(7):108-112.

[235] 毛蕴诗,戴勇.OEM、ODM到OBM:新兴经济的企业自主创新路径研究[J].经济管理,2006,28(20):10-15.

[236] 慕海平.世界产业结构变化趋势、影响及我国的对策[J].世界经济,1993,16(8):31-36.

[237] 倪国江,陈汉瑛."一带一路"倡议下青岛开展科技创新合作行动的思考[J].中国海洋经济,2018(2):103-118.

[238] 欧阳峣,易先忠,生延超.从大国经济增长阶段性看比较优势战略的适宜性[J].经济学家,2012(8):80-90.

[239] 庞春.为什么交易服务中间商存在?内生分工的一般均衡分析[J].经济学(季刊),2009(2):583-610.

[240] 庞春.一体化、外包与经济演进:超边际-新兴古典一般均衡分析[J].经济研究,2010,45(3):114-128.

[241] 彭德琳.生产性服务业与制造业互动发展问题研究:兼论武汉市生产性服务业发展的战略思路[J].学习与实践,2006(2):25-29.

[242] 彭继民.提高自主创新能力的思路[J].经济研究参考,2006(1):32-43.

[243] 彭勋.关于生产资料优先增长规律的两个问题:与蒋振云、尹世杰同志商榷[J].学术月刊,1965(10):25-28.

[244] 裴长洪.中国经济转型升级与服务业发展[J].财经问题研究,2012(8):3-9.

[245] 裴小革.论中国经济转型的目标选择[J].天津社会科学,2006(1):77-80.

[246] 潘潇波.东德的经济转型模式与世界其他经济转型模式的比较[D].上海:复旦大学,2006.

[247] 钱颖一,许成钢,董彦彬.中国的经济改革为什么与众不同:M型的层级制和非国有部门的进入与扩张[J].经济社会体制比较,1993(1):29-40.

[248] 秦佳文,赵程程.德国创新生态系统发展特征及启示[J].合作经济与科技,2016(19):22-25.

[249] 秦远建,张飞.国外企业集成全球创新资源模式研究[J].现代管理科学,2008(2):6-7.

[250] 邱斌,尹威.中国制造业出口是否存在本土市场效应[J].世界经济,2010,33(7):44-63.

[251] 邱斌,叶龙凤,孙少勤.参与全球生产网络对我国制造业价值链提升影响的实证研究:基于出口复杂度的分析[J].中国工业经济,2012(1):57-67.

[252] 荣萍.从政府机构到企业的跨越:上海陆家嘴金融城发展局挂牌并全面运营[J].中国高新区,2016(5):41-43.

[253] 单豪杰.国际视角下的中国经济转型:模式、机制与展望[J].江苏社会科学,2007(4):76-81.

[254] 沈坤荣,徐礼伯.美国"再工业化"与江苏产业结构转型升级[J].江海学刊,2013(1):219-226.

[255] 史及伟,杜辉.周期收敛与"强势均衡"的产业政策[J].学习与探索,2007(4):137-141.

[256] 史宪睿.企业集成创新及其评价研究[D].大连:大连理工大学,2006.

[257] 苏甜,黄瑞玲.营商市场环境评价指标与测度:基于江苏13个设区市的比较[J].江苏科技大学学报(社会科学版),2019,19(4):88-96.

[258] 孙晓华,孙哲.出口贸易对企业生产率的异质性影响:基于行业特征、企业规模和出口比重分组的实证检验[J].世界经济研究,2012(8):37-42.

[259] 孙景宇.国际维度下的经济转型及其战略选择[J].江海学刊,2007(5):70-75.

[260] 汤二子,等.中国制造业企业研发投入与效果的经验研究[J].经济与管理,2012(8):57-61.

[261] 唐海燕,张会清.产品内国际分工与发展中国家的价值链提升[J].经济研究,2009,44(9):81-93.

[262] 谭力文,马海燕,刘林青.服装产业国际竞争力:基于全球价值链的深层透视[J].中国工业经济,2008(10):64-74.

[263] 佟家栋,刘竹青.国内需求、出口需求与中国全要素生产率的变动及分解[J].学术研究,

2012(2):74-80.

[264] 万钢.全球科技创新发展历程和竞争态势[J].行政管理改革,2016(2):11-16.

[265] 万贤贤,王尚勇,陈福时,等.以色列区域创新创业生态系统分析及其对中国的启示[J].科技与创新,2018(19):5-9.

[266] 王萍.打造根植力强大的创新生态系统[J].群众,2017(12):1.

[267] 汪素芹.江浙沪开放型经济发展模式比较[J].世界经济研究,2005(12):21-25.

[268] 王溪竹.大力促进战略性新兴产业国际化发展[J].中国经贸,2012(1):54-58.

[269] 文嫮,曾刚.全球价值链治理与地方产业网络升级研究:以上海浦东集成电路产业网络为例[J].中国工业经济,2005(7):20-27.

[270] 吴丰华,刘瑞明.产业升级与自主创新能力构建:基于中国省际面板数据的实证研究[J].中国工业经济,2013(5):57-69.

[271] 彭迪云,陈波,刘志佳.区域营商环境评价指标体系的构建与应用:以长江经济带为例[J].金融与经济,2019(5):49-55.

[272] 王海杰,李延朋.全球价值链分工中产业升级的微观机理:一个产权经济学的观点[J].中国工业经济,2013(4):82-93.

[273] 王桤伦.民营企业国际代工的"市场隔层"问题研究[J].浙江社会科学,2007(1):40-48.

[274] 王德文,王美艳,陈兰.中国工业的结构调整、效率与劳动配置[J].经济研究,2004,39(4):41-49.

[275] 王晶超,王华.提高自主创新能力的路径选择[J].理论前沿,2006(5):41-42.

[276] 王岭曦,唐雪钰,孟纬茜.中美贸易战带来的影响及对策[J].合作经济与科技,2018(24):105-107.

[277] 王小广.新常态下我国 2015 年经济形势展望和政策建议[J].国家行政学院学报,2014(6):75-80.

[278] 王永兴.转型经济学前沿问题研究综述[J].经济学动态,2007(5):11-13.

[279] 王岳平.关于经济转型地区的产业结构调整[J].宏观经济研究,2000(4):59-63.

[280] 王维.江苏服务业国际化分析[J].学海,2005(6):159-164.

[281] 王维,李思慧.江苏如何深度融入全球创新网络[J].学海,2020(5):37-42.

[282] 樊纲,王小鲁,马光荣.中国市场化进程对经济增长的贡献[J].经济研究,2011,46(9):4-16.

[283] 魏浩,申广祝.江苏对外贸易高速发展中存在的问题与对策[J].国际贸易,2006(8):33-38.

[284] 魏红征.法治化营商环境评价指标体系研究[D].广州:华南理工大学,2019.

[285] 魏后凯.经济转型、市场竞争与中国产业集中[J].当代经济科学,2002,24(4):51-57.

[286] 魏杰.产业结构调整与产业结构政策[J].经济问题,1988(5):7-12.

[287] 魏淑艳,孙峰.东北地区投资营商环境评估与优化对策[J].长白学刊,2017(6):84-92.

[288] 吴敬琏.中国经济改革的回顾与前瞻[J].经济研究参考,2000(35):4-6.

[289] 吴建平.企业集成创新链研究[D].武汉:武汉理工大学,2007.

[290] 吴铭.以日本对华直接投资检验边际产业扩张理论[J].国际经济合作,2012(2):64-69.

[291] 吴熊.我国科技型中小企业绿色技术创新可行模式的探讨[D].北京:北京林业大学,2012.

[292] 吴延兵.自主研发、技术引进与生产率:基于中国地区工业的实证研究[J].经济研究,2008,43(8):51-63.

[293] 肖高,刘景江.先进制造企业自主创新能力提升:关键途径与案例分析[J].科研管理,2007,28(3):13-18.

[294] 徐朝阳,林毅夫.发展战略、休克疗法与经济转型[J].管理世界,2011(1):6-19.

[295] 徐长春,杨雄年.创新生态系统:理论、实践与启示[J].农业科技管理,2018,37(4):1-4.

[296] 徐琴,吕永刚.优化江苏创新生态的对策思考[J].群众,2017(22):40-41.

[297] 徐越倩,李拓.浙江自贸试验区营商环境评估与优化[J].观察与思考,2019(8):68-76.

[298] 薛春志.日本技术创新研究[D].长春:吉林大学,2011.

[299] 薛春志.战后日本技术创新模式的演进与启示[J].现代日本经济,2011(6):71-78.

[300] 于峰,齐建国,田晓林.经济发展对环境质量影响的实证分析:基于1999—2004年间各省市的面板数据[J].中国工业经济,2006(8):36-44.

[301] 科尔奈,班颖杰,王珊珊.《通向自由经济之路》出版十年之后:作者的自我评价[J].经济社会体制比较,2000(5):33-51.

[302] 魏玮,姚博.价值链差距与中间品产品内分工的溢出效应[J].财经论丛(浙江财经大学学报),2013(1):3-7.

[303] 姚博,魏玮.参与生产分割对中国工业价值链及收入的影响研究[J].中国工业经济,2012(10):65-76.

[304] 姚枝仲,李众敏.中国对外直接投资的发展趋势与政策展望[J].国际经济评论,2011(2):127-140.

[305] 杨桂菊.代工企业转型升级:演进路径的理论模型[J].管理世界,2010(6):132-142.

[306] 杨桂菊.本土代工企业竞争力构成要素及提升路径[J].中国工业经济,2006(8):22-28.

[307] 杨丽丽,吕白,陈丽珍.江苏企业对外直接投资策略研究[J].国际经济合作,2007(4):56-60.

[308] 杨涛.营商环境评价指标体系构建研究:基于鲁苏浙粤四省的比较分析[J].商业经济研究,2015(13):28-31.

[309] 姚海琳.西方国家"再工业化"浪潮:解读与启示[J].经济问题探索,2012(8):165-171.

[310] 俞萍萍,赵永亮.中美贸易战本质、影响及对策分析[J].现代管理科学,2018(11):87-89.

[311] 余淼杰.中国的贸易自由化与制造业企业生产率[J].经济研究,2010,45(12):97-110.

[312] 余稳策.新中国70年开放型经济发展历程、逻辑与趋向研判[J].改革,2019(309):5-14.

[313] 袁富华.长期增长过程的"结构性加速"与"结构性减速":一种解释[J].经济研究,2012,47(3):127-140.

[314] 粤港澳大湾区研究院.2017年中国城市营商环境报告[R].广州:粤港澳大湾区研究院,2017.

[315] 杨坚白,李学曾.论我国农轻重关系的历史经验[J].中国社会科学,1980(3):19-40.

[316] 阳军,刘鹏.营商环境制度完善与路径优化:基于第三方视角[J].重庆社会科学,2019(2):35-44.

[317] 杨小凯,李利明.震荡疗法和渐进主义[J].经济学动态,2001(7):49-56.

[318] 曾凡银.扩大开放是中国高质量发展的必由之路[J].红旗文稿,2019(15):26-28.

[319] 曾国屏,苟尤钊,刘磊.从"创新系统"到"创新生态系统"[J].科学学研究,2013,31(1):4-12.

[320] 张丹.区域产业群的集成创新能力研究[D].大连:大连理工大学,2015.

[321] 张二震,戴翔.关于构建开放型经济新体制的探讨[J].南京社会科学,2014(7):6-12.

[322] 张曙光.经济结构和经济效果:从我国经济结构和经济效果变化的分析中看改革经济结构的途径[J].中国社会科学,1981(6):41-58.

[323] 张超.我国经济波动福利损失的经验估计[J].经济学动态,2010(8):30-33.

[324] 张卓元.中国经济转型:从追求数量粗放扩张转变为追求质量提高效率:中共十八大后十年经济走势[J].当代经济研究,2013(7):1-7.

[325] 张慧君,景维民.从经济转型到国家治理模式重构:转型深化与完善市场经济体制的新议题[J].天津社会科学,2010(2):69-80.

[326] 张慧君.经济转型的阶段性及其路径演化研究[J].江苏社会科学,2007(3):47-55.

[327] 张建君.中国经济转型道路、过程及特征[J].当代经济研究,2008(5):17-21.

[328] 张建君.中国转型经济研究的文献回顾与理论发展[J].山东社会科学,2007(7):69-76.

[329] 张莉.中国外贸观察:大而强背后的隐忧[J].中国经贸,2010(1):44-48.

[330] 张少军,刘志彪.全球价值链模式的产业转移:动力、影响与对中国产业升级和区域协调发展的启示[J].中国工业经济,2009(11):5-15.

[331] 张松林,武鹏.全球价值链的"空间逻辑"及其区域政策含义:基于制造组装环节与品牌营销环节空间分享的视角[J].中国工业经济,2012(7):109-121.

[332] 张月友,刘丹鹭.逆向外包:中国经济全球化的一种新战略[J].中国工业经济,2013(5):70-82.

[333] 张幼文.从廉价劳动力优势到稀缺要素优势:论"新开放观"的理论基础[J].南开学报(哲学社会科学版),2005,17(6):1-8.

[334] 张晔."苏州模式"的反思及区域发展道路的选择[J].上海经济研究,2005,17(5):35-41.

[335] 赵昌文,许召元,朱鸿鸣.工业化后期的中国经济增长新动力[J].中国工业经济,2015(6):44-54.

[336] 赵程程,秦佳文.美国创新生态系统发展特征及启示[J].世界地理研究,2017,26(2):33-43.

[337] 赵进.加快开发区转型升级步伐[J].群众,2013(8):45-46.

[338] 赵鸣,林备战.长三角一体化战略背景下江苏"中欧班列"提质增效对策研究[J].东北亚经济研究,2020,4(1):15-28.

[339] 赵伟,江东.ODI与中国产业升级:机理分析与尝试性实证[J].浙江大学学报(人文社会科学版),2010,40(3):116-125.

[340] 赵晓钰.信用高新,责任政府 西安高新区信用与金融服务平台的建设[J].经济研究导刊,2014(21):115.

[341] 郑吉昌.服务业国际化:全球产业与市场整合的黏合剂[J].现代管理科学,2003(8):9-11.

[342] 郑吉昌.服务业革命:中国的战略意义与政策取向[J].产业经济研究,2003(4):62-70.

[343] 郑晓荣.江苏优势产业走出去研究[J].市场周刊(理论研究),2015(10):3-5.

[344] 郑晓荣.新时期江苏拓展开放新空间、提升开放新水平研究[J].市场周刊(理论研究),2016(12):64-66.

[345] 周密.江苏省民营科技企业创新能力提升问题与对策研究[J].江苏科技信息,2017(26):6-7.

[346] 周振华.产业融合拓展化:主导因素及基础条件分析[J].社会科学,2003(3):5-14.

[347] 周振华.论城市能级水平与现代服务业[J].社会科学,2005(9):11-18.

[348] 朱瑞博.价值模块整合与产业融合[J].中国工业经济,2003(8):24-31.

[349] 朱展良.试论农业和轻工业的关系[J].学术月刊,1963(7):1-8.

[350] 朱晓明,刘金钵.外商直接投资对我国劳动生产率影响的分析[J].上海管理科学,2003,25(2):4-5.

[351] 钟毅恒.浅谈我国制造业升级的路径[J].经济前沿,2007(Z1):73-76.

后 记

当前,世界面临百年未有之大变局,各种不确定性因素增加,同时我国已进入全面建设社会主义现代化国家、向第二个百年奋斗目标进军的新阶段。为此,习近平总书记指出:"立足新发展阶段、贯彻新发展理念、构建新发展格局,推动高质量发展,是当前和今后一个时期全党全国必须抓紧抓好的工作。"那么如何在新格局下推进开放型经济发展?习近平总书记2021年1月11日在省部级主要领导干部学习贯彻党的十九届五中全会精神专题研讨班上的讲话中强调:"构建新发展格局,实行高水平对外开放,必须具备强大的国内经济循环体系和稳固的基本盘,并以此形成对全球要素资源的强大吸引力、在激烈国际竞争中的强大竞争力、在全球资源配置中的强大推动力。既要持续深化商品、服务、资金、人才等要素流动型开放,又要稳步拓展规则、规制、管理、标准等制度型开放。要加强国内大循环在双循环中的主导作用,塑造我国参与国际合作和竞争新优势。要重视以国际循环提升国内大循环效率和水平,改善我国生产要素质量和配置水平。要通过参与国际市场竞争,增强我国出口产品和服务竞争力,推动我国产业转型升级,增强我国在全球产业链供应链创新链中的影响力。"

江苏以往的开发型经济发展,主要还是围绕深度融入全球化,参与"国际大循环",推动产业转型升级。这是因为,一方面,受到可用于发展的土地空间和自然资源承载力制约,需要在单位土地上创造出更多的产值,降低单位产值的资源消耗和污染物排放;另一方面,由于制造业成本上升和区域间激励竞争,必须通过发展更高端的产业来增强江苏产品在国际市场的竞争力。进入"十四五"之后,要积极转变开放型经济的发展思路:一是立足国内大循环,壮大国内市场,增强国内市场对国际要素的吸引力;二是坚持深化要素流动型开放和拓展制度性开放,充分利用国际循环服务国内循环;三是不断攀升全球价值链,提升在全球产业链供应链、创新链中的地位。

经济发展新格局将深刻地改变江苏开放型经济发展的战略、路径和方式,江苏开放型经济的发展也将面临更多的新问题和新挑战。这些,需要学界继续努力,深入研究,为江苏开放型经济走在前列献计献策。

王维　周睿　陈思萌

2021 年 7 月